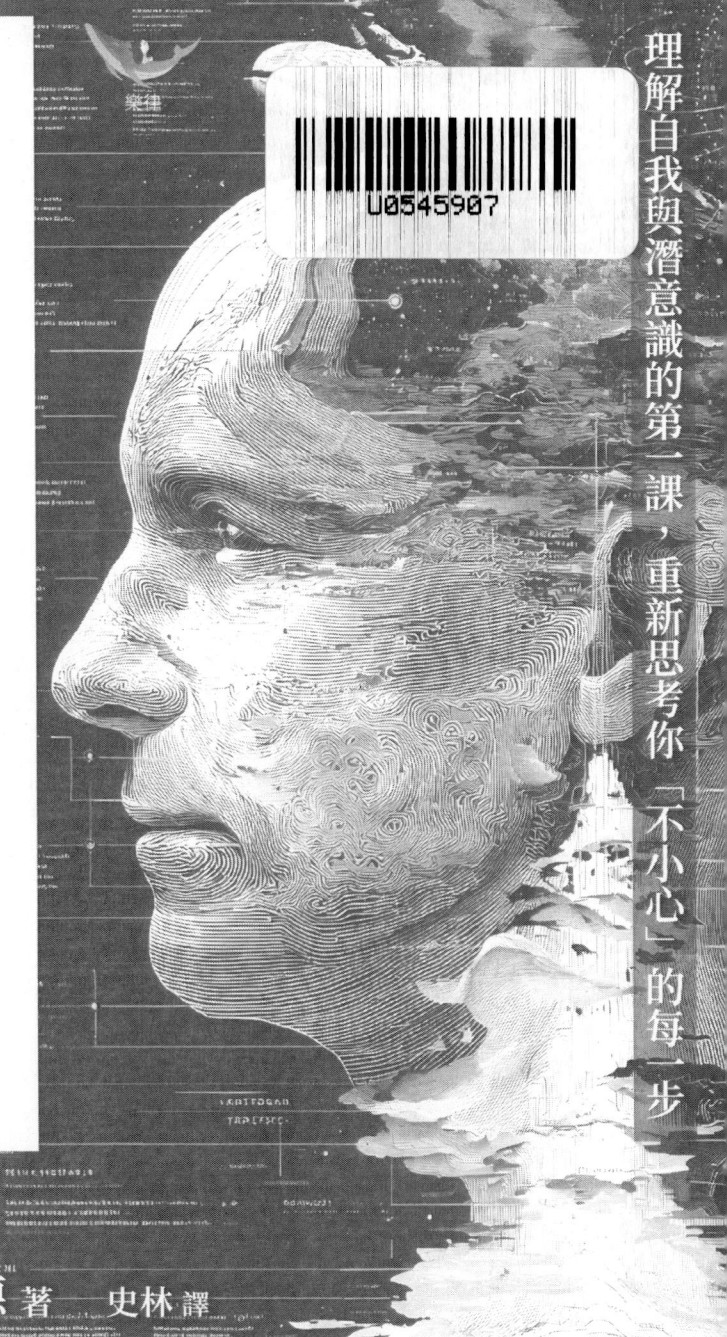

精神分析引論
佛洛伊德的心理學公開課

理解自我與潛意識的第一課，重新思考你「不小心」的每一步

(Sigmund Freud)
西格蒙德·佛洛伊德 著　史林 譯

Introductory Lectures on Psycho-Analysis

·口誤不是偶然，是潛意識發出的祕密訊號
·精神分析不只是理論，更是觀察人性的透鏡　·佛洛伊德思想的經典入門之作

帶你揭開人心的的深層機制

目錄

第一章　關於過失心理學

第一講　緒論 …………………………………………… 006

第二講　開始 …………………………………………… 012

第三講　續 ……………………………………………… 022

第四講　結論 …………………………………………… 035

第二章　關於夢

第五講　困難 …………………………………………… 050

第六講　假說和解夢 …………………………………… 061

第七講　夢境的顯性和隱性 …………………………… 071

第八講　幼童的夢 ……………………………………… 080

第九講　審查機制 ……………………………………… 087

第十講　象徵機制 ……………………………………… 095

第十一講　夢的工作 …………………………………… 110

第十二講　案例分析 …………………………………… 119

第十三講　古老以及幼稚的特點 ……………………… 130

目錄

第十四講　慾望……………………………………………140

第十五講　關於疑問與批評………………………………150

第三章　精神官能症通論

第十六講　精神分析………………………………………160

第十七講　症狀的意義……………………………………168

第十八講　創傷的固著……………………………………179

第十九講　抗拒和壓抑……………………………………189

第二十講　性生活…………………………………………199

第二十一講　原慾與性……………………………………210

第二十二講　發展與退行…………………………………223

第二十三講　症狀之發展…………………………………236

第二十四講　普通的精神失調……………………………248

第二十五講　恐懼和焦慮…………………………………258

第二十六講　原慾和自戀…………………………………272

第二十七講　關於移情……………………………………285

第二十八講　關於分析療法………………………………298

第一章
關於過失心理學

第一章　關於過失心理學

第一講　緒論

我不知道各位從閱讀或傳聞中對精神分析了解多少。不過，鑑於我的講題是「精神分析引論」，我不得不當作你們對這個領域一無所知，需要我從基礎知識開始講起。

不過，我至少能假定你們知道一點，那就是精神分析是一種治療焦慮患者的療法。我可以向你們舉例說明，這種方法與其他醫療方法的原則恰好相反。一般來說，我們在向患者介紹一種對他而言很陌生的醫療技術時，往往會將療程講得很輕鬆，以幫助他建立對療效的信心。然而，精神分析療法可就不一樣了。我們會事先告知他這個方法的實施難度和治療時間，以及他需要付出多少努力和犧牲；至於療效，我們則不會輕易擔保，因為療效取決於患者的行動、理解、毅力和適應能力。當然，這種看似不通情理的行為背後有著正當的理由，各位在稍後的講座中自會了解。

因此，在講座開始時，如果我像看待精神官能症患者一樣看待各位，請不要覺得受到了冒犯。事實上，我真心勸你們不要再來聽我的講座。我想告訴各位，精神分析教學總是有些瑕疵，聽者需要經過許多鍛鍊後才能獨立判斷一切。你們之前接受的教育、慣性思考方式必定會促使你們對精神分析產生反彈；而你們必須克服這種阻礙，才能戰勝這種本能的抗拒。當然，我無法保證你們能從我的講座中了解多少精神分析知識，但我能肯定的是，在聽完這堂講座後，你們依舊無法學會精神分析治療的方法，也不可能獨立實施。此外，如果你們當中有人不滿足僅獲取這一點點知識皮毛、想要更深入研究精神分析的話，我不僅會勸阻，還會加以警告。考慮到當前的情況，選擇成為精神分析師可能會毀掉一個人在學術上大放異彩的機會。如果他成為精神分析的執業醫師，社會大眾可能會無法理解他，只會惡意地對他抱以懷疑和敵對的態度。

儘管有著重重困難，仍有不少人對這門領域感興趣。如果在座有這樣的聽眾，願意不顧勸阻前來聽講，我仍非常歡迎。但各位都有權利知曉：學習精神分析是一條艱辛之路。

首先，我們會遇到精神分析教學和闡釋中的根本問題。在醫學教學上，習慣使用視覺演示，比如解剖標本、化學反應產生的沉積物、神經刺激後的肌肉收縮等。之後，你們會透過感官觀察病人，你甚至時常得在孤立狀態下尋找病因。在外科中，你們會在第一線觀看手術的過程，甚至會被允許動刀。就連在精神科，你們也可以從患者的表情、言語和行為姿態等方面觀察到豐富的表徵。因此，醫學教授們的責任大多是指導與說明，就像陪你們參觀博物館，再讓你們與館藏連結，透過你們自己的觀察建立新知識。

不幸的是，精神分析就不同了。在精神分析中，除了患者和醫生的語言交流之外，什麼也沒有。患者會傾訴過去的經歷以及對現在的印象，並抱怨、吐露他的願望和情緒。醫生只是傾聽，並設法引導患者的思考方式，提醒他想起更多事情，促使他的注意力轉移到某些特定的事物上，進而提出解釋，觀察患者是否有因此理解什麼，或是開始否認。患者的親屬往往不了解精神分析，只能對可見的有形事物留下印象，尤其是像電影場景。他們不會錯過任何一個能提出質疑的機會，比如「只是談話怎麼可能治病」。這種想法當然是目光短淺且自相矛盾的，因為他們也堅信患者的病「只是想像出來的」。語言起源於巫術，既可以保佑他人，也可以使人絕望，至今仍保留著古老的魔力。教師透過語言傳道授業，演說家用語言使聽眾潸然淚下，左右他們的判斷和決定。語言確實可以產生效果，是影響人類的普世工具。因此，請不要低估語言在心理治療中的效果。若我們有機會旁聽精神分析學者和患者之間的語言交流，也應該感到滿足了。

然而，這是不可能的。因為精神分析治療的談話不允許有旁聽者，療

第一章　關於過失心理學

程也不公開。我們當然可以在精神病學講座中向學生說明何謂神經衰弱或歇斯底里，但除了講述病症，就沒有其他好說的了。只有當患者與醫生建立起一種特別的情感連結之後，他們才會願意傾吐精神分析療法需要的對話。如果患者意識到有中立的第三者存在，便會立刻閉口不言，因為這些對話涉及了患者精神生活中最私密的部分，而沒有一個獨立的社會人士會願意自暴其短。人們為了與自身人格保持一致性，甚至連自己也不願意承認所有的對話。

因此，你無法「旁聽」精神分析治療，你只能聽別人的轉述。嚴格來說，你只能透過像這樣的道聽塗說了解它。而即便是這樣來自第二手的知識，也會動搖你的判斷。顯而易見的是，你對精神分析的了解，完全取決於你有多麼信任你的精神分析導師。

想像一下，你參加的不是一堂精神病學講座，而是歷史講座。講者正在講述亞歷山大大帝的生活和戰績，你有什麼理由相信他所述屬實呢？客觀來說，亞歷山大的種種事蹟，似乎比精神分析更加不可信，因為歷史教授就和各位一樣，完全沒有參與過亞歷山大的戰事，而精神分析師告訴你們的，至少是他曾經實際參與、且有產生實際療效的病例。那麼，問題來了——哪些事實能夠證明這位元帥的確實至名歸呢？講者可以向你引述古人的言論，比如，狄奧多羅斯[01]、普魯塔克[02]和阿利安[03]等人的著作；他們要麼是和亞歷山大同時代的人，要麼與他的生存的年代相近。你可以看到傳世的錢幣圖片、國王的雕像，以及許多描繪伊蘇斯戰役[04]龐貝式馬

---

[01] 狄奧多羅斯（Diodor）：西元前一世紀古希臘歷史學家，著有《史學全集》（*Bibliotheca Historica*）四十卷。

[02] 普魯塔克（Plutarch）：羅馬帝國時代的希臘作家，以《希臘羅馬名人傳》（*Parallel Lives*，或稱《希臘羅馬英豪列傳》）一書聞名。

[03] 阿利安（Arrian）：古希臘歷史學家，著有《亞歷山大遠征記》（*Anabasis Alexandri*）。

[04] 伊蘇斯戰役：西元前 333 年秋季，在亞歷山大東征中，馬其頓軍隊（30,000 人至 40,000 人）和波斯皇帝大流士三世（Darius III）的軍隊（120,000 人至 130,000 人），在西里西亞（Cilicia，今小亞細亞境內）古城附近的伊蘇斯（Issus，今土耳其伊斯肯德倫以北）引發的一次交戰。

賽克畫的繪畫。但嚴格來說，這些資料只能證明前人相信亞歷山大的存在，承認他的戰功確有其事。這時，各位可能又要開始批評了。你們會發現關於亞歷山大的敘述並非完全可信，證據也並不是那麼詳實充分。但即便是這樣，我相信各位離開講座時，也不會質疑亞歷山大大帝的真實性。影響你們判斷的主要是以下兩點：第一，講者沒有理由捏造一樁連自己都不相信的事情；第二，所有已知的歷史敘述都大致吻合。如果你們接著去求證更古老文獻，就會發現這些大致吻合的文獻的作者的可能動機，便會意識到許多證據具有一致性。在亞歷山大這個例子裡，核查的結果必定會使人信服；但如果搬到摩西或寧錄[05]身上，結果便會不同了。不過稍後，各位便會更清楚了解精神分析報告究竟有什麼值得懷疑之處了。

現在，你有權質問：精神分析既沒有客觀證據，又不能演示給大眾看，那麼究竟該如何研究、又該如何相信它的真實性呢？事實是：精神分析的研究不容易，全面掌握精神分析知識的人寥寥無幾。但即便如此，仍有可行的研究方法。自我研究，即自我性格的研究，可以作為精神分析的入門。但這不等同於我們常說的自我審視，我只不過是暫且這樣總結而已。在掌握了一些精神分析療法之後，各位便可以將社會大眾普遍存在的精神症狀作為自我分析的對象。如此，你們便能夠相信精神分析所闡述的現象和基本概念。老實說，精神分析的發展確實受到了一些限制。如果你們想要更進一步學習，可以請合格的分析師來診斷自己，觀察精神分析對「自我」產生的效果，同時趁此機會熟悉箇中奧妙。當然，這種方法雖好，卻只能用於個體，不適用於所有人。

女士、先生們，在你們投身於醫學研究之後，我認為精神分析的第二個難點不在於這門科學本身，而在於你們自己。你們的思考被先前累積的知識框限了，促使你們與精神分析漸行漸遠。你們已懂得如何從解剖學的

---

[05] 寧錄（Nimrod）：聖經人物，諾亞的曾孫，號稱「史上第一強人」、「英勇的獵戶」。

第一章　關於過失心理學

角度平衡生物機能,能夠從化學與物理學的角度加以說明、並從生物學的角度思考,但是從未將這份興趣轉向精神生活,而精神生活卻是生物最神奇、最複雜的活動。出於這個理由,你們仍不願接受心理學,總是質疑它並否認它的科學性,只將它留給門外漢、詩人、自然哲學家和神祕主義者。這種歧視一定會殃及你的診療,因為醫治病人就和人際往來一樣,首先面對的是對方的精神面貌。這樣劃分的懲罰,便是為你們所不齒的江湖術士、偽自然療法者和巫醫騙子,瓜分了你們有志於投身的醫療領域。

必須承認的是,你們接受的教育也有問題。沒有任何一門與醫療相關的哲學課程對治療有益。無論是思辨哲學(Speculative Philosophy)、描述心理學(Descriptive Psychology),或者是與感官心理學有關的所謂的實驗心理學(Experimental Psychology),都不能讓你們獲取在身心方面的實用知識,也不能將理解精神功能失調的鑰匙交到你們手中。在醫學領域,精神病學的關注點是描述觀察到的精神障礙狀態,並將各種臨床症狀的圖片分類整理;甚至連精神病學家本人也懷疑,純描述性的論述是否能夠被冠以科學之名。我們不了解構成臨床實體的病症起源、機制以及其中的關連。我們要麼是在解剖學上找不到相對的變化,要麼是不了解其中發生的變化。精神失常唯一能獲得治療的機會,就是其被認定為是由疾病間接引發的。

精神分析旨在填補這一空缺 —— 精神病學中被忽視的心理學基礎,希望能夠發現可以解釋與身心紊亂相關的病症,以此作為研究的起點。為了達到這個目的,精神分析必須脫離與自身相違背的解剖學、化學或心理學假設,堅持應用純粹的心理學概念。正是基於這一點,我擔心各位一開始會感到很奇怪。

我不會把精神分析的困難歸咎於你們、以及你們受過的教育上。精神分析的兩個命題冒犯了一整個世界,引起反彈。第一個命題有違普遍對智

力的看法,第二個命題則違反了普世的審美與道德。我們不可對這些成見掉以輕心,它們的力量強大,是人類演化中實用、甚至可說是必要的殘留物,要打破它們實屬不易。

精神分析第一個令人不悅的命題是:心理過程本身是無意識的,有意識的部分僅僅是整體精神生活中的一部分。回想一下,我們總習慣將心理當成有意識。實際上,意識對我們而言即意味著精神生活,心理學即是研究意識的科學。這種看法如此淺顯易懂,即便提出最微小的反對意見都會被認為是荒謬的。但是,精神分析不得不提出反對意見,即不承認心理即意識這種成見。精神分析將精神定義為感覺、思維、慾望的過程,而思維和慾望都可以是無意識的。但是,這個命題從一開始便讓精神分析遭到了頭腦清醒的科學家的反對,而被懷疑是炫目的神祕研究,會將人們引入黑暗而混亂的境地。女士們、先生們,你們自然還無法理解,我有什麼證據來反駁「精神即意識」這樣一個抽象的成見。你們無法了解,如果無意識真的存在的話,什麼樣的評估結果才能否定它的存在,這種否定又能帶來何種好處?人類的精神世界是否和意識恰巧吻合,或是超越了意識,只是一種文字之爭?不過,我可以向各位保證,承認無意識的存在,將在世界和科學界開闢一個具有決定性意義的嶄新方向。

你們應該想不到精神分析的第一個大膽命題與第二個命題之間有多麼密切。第二個命題是精神分析的創見之一:無論廣義還是狹義,性衝動都是引起焦慮和精神疾病的重要原因;人們從未充分了解這一點。不僅如此,精神分析還認為,這些性衝動對人類精神的至高文化結晶、藝術和社會成就貢獻厥偉。

根據我的經驗,反對精神分析的主要聲浪源於第二點。各位想知道,我會怎麼解釋這個事實嗎?我們認為,文明是以壓抑本能的滿足為代價,由生命的根本需求所驅動演進的。由於所有個體首次踏入人類社會時,都

會為了公共利益壓抑自己，所以這一過程總會不斷重複上演。在人類的各種本能中，尤以性本能最為重要。因此，性本能獲得昇華，即從性的目標導向了其他更高尚的社會目標，但這樣的結果並不穩定。人類並沒有完全馴服性本能。每個希望投身於文明建設的個體，都必須壓抑自己的性本能。如果滿足於性本能，那麼社會便會面臨著嚴重的威脅。因此，社會不希望人們再次想起強大的性本能，也不願意個體對性生活瞭若指掌。相反，社會讓人們轉移了焦點。這就是為什麼社會不能容忍精神分析研究的存在，而寧願把它貼上冒犯美學、道德敗壞的標籤。然而，這種理由仍無力駁斥科學研究得出的客觀結果，所以為了讓人們接受，他們不得不改而批判智力。但是，本性使然，人類總會視而不見那些令自己不快的觀點，接著就能輕而易舉地反駁。社會因此把令人不悅的東西視為不真實的，並用符合社會邏輯的中肯論據否認精神分析的結論。社會不遺餘力地以這些偏見來反駁精神分析，這些論據卻不是客觀的。

　　女士們、先生們，我們不應該追隨這樣的偏見來反駁精神分析。我們只想要陳述苦心研究的成果。

　　以上，便是你們投身於精神分析可能會遇到的疑難。對初學者來說，也許太過困難了。如果你們沒有因這些困難而打退堂鼓的話，我便會繼續講下去。

第二講　開始

　　我們從研究、而非假設開始講起，首先選取那些頻繁發生、我們熟悉，但卻很少被注意的問題。這些問題在每個正常人身上都會發生，與病態無關。我要說的就是大家常犯的錯。例如你想說什麼，卻講錯了，這就

第二講　開始

是「口誤」；或者寫字時未注意到的錯誤，即「筆誤」；又或看錯了印刷或寫出來的字，我們稱作「誤讀」。類似的現象還包括：聽覺功能本沒有問題，卻聽錯了別人對自己說的話。另外的一些錯誤是由於遺忘，但不是永久性的，而是暫時的遺忘，比如一個人一時想不起熟悉的名字，或者一時忘記做一件事，稍後又想了起來，因此，只是短暫地遺忘。還有一種過失，比如什麼東西放錯了位置，就再也找不到了；又或者弄丟什麼。我們對上述這一種遺忘東西的反應，與其他的反應有所不同，我們驚訝、惱怒，又無法理解。某些現象與過失類似，其中也存在著顯著的短暫性特徵，在某個時間點之前或之後，某個人明白某件事不是真的，但在某個時間點卻信以為真。諸如此類的問題，不勝枚舉。

　　這些問題大多是無關緊要的、暫時的，對人們的生活沒有太大影響，只有遺失東西等問題才會造成實際的困擾。因此，這些問題也沒有引起人們太大的注意，人們對此並不感興趣。

　　不過，我想要各位關注的正是這些現象。你們或許會生氣地反駁我：「外部世界和精神世界有如此繁多的宏偉謎題，精神障礙方面也有許多問題等著我們去闡釋，把精力浪費在這些瑣事上真是不務正業！」假使你們能解釋——為何光天化日之下，一個耳聰目明的人會看見、聽見根本不存在的東西？為何好端端一個人，會突然相信自己正遭受最親密之人的迫害？為何一個人會真誠地想證明孩子都會覺得荒謬的錯覺？——那麼人們便會嚴肅對待精神分析了。不過，如果精神分析只能研究為什麼演講者說錯話、或者為什麼家庭主婦弄丟了鑰匙等瑣事，我們就會把精力和興趣轉向他處了。

　　我的回答是：「女士們、先生們，耐心點。」我認為你們的批判方法不對。精神分析的確不敢說沒有關注過這些瑣事。相反，精神分析觀察的往往是一些簡單的行動，其他科學則會把這些行動視為無關緊要的小事，甚

013

第一章　關於過失心理學

至認為它們在表象世界裡不值一提。在特定的環境和時間下，非常重要的事情就不能透過微小的跡象表現出來嗎？這樣的例子俯拾即是。比如，一個男人難道不能從模糊的暗示中認為自己贏得了女人的芳心？難道一定要等待一個明白的提示，像是一個熱烈的擁抱？難道一個曖昧的眼神、一個微小的舉手提足、或是短暫的握手，都不足以透露端倪嗎？如果你是一位刑事律師，正忙著調查一起謀殺案，難道你會期待謀殺犯在犯罪現場留下照片和地址？你不是得自己去發現模糊不清的蛛絲馬跡嗎？所以，請不要忽視微乎其微的跡象，也許透過這些跡象，我們可以發掘出更重大的成果。我們往往無法斷定事情會朝哪個方向發展。如果你不帶偏見堅持研究下去，運氣好的話，透過事物之間的關聯，或許就能從最普通的研究中發現一些關鍵問題。

基於這點，我希望各位能留心普通人犯下的這種看似無關緊要的小錯誤。我首先想問，不了解精神分析的人會如何解釋下列現象？他一定會馬上說：「喔沒事啦，只是個小失誤。」這是什麼意思？他是指這些無關緊要的小事中沒有因果關係嗎？我想各位一定不會支持這種說法。他會退一步說，如果研究一下，可能就會找原因。他會說，可能是因為輕微的功能失調、或者精神有問題。如果不是因為身體不適、體力不支、興奮或心不在焉，演講者是不會說錯話的。這點很容易就能證明。人在疲憊、頭痛或身體抱恙時的確更容易口誤。許多人甚至在想不起名字時，便知道自己要開始頭痛了。人在興奮時也常常說錯話、做錯事。注意力分散、或注意力集中在其他事情上時，人們更容易忘記接下來要做什麼。《飛葉》雜誌（*Fliegende Blätter*）中的教授便是一例，他因為想著第二本書中要處理的問題，便錯戴了別人的帽子。我們都明白，人被從前的經驗干擾時，很容易忘記計劃或承諾的事情。

這些話似乎很容易理解、也無可辯駁，但不是很有趣，不能像我們期

待的那樣，促使我們思考為何會犯錯。上述情況的原因各不相同，但都與疾病或身心失調有關，興奮、疲憊、分心則會引發另一種身心問題，這些都容易被理論化。疲憊、分心以及興奮，導致注意力的分散，進而無法專注於當下的動作。如此，這些行為便會比平時更容易被打斷，無法準確執行。當人們的血液循環出現變化時，也會產生同樣的效果，從而產生決定性影響，以類似的方式影響注意力。在上述人們的過失中，注意力擾亂的關鍵是由身心問題引發的。

但是，精神分析對這一點沒有太大興趣，所以我們可能要拋棄它了。坦白說，如果我們更仔細地觀察，會發現並非所有人們的過失都與心理學的注意力理論相符，或至少不能由此推斷出一切。我們會發現，這樣的過失或遺忘即便在人不感到疲憊、沒有分心或不那麼興奮的時候，也時常發生。除非當過失發生之後，人們故意把原因歸結為他們不肯承認的一種興奮狀態。其中的機制十分複雜，所以並非集中注意力便能保證成功，一旦注意力分散便會失敗。許多行動是按照一種純粹自動化的過程完成的，人們極少投入注意力，但仍能十分順利地行動。比如走路，我們也許不確定該往哪走，但我們會靠右行走，直到目的地停下來，這是很常見的例子。鋼琴家不假思索便能按下正確的琴鍵。當然，他有時也會出錯。但是，如果自動化的演奏會提高失誤率的話，那麼記憶超群的鋼琴師彈熟曲子之後，反而更容易彈錯了。但是，事實卻與此相反，許多不需要集中注意力的行為反而能順利完成。人在焦慮中試圖集中注意力時，反而最容易出錯。那麼，各位可能會說：「這是太興奮的緣故，但是為什麼興奮不能促使人們集中注意力，我們就不得而知了。」所以，如果一個人在重要的演講或討論中，說出了相反的意思，那麼生理或心理學理論或注意力理論便無法解釋了。

這些過失還有許多其他不起眼的特點，上述理論也無法解釋清楚。比如，一個人暫時忘記了某人的名字，非常懊惱，努力回憶卻怎麼也想不起

來。為什麼儘管他很懊惱卻想不起來，但是別人一提，他便立即記起來了呢？或者舉另一個例子：一個人不小心爽約了，第二次有約時，他拚命想記住，卻又發現弄錯了日期或時間。再如：一個人用各種方法試圖記住一個字，但這麼做的過程中，他轉而忘記了能提醒他想起第一個字的第二個字；如果他接著靠第三個字想第二個字，轉而也會忘記第三個字，如此往復。印刷錯誤也是如此，當然這會被歸咎於打字員的失誤。這個失誤據說出現在了某社會民主報上。該報在某節宴的報導中寫道，「小丑親王 (the Clown Prince) 到場」。在第二天的刊誤中，報紙道歉道，「錯字應更正為『公雞親王』(the Crow Prince)」。人們喜歡把這種錯誤歸咎給打字員，或者印刷機器的問題——至少這個比喻已經超越了生理與心理的理論。

我不知道你們是否遇過這樣的情況，暗示也會引起口誤。這個例子可以很準確說明這一點：一位演員得到了歌劇《奧爾良少女》(*The Maid of Orleans*) 中的重要角色，他本應該稟報國王：「警察局長將劍送回了。」彩排時，主演不斷告誡這位戰戰兢兢的新演員，不要說成「馬車伕將馬送回了」。最後，事與願違，這位可憐的演員在處女秀中說錯了臺詞，正是因為有人告誡他不要這麼說。

分心無法解釋過失這個特點，但我們也不能就此斷定這個理論錯了。這個理論也許缺少了某個環節，只需稍加補充，便能令人滿意。但是，我們可以從另一個方面考量許多失誤的例子。

還是從最合適的例子——口誤開始吧。筆誤、誤讀當然也可以。但是，我們必須清楚，到目前為止，我們只是在探究一個人在何時、在怎樣的條件下才會出現口誤，而且也僅僅得到了這個問題的答案。我們也可以把興趣轉向其他地方，問他為何會出現這種特殊的口誤，而不是任何其他的口誤？我們可以思考一下，口誤會產生怎樣的結果。各位必須知道，只要這個問題還沒有答案、只要還未能解釋口誤引發了什麼結果，那麼這個行

為在心理學上就仍舊屬於一種意外。比如，我口誤時，有無數種其他的詞彙可以說，但是為什麼在諸多可能犯的錯誤中，我唯獨選擇了那個詞彙呢？難道這也是意外或隨機的嗎？這個問題究竟能不能得到理性的回答呢？

梅林格和邁爾（Rudolf Meringer 與 Carl Mayer，一位是語言學家，一位是精神病學家）在西元 1895 年試圖從另外一個層面探究口誤的問題。他們收集了許多例子，首次從單純的描述性立場來研究。當然，他們未得出任何結論，但可能開創了新的研究方法。他們把口誤分為單字位置互換、單字部分互換、語音持續、混合和替代等五種。現舉例說明。首先，把「米洛的維納斯」說成「維納斯的米洛」屬於單字位置的互換；把「我熱血沸騰（I had a rush of blood）」說成「我瞥見了基督像（I had a blush of rood）」屬於單字部分互換；語音持續的例子也存在於祝酒詞中，比如，把「請大家和我一起乾杯（anstossen）」說成「請大家和我一起打嗝（aufstossen）」。你們會發現，音節的混合更容易引起口誤。例如，一位男士詢問一位女士：「如果妳允許的話，我很樂意『送辱』（inscort）妳。」顯然，他把「護送」（escort）和「侮辱」（insult）兩個詞混合在了一起。（插嘴一句，這位男士可能無法討這位女士歡心）至於替代的例子，梅林格和邁爾舉例說：「某人說，我把樣品放在信箱（letterbox）裡，而不是溫床（hot-bed）上。」

這兩位作者並沒有充分解釋收集到的例子。他們認為，一個詞的音和音節具有不同的音值，具有較高音值的音可以干涉音值較低的音。他們顯然依據「不常見的預見」和「語音持續」得出了這個結論；換言之，其他口誤即便也存在音值的高低，但沒有構成問題。最經常出現的口誤，就是把一個詞說成了另一個類似的詞，人們或許認為，這種相似性便足以解釋其原因了。例如，某位教授在首次演講中說：「我不願評價前輩的美德。」「不願」應為「不配」。另一位教授說：「在女性生殖方面，儘管存在許多誘惑（temptation）──抱歉，我是說嘗試（attempt）。」

第一章　關於過失心理學

　　把話的意思完全說反,是最常見、也是最引人注目的口誤,在這樣的情況下,音和音節之間不具備密切關係和相似性;一些人認為,相反的詞彼此有著牢固的連結,因此在心理上會引起聯想。我們可以輕易找到這樣的例子。例如一位議員曾在會議開始時說:「先生們,出席人數到達門檻,我宣布會議結束。」

　　類似相反的口誤,也可能頻繁地在其他情況下不合時宜地出現。比如,赫姆霍爾茲(H. Helmholtz)的孩子和知名發明家、工廠大亨賽門(W. Siemon)的孩子結婚。知名生理學家杜布瓦－雷蒙德(Dubois-Reymond)受邀發言致祝酒詞時說:「願新人西門子－哈爾斯克(Siemens & Halski)百年好合!」但是,西門子－哈爾斯克是一個老公司的名字,柏林本地人對這個名字再熟悉不過了。

　　在音和詞的連結之外,我們還必須注意聯想的作用,但也不盡然。在許多事例中,我們只能研究先前說過的所有詞語,才能對口誤題出圓合理的解釋。這再次吻合了梅林格和邁爾的「語音持續」分類,但持續的時間更長。我不得不承認,這帶給我全部的印象是——這樣解釋口誤,讓我更加困惑了!

　　然而,還需要注意的是,在上述對口誤的研究中,我們探究了引起口誤的一般條件,以及會發生何種口誤的條件,但我們尚未思考口誤的影響。如果我們決心研究口誤的影響,那麼首先就必須勇敢地承認,在上述引用的事例中,引起口誤的事物是有意義的。我們所說的「有意義」意味著什麼呢?我認為,口誤本身應該被視為一種有目的的精神活動。以前我們總將其稱為「過失」,但其實這是十分正常的現象,只不過是忽然發生,代替了計劃中的舉動罷了。在有些單一事例中,口誤的意義似乎非常明顯。議員在會議開始時便宣布閉會,我們基於口誤發生的時間和周圍的環境,推斷出他可能對本屆會議沒什麼期待,覺得還不如盡快結束,所以

我們不難推斷出這個過失的意義。又如，一位女士對另一位女士說：「這頂可愛的帽子一定是你撕（應為：織）的。」顯而易見，這個口誤也透露了她的觀點：這頂帽子簡直太醜了。又如，某夫人以性格強勢著稱，她說：「我的丈夫請醫生為他制定了飲食計畫。但醫生說不需要，他只要按我所願吃喝就行了。」這個口誤精準體現了這位夫人的一貫作風。

　　女士們、先生們，如果大多數口誤都是有意義的，那麼未被注意到的口誤背後的意義，我們便不得不特別留意。我們接著可以拋開所有生理及心理條件，專注研究過失目的的意義。我們現在可以基於這一點，對過失的例子進行進一步的廣泛討論。

　　但是，在我們開始探討之前，我想邀請你們用另一種思維和我一起思考。詩人喜歡利用口誤或其他錯誤，作為一種文藝的表現手法。這個事實本身再次向我們證明，詩人認為錯誤是有意義的。因為詩人是有意為之，絕不是筆誤，而讓筆誤成為作品中人物的口誤。他可能想透過口誤向我們表達什麼深意，我們需要弄清楚他是否希望透過口誤表明人物的分心或疲憊。當然，如果詩人無意利用錯誤來表達某種深意，我們也無須誇大它的重要性。口誤可能真的只是意外，在罕見的情況下才會發生，儘管如此，詩人仍然可以用文藝手法賦予錯誤意義。當然，考慮到詩歌的含意，如果我們從詩人、而非語言學家或心理學家那裡蒐集資料，將獲得更多資訊。

　　在《華倫斯坦》(*Wallenstein*)（皮科洛米尼，第一幕第五場）中出現了一個例項。在上一幕中，馬克思‧皮科洛米尼（Max Piccolomini）熱情地支持赫索格（Herzog）。他在陪伴華倫斯坦的女兒前往營寨的途中，強烈主張要維護和平。他離開之後，他的父親和朝臣奎斯登伯格（Questenberg）深感錯愕。接著上演了第五幕：

　　奎斯登伯格：啊，就這樣嗎？朋友！我們就這樣讓他陷入荒謬的成見嗎？就這樣讓他被騙嗎？不馬上讓他回來嗎？不將這些跟他說清楚嗎？

第一章　關於過失心理學

奧克塔維奧：（深思後開口）他現在睜開了我們的眼睛，我看清楚了。

奎斯登伯格：你看見了什麼？

奧克塔維奧：對這場旅行的詛咒！

奎斯登伯格：但為什麼？什麼詛咒？

奧克塔維奧：來吧，和我一起，朋友！我得立即順著這不幸的軌跡。我的眼睛睜開了，我必須好好看看。來吧！

奎斯登伯格：什麼？你要去哪裡？

奧克塔維奧：（匆匆說）到她本人那裡。

奎斯登伯格：去──

奧克塔維奧：（打斷他，又糾正自己）去找公爵。來吧，我們走──

奧克塔維奧本來要說「去他那裡，去公爵那裡」，但他的口誤「到她本人那裡」向觀眾洩露了他的心情。他已經清楚明白，渴望和平將對這位年輕的戰爭英雄產生什麼樣的影響。

奧托・蘭克（Otto Rank）在莎士比亞的劇作裡發現了一個更令人印象深刻的例子。在《威尼斯商人》(The Merchant of Venice) 中有這樣知名的一幕，求婚者得在三個寶箱中挑選一個。我現在最好把蘭克的短評讀給你們聽：

在《威尼斯商人》第三幕第二場中，莎士比亞利用口誤，完美體現了詩的動機，展現了他靈活的藝術手法。這個口誤與佛洛伊德引用的《華倫斯坦》中的口誤（《日常生活的心理病理學》(The Psychopathology of Everyday Life) 第二版，第 48 頁）一樣，表明詩人深知這種錯誤的意義，同時假定觀眾也能理解。波西婭（Portia）因聽從父親的心願，只能靠碰運氣選擇丈夫。她好運躲過了所有不喜歡的求婚者。她最後發現自己中意的是巴薩尼奧（Bassanio），所以擔心他選錯箱子。她想告訴他，即便他選錯了箱

子，仍能得到她的愛，但出於誓言，她不能這樣做。她的內心天人交戰，對求婚者說出了下面這段話：

別注視著我，你的眼睛征服了我，將我分為兩半；一半是你的，另一半也是你的 —— 但是我應該說是我自己的，既是我的，那當然也是你的，所以一切都屬於你了。我請你稍等待一下！等過了一天或兩天，再冒險吧！因為若選錯了，我便會失去你；所以請你等一下吧！我似乎不願失去你，但這可不是愛情……我或許可以告訴你如何選擇，但我卻受到誓約的束縛，因此你或許會失敗。但是一想到你可能會選錯，我便想打破誓約。別注視著我，你的眼睛征服了我，將我分為兩半；一半是你的，另一半也是你的 —— 但是我應該說是我自己的，既是我的，那當然也是你的，所以一切都屬於你了。

因此，她想暗暗告訴巴薩尼奧答案，甚至向他吐露心聲，在選擇之前，她就已經屬於他了，她愛他。詩人利用她的口誤，表達波西姬的愛慕之情。透過這樣的藝術手法，既可以安撫求愛者不確定的心理，又可以讓觀眾耐心等待懸念揭曉。

請注意，波西姬在最後是如何微妙處理了口誤中隱含的兩種宣言，她是如何解決其中的矛盾，又成功堅守了承諾：

……既是我的，那當然便是你的，所以一切都屬於你了。

一些非屬醫界的思想家透過觀察，找出了錯誤的意義，似乎為我們的學說開闢了道路。各位都知道，利希滕貝格（Lichtenberg）是一位諷刺劇作家。歌德稱他「於玩笑間揭露了隱約可見的錯誤」。他還常用笑話提出問題的解決方法。利希滕貝格在諷刺劇裡提到，他總把假定（angenommen）讀成阿加曼農（Agamemnon），足可見他是多麼熱愛「荷馬史詩」。這句話也可以作為誤讀的解釋。

在下面一講中，我們將討論詩人對於過失的解讀。

第三講　續

　　在上一講中，我們曾撇開過失與被歪曲的行為意圖之間的關係，單純研究過失本身。單一事例給我們留下了這樣的印象：口誤似乎違背了說話者原本的意圖。如果過失存在意義這一結論在更大的範圍也能成立，那麼對其意義的研究將比僅僅探究過失發生的條件更有意思。

　　我們首先要統一對「意義」的解釋。在大多數研究中，我們可以用「目的」來代替「意義」。那麼，是否僅憑欺騙性的表象或詩意的誇式，我們就可以相信過失真的有意義呢？

　　我們若如實看待並更加仔細地觀察口誤的例子，就會發現，所有這種例子都清楚體現出口誤本身的意義。其中最突出的，就是把本來要說的話說反了。譬如議員在會議開始時說「我宣布會議結束」。他的口誤意思明確：想要終止會議。可能有人會說：「他自己就是這麼說的。」我們只不過聽到了他說的話而已。請你們不要打斷我，不要說「我們當然知道他不想結束會議，是要宣布會議開始」。他本人才是自己內心意圖的最佳評審。我們稍後再探討它歪曲的意圖，如若不然，你們便犯了邏輯上「乞題」[06]的謬誤。

　　在其他例子中，說者雖然沒有直接說出完全相反的話，但口誤仍表達出了一種矛盾的意思。例如，在「我不願評價前輩的優點」這句話中，「不願」雖然不完全是「不配」的反面，但卻公開違背了說者在特定環境中的原意。

　　還有一些例子，口誤僅僅在原意之外添加了第二種意思，說出來的話是一種「縮寫」，即若干句子的「凝縮」。比如，一名強勢的女子說：「他會按照我的想法吃東西。」她的言外之意似乎是：「他可以按照自己的願

[06]　乞題 (beg the question)：以假定正確的論點得出結論。

第三講　續

望吃吃喝喝，但想法歸想法，關鍵還是我的決定。」口誤經常透露這樣的資訊。例如，一位解剖學教授在講解人類鼻腔時，詢問學生有沒有完全理解，在他得到一致的肯定回答之後，他說：「我簡直不敢相信，因為即便在一個有數百萬人口的城市中，能聽懂人類鼻腔講座的人也一指可數——我的意思是屈指可數。」這句話透露出，他認為只有他一個人能完全理解這個課題。

還有一些口誤的意義沒有清楚表現出來，這些意義難以理解。人們可能會讀錯一個專有名詞，或者將不同的音節混合在一起，似乎這些情況已經否定了「口誤都是有意義」的觀點。但是，仔細研究這些例子，我們會發現這種失誤並非不可理解。這些貌似難以理解的例子，和前面容易理解的例子之間並沒有太大的區別。

某人被問到他的養馬場經營得怎麼樣，他回答「它可『糟過』(stake) 了——可能再過一個月看看吧」。那人問他到底是什麼意思？他解釋道，他想說「生意糟」(a sorry business) 和「再過一個月」(take another month)，不小心把「糟」(sorry) 和「過」(take) 連在一起了（參見梅林格和邁爾）。

另一人在談論一些他反對的事情，他接著說：「某些事實被『揭蹚』(refilled) 了。」追問之下，他解釋道，他本來想說這些事非常「齷齪」(filthy)，但不小心把「揭露」(revealed) 和「齷齪」(filthy) 合在一起，說成了「揭蹚」（參見梅林格和邁爾）。

各位可還記得那個想要「送辱」(insort) 陌生女子的男子嗎？我們知道，他把「護送」和「侮辱」這兩個詞合在一起，所以他的目的便無需多言了。從這些例子中，各位可以看出，口誤可以解釋為兩種意圖話語的相互衝突和混合。不同之處僅僅在於，在第一種口誤中，一種意圖完全擠掉了其他意圖，說話者完全把話說反了；而在第二種口誤中，一個意圖的話語只是歪曲或修飾了其他意圖，結果造成了一種可以理解或不可理解的混合狀況。

第一章　關於過失心理學

　　相信現在大家已經了解了不少口誤的奧祕。如果你們能夠理解這樣的解釋，那麼想必也能夠看懂另一種神祕現象，比如歪曲名字。我們不能假定這種口誤是由於兩種類似又不同的名字相互競爭所致。不過，第二類意圖不難猜測。歪曲名字常常不能被單純解釋為口誤，而是意在貶低或詆毀某人。這是一種常見的罵人形式，一般人雖不願意說，卻也不肯放棄，所以常常將其偽裝成玩笑，一種低俗的玩笑。舉一個粗俗的例子，法蘭西第三共和國總統的名字普恩加萊（Poincaré）常被歪曲為「像豬一樣」（Schweinskarré）。在這個例子中，我們能輕易理解這種歪曲是在刻意侮辱他。我們沿著這一概念進一步解釋，會發現口誤中的類似歪曲，產生了戲劇化或荒謬的效果。「讓我們打嗝祝主管健康！」這一種能夠引起不愉快意圖的詞語破壞了原先嚴肅的氣氛。面對類似侮辱和冒犯的典型事例，我們不得不假定，說者別有意圖，與外在的尊重形成了鮮明的反差。對此，說者可能會這樣辯解：「別相信，我不是認真的。我才不會批評其他人。」而其餘那些把完全無害的詞語變成下流粗俗的詞語的口誤，也適用於同樣的解釋。

　　我們都知道，許多人為了取樂，故意把無傷大雅的詞語說得很下流。有人認為這樣做很風趣，當我們碰到這種情況時，總會問對方是故意說笑還是口誤。

　　好吧，我們似乎毫不費力便解開了這個謎題！這並不是意外，而是有意識的心理活動。它們是兩種不同意圖共同影響的結果，或者更恰當地說，是相互干擾產生的結果；它們是有意義的。我明白你們不願意承認我的觀點。我當然不願意以不成熟的結論敷衍你們，讓我們再慎重思考一下，依次討論每一個問題吧。

　　你們想問什麼呢？首先，這個解釋是否普遍適用於所有案例，還是僅適用於特定的幾個案例？其次，這個解釋是否能拓展到其他類似的過失

上，比如誤讀、筆誤、遺忘、拿錯東西或誤放東西等？最後，在過失心理學中，疲憊、興奮和注意力分散到底有什麼意義？此外，我們能夠輕易在過失中，發現兩種相互衝突的意圖，其中一個是公開的，另一個則是隱祕的。我們怎樣做才能推測出後者是什麼？而當一個人推測出過失的隱祕意圖之後，又該如何證明，那不僅僅是一種可能的意圖，而是唯一正確的意圖呢？除了這些問題，你們還有其他問題嗎？如果沒有，那麼我就要繼續講下去了。我想提醒大家，我其實並不怎麼關注過失本身，我只想從中得出一些對精神分析研究有價值的事物。所以，我提出了下面這個問題：干擾其他意圖的，究竟是哪種目的或傾向呢？而干擾的傾向和被干擾的傾向之間是什麼關係呢？解釋完這個問題之後，我們又要繼續努力了。

那麼，這便是對所有口誤的解釋嗎？我認為是的。因為一旦開始調查口誤的例子，我們便可得出這種解釋；但從另一方面來講，我們無法證明，如果沒有這種機制的影響，便不會發生口誤。雖然從理論上說，這對我們的目的並沒有影響。因為即便我們解釋的口誤例子僅是其中的一小部分，我們仍希望透過引入精神分析得出的結論是有效的。當然，我們所解釋的口誤並不只占一小部分。我猜你們會提出下一個問題：這種解釋能否拓展到其他類型的過失上？答案是肯定的。當我們把注意力轉移到筆誤或拿錯東西的例子上時，也會得出同樣的結論。不過，出於技術方面的原因，我希望你們暫緩這項工作，等我們充分研究完口誤再進行拓展吧。

一些學者將循環紊亂、疲憊、興奮和注意力分散歸結為重要因素，這些因素對我們來說有什麼意義呢？如果我們接受上述關於口誤的心理學機制的說法，那麼這個問題便值得具體地回答。你們要明白，我絕不會否認這些因素。基於精神分析的原則，我們僅會對這些假設做一些補充；而以前被忽視、現在由精神分析學家補充的，卻正是問題中至關重要的因素。由於身體抱恙、循環紊亂和疲憊等引起的生理問題，的確可能引發口誤。

第一章　關於過失心理學

我們日常的經驗便能驗證這一點。但是，承認這些並不能獲得太多結論！首先，它們並不是過失的必要條件。一個人在完全健康、正常的狀態下，也可能出現口誤。

為了說明這種關係，我曾經用過一個明喻，我想在這裡重複一遍，因為我找不到更好的例子來代替：晚上，我孤身一人走過僻靜處時，被一個流氓襲擊了，搶走了我的手錶和錢包。然後我到最近的警察局報案，由於沒有看清劫匪的臉，我只能說：「僻靜和黑暗搶走了我的財物。」警察可能會告訴我：「你的想法似乎有點怪。讓我們來這樣敘述事件——在夜色下，一個我看不清楚的流氓，在僻靜處搶走了我的財物。在我看來，這件案子中的關鍵是找到這個流氓。之後或許還可以從他那裡拿回贓物。」

興奮和注意力分散等身心因素，顯然對解釋這種現象幫助不大。它們只是幾個名詞而已，是遮住我們看清事實真相的簾子。關鍵是，興奮或注意力分散到底是由什麼引起的？音節、字的相似性和共有的聯想固然會產生影響。但是，如果我面前有一條路，那麼我就一定要選擇走這條路嗎？我還需要一個動機，刺激我必須選擇這條道路。發音和詞語的關係，也和生理狀況一樣，只是提高口誤的機率，而不會成為引發口誤的真正原因。比如，在我的講座中，字和聲音相似的詞語非常多，它們也與具有相反意義或共同聯想的詞語關係密切，但我並沒有受到任何干擾。哲學家馮特（Wundt）認為，因為身體疲憊而受制於聯想，所以引起了口誤。這種解釋聽起來似乎有些道理，但是它卻和我們的實際經驗相衝突。一連串例子表明，在沒有生理原因或聯想刺激的情況下，也會引發口誤。

然而，我特別感興趣的是你們的下一個問題：一個人如何才能同時建立起兩種相互衝突的傾向？你們或許不了解這個問題的重要性。兩種傾向中的其中一種——被干擾的傾向總是非常明顯，犯錯的人往往能夠意識到；而另一種傾向，即我們所說的干涉傾向，則引起了我們的疑問。如果

我們有勇氣承認這種口誤的影響，便可以從影響中看出這種傾向。議員把所要說的話說反了，他顯然是準備宣布會議開始，但同時我們也能清楚看出，他也想終止會議。這種意思非常明顯，無須多加解釋。但就其他事例而言，干涉傾向僅僅歪曲了原來的意圖，而沒有充分暴露自己意圖——我們如何才能從歪曲中推測出干涉傾向的意義呢？

在第一種例子中，我們用了確定而簡單的方法來研究被干涉的傾向，現在我們可以使用同樣的方法來探究干涉傾向。說話者在說錯話之後，會立即補充解釋原本的意圖。「它可『糟過』（stake）了——可能再過一個月看看吧。」我們也可以要求他補充說明干涉的傾向。我們可以問他：「你為什麼一開始說『糟過』呢？」他回答：「我的意思是這筆生意很糟糕。」在「揭蹉」的例子中，被調查者也承認了他內心的想法：這些事非常「齷齪」。但是，他接著修飾了自己的表達，換成了另一種說法。因此，我們同樣可以像發現被干涉的意義一樣，揭示干涉的意義。這些事例都不是我或我的理論支持者可以憑空捏造的，我引用這些例子不是沒有目的的。我們必須向說話者詢問為什麼會出現口誤，有什麼解釋。如果不這樣追問，說話者可能會輕易放棄解釋；但一旦被追問，他們便會說出能想到的第一個念頭。現在，女士們、先生們，你們可以看出，這個簡單的調查及其結果，便是精神分析調查的雛形，接下來我們將更加深入探索。

現在，我不免懷疑，你們在初入精神分析的同時，會不會也開始抗拒它？你們不是急著反對嗎？你們會說，他自然會滿足你們質問的慾望，把腦海中出現的第一個念頭告訴你。他的解釋或許說得通，但其他解釋也可能十分合理。他想到的其他解釋或許聽起來也同樣恰當。

這反映出你們有多麼不尊重心理現實！假設有人對某種物質做化學分析，得出某一樣本的重量為多少毫克，並從求得的這個重量中得到某一結論。你們認為化學家會因為分離出來的物質可能是其他重量，而不相信得

第一章　關於過失心理學

出的結論嗎？

每個人都認為，這種物質只會是這個重量，不會是其他重量。基於這一事實，化學家能夠自信地進一步得出結論。但是，在精神現實面前，一想到問題可能存在其他答案，你們便認為得出的結論可能是無效的！問題在於，你們不願意放棄心理自由的幻覺。在這一點上，很遺憾，我的觀點與你們完全相反。

現在，你們會不情不願地放棄第一種反駁，轉而從另一個方面提出疑問。你們會繼續說：「我們知道，精神分析有一種特殊的技術，能使研究對象自行說出問題的解決方式。譬如那位對在座的人說，讓我們打嗝祝主管健康！你說他干涉的傾向是侮辱主管，這個傾向和表達尊重相衝突。但是，這只是你的解讀。在這個例子中，如果你詢問說錯話的人，他絕對不會承認自己的意圖是侮辱主管。相反，他會激烈地否認。為什麼面對這種明顯的反駁，你還不放棄這個無法證實的解釋呢？」

是的，你們向我提出了一個難題。我相信這位不知名的說話者或許是主管的心腹，是一位職位稍低的員工、一個前途無量的年輕人。我認為，他並沒有意識到自己對敬重的主管有一些牴觸的情緒。但他開始不耐煩，和我吵了起來：「你最好別再問了，不然我真的要生氣了。為什麼你要用這種懷疑毀掉我的事業，我不過是把『舉杯』說成『打嗝』而已。這只是因為我說了兩次『打』字。這就是梅林格所說的『語音持續』啊，說錯話沒有其他意義。你懂了嗎？就是這樣。」這是吃驚、是一種激烈的否認。我認為從這位年輕人口中，已經探究不出更多的東西了，但我會告訴自己，他說口誤沒有任何意義，這有點問題。也許你們也同意，他對這種純粹的理論不必這麼生氣，但是你們會斷定，他一定了解自己想說什麼，不想說什麼吧？

真的嗎？恐怕這尚存疑問吧？

現在你們以為已經駁倒我了。「這就是你的理論。口誤的人的解釋如果符合你的理論，你便說他是這個問題最後的證人，因為是他自己這麼說的！如果他說的話不符合你的理論，你便突然改口，堅持說他的話不算數、不足為據。」

這當然沒錯，但我可以舉出一個類似的例子，過程顯然一樣很可怕。如果被告承認有罪，法官便相信他的坦白；如果被告不認罪，法官便不相信他。如果不是這樣，法律便無法服眾了；雖然偶有誤判，但你還是該承認這套體系的價值。

「那麼，你是否就是那個法官，覺得口誤的人就是被告呢？口誤是一種罪嗎？」你們不必反駁這個比喻。關於過失心理學中看似無害的問題，我們的意見在現階段是無法調和的，而這種意見分歧卻影響深遠。基於法官和被告的比喻，我已經有所妥協。你們應該承認，如果當事人承認了過失的意義，那麼應該沒什麼好懷疑的。反過來說，我也要承認，如果當事人否認、或者不願意出面提供消息，那麼我們便無法獲得直接證據。我們不得不像執行司法程序那樣，利用其他證據作為判斷的依據。這些證據有時可信，有時似乎也不可信。在法律面前，出於實際原因，也可以依據間接證據宣判某人有罪。精神分析雖然沒有這種必要，但我們也能利用間接條件。如果你們認為科學只包括了已證實的命題，那便大錯特錯，而這種要求也是不合理的。只有那些權威狂熱者、或用其他科學原理替代宗教教義的人，才會提出這種要求。科學的教條其實只有少數必然為真的準則，主要則包含一定機率為真的論斷。科學思考的一個特點就是能夠滿足於接近真理的事物，雖然難以證實，但也能有所啟發。

但是，如果口誤者不願意解釋過失的意義，我們該到哪尋找解釋和證據的詳情，以進一步研究呢？首先，可以根據非過失產生的類似現象分析；例如，我們假定，因過失而說錯名字和故意說錯名字一樣，都有侮辱

第一章　關於過失心理學

對方的意圖。我們也可以依據犯錯時的精神狀態，依據我們對口誤的人的性格了解、或者依據犯錯的人給我們的印象，即研究他對過失的反應。原則上，我們依據整體原則在事件裡尋找過失的意義。這在當時只算是一種猜想，即意義的跡象，接著我們便能夠檢查精神狀況，從而得到證據。有時，我們也不得不等待過失意義能進一步浮現，才能證實我們的猜想。

如果僅限於口誤的範圍，儘管有幾個好例子，但我卻無法提出證據。那位要「送辱」女士的年輕男子其實很害羞；那位說丈夫會聽她話的女人頗會治家。或者舉另外一個例子：在天津德國俱樂部（Concordia Club），一位年輕會員激烈地抨擊他人，他在演講中稱協會官員為「委員會的放債者（lender）（應為領袖「leader」）」。我們可以揣測，一些有衝突的想法擾亂了他，這種想法可能與放債有關。實際上，知情者告訴我們，這位演講者手頭一直很緊，正在找人借貸。因此，我們可以肯定地得出，在他腦子裡衝突的想法是：「抨擊的時候收斂一點，他們也許會借錢給你。」

如果我們深入研究更多種類的過失，便可以找到更多間接證據。

一個人如果忘記了一個熟悉的名字，或者無論他怎麼努力也記不住，那麼我們便可以推斷出，某些東西阻礙了他想起這個名字，可能是他不喜歡這個人。考慮到這層關聯，我們可以開始分析下面幾個過失的心理情境了：

「Y 先生單戀一位女士，但這位女士很快便嫁給了 X 先生。儘管 Y 先生和 X 先生相識很久，還是他的生意夥伴，但卻再也想不起他的名字，甚至他想要寫信給 X 先生的時候，還得問其他人他叫什麼。」

顯然，Y 先生無論如何都不想要想起 X 先生，「永遠不要讓我想起他」。

再舉另外一個例子：一位女士向醫生打聽一位他們的共同朋友，但她說的是這位朋友出嫁前的名字，卻忘記了她的夫姓。她承認自己很反對他們的婚事，也無法忍受朋友的丈夫。

稍後，我們將更詳細探討有關忘記名字的事情。現在，我們關注的主要是讓人遺忘的心理情境。

忘記一件事一般可以追溯至一種相反的敵對情緒，也就是不希望發生的情緒。不僅我們精神分析學家持這一觀點，一般人對日常事務的態度也是如此，只不過他們不肯承認這個理論。

施恩者向求恩者道歉，說他忘記了求恩者的請求，但這並不能讓求恩者原諒。求恩者會立即認為，「根本不是這樣，他只是不想兌現承諾而已」。因此，即便在日常生活中常常會遺忘，這個現象仍不免遭人駁斥，一般人和精神分析學家對過失的認知差異似乎被消弭了。設想一位家庭主婦對來客說：「你為什麼今天要來？什麼？我完全忘了今天有邀請你！」或者一位年輕人完全忘記了跟情人的約會。他絕不會承認的是，他會找一萬種最不可能的理由阻止自己赴約。我們都知道，在軍隊裡，遺忘什麼事一定會被處罰；我們必須承認這種態度很合理。這樣一來，所有人都會同意這名年輕男子的過失是有意義的。為什麼我們不能將這種看法延伸到其他過失，承認類似過失的意義呢？這個問題自然也有答案。

看過或讀過蕭伯納（Shaw）的《凱撒與克麗奧佩脫拉》（*Caesar and Cleopatra*）的人，應該還記得凱撒在最後一幕退場時，一直覺得還有一些事情沒做，但卻怎麼也想不起來。最後，他才想起來是沒有和克麗奧佩脫拉告別。作者以這個手法賦予凱撒一種優越感，但他並不具備這種優越感，也不希望擁有。從歷史文獻中，各位可以知道，凱撒讓克麗奧佩脫拉隨他一同來到羅馬，在凱撒被刺殺的時候，克麗奧佩脫拉和他們的孩子小凱撒（Caesarion）還留在羅馬，後來才離城逃走。

在這些例子中，遺忘的意義均非常清晰，所以對我們的目的並無太大用處，也就是說，它們無法成為在心理情境中求得過失意義的間接證明。因此，讓我們把注意力轉移到更加難以看透的例子上吧，比如遺失或誤放

東西。這種意外令人十分懊惱，當然看上去也可能很不可思議。比如，一位青年遺失了一枝他心愛的鉛筆。幾天前，他剛收到了姊夫的一封信，信上說：「我現在沒有時間，也沒有興趣跟你一起打混。」顯然，這枝鉛筆是姊夫送給他的禮物。如果沒有這個巧合，我們便無法推斷出丟失鉛筆的背後，有丟棄禮物的意圖。類似的例子不勝枚舉，人們喜歡用遺失東西的方式來遺忘贈予者，這樣便不會提醒他想起這個人。有時，如果物品所有者不再喜愛，也會遺失物品，以此為藉口換一個更好的。不小心摔碎物品，自然也包含著同樣的企圖。一名學生在生日前一天弄丟、弄壞了他的書包或手錶，我們該作何解釋呢？

我們有時也可以從失物的情境中，看出一種暫時或長久的棄物傾向，這種情況並不罕見，下面這則例子可以恰當地說明這一點。一名青年對我說：「前幾年，我的婚姻出現了許多問題。我覺得妻子太冷淡了，即便我承認她很優秀，但我們之間實在沒有熱情。有一次，她買了一本書送給我。我很感謝她的關心，說我一定會讀。然後，我把這本書放在某個地方，之後卻再也找不到了。幾個月過去了，我時常想起這本書，試圖找到它，卻總是無功而返。半年之後，我的母親病了。她住的地方離我很遠，我的妻子到她家照顧她。母親病重，卻使我的妻子展現出她最好的一面。一天晚上，我滿懷感激地回到家中，走到書桌前，無意間拉開一個抽屜，冥冥之中帶著幾分自信。我找到那本遺失已久的書。」

動機既已消失，便可尋得失物。

女士們、先生們，這樣的例子不勝枚舉，所有例子都在重複證明同一件事情：過失是有意義的。從間接證據中，我可以推測或建構過失的意義。我今天只點到為止，因為我希望以這些案例作為精神分析研究的入門。然而，我必須繼續探究另外兩點：一是累積的、混合情況的過失，二是我們的闡釋可以作為後續研究的證明。

累積的、混合的過失，當然是代表性的過失。如果我們的目的僅限於證明過失的意義，那麼我們應該把研究限制在累積的、混合的過失上，因為它們的意義明白無疑，連最愚蠢的人也能理解，也可以令最挑剔的人信服。我再舉一個重複遺忘的例子：瓊斯回憶道，有一次，他不知為何將一封已經寫好的信放在抽屜裡好幾天。最後他決定把信寄出，但因為忘記寫收信地址，無法投遞而被退回。他寫上地址之後，去了郵局，卻又忘記貼上郵票。這次他不得不承認，其實自己一點也不想寄出這封信。

　　另一個例子，是在誤拿別人的東西之後，遺失了物品：一位女士和她的藝術名人姊夫同遊羅馬。住在羅馬的德國人設宴款待他們，他們收到了很多禮物，其中有一枚古老的金章。但令這位女士不悅的是，姊夫並不喜歡這枚美麗的金章。她的姊姊來了之後，她便回國了。到家收拾行李時，她發現自己不知為何把這枚金章帶了回來。她立即通知姊夫，表示第二天就把它寄回羅馬。但是第二天，金章不慎遺失了。這位女士才意識到，自己的「疏忽」，意味著她想將金章占為己有。

　　我已經舉過遺忘和過失相結合的例子：某人忘記了約會，第二次他拚命想記住，卻又在錯誤的時間赴約了。我的一位朋友既愛好文學，又愛好科學，他以自己的經驗告訴了我一個類似的例子：「幾年前，我被選入某文學社中。儘管我沒什麼興趣，但因為希望文學社以後能協助我的戲劇創作，所以還是會在每個星期五準時參加例會。幾個月前，我收到了在 F 劇院公演的邀請函。此後，我便常常忘記去開例會。讀到你的文章時，我感到非常慚愧，意識到自己是在找藉口遠離我不需要的人，才決心忘記星期五的例會，我真是太卑鄙了。之後，我一再提醒自己不要忘記參會。直到我站在會議室的門口時，才驚訝地發現，門是關著的，因為會議已經結束了。原來我記錯了日期，現在已經星期六了。」

　　我原想多收集一些類似的例子，但還是算了吧。

第一章　關於過失心理學

　　這些例子的一大特點，正如我們推測的那樣──心理情境對我們來說是未知的，即便詢問過也無法測定。那時，我們的解釋只是揣測，所以不必在上面耗費太多精力。但是後來發生的其他事件，可以證明我的解讀是合理的。我曾經到一對新婚夫婦家做客，聽到這位年輕的妻子笑著說最近的經歷。她在蜜月歸來的第一天，向她未婚的姊姊提議一同去購物，此時她的丈夫已經去上班了。她突然注意到對街的一位男士，便碰了一下姊姊說：「看吧，那是 K 先生。」她忘記了這位先生在幾週之前已經成為她的丈夫了。對於這個故事，我不敢妄下論斷。一年之後，我才敢說出這則趣聞，而這對夫婦已草草結束了不愉快的婚姻。

　　A．梅德（A. Maeder）講了一則故事：一位女士在舉辦婚禮的前一天，居然忘記試穿婚紗，到了那天很晚的時候才想起來，讓裁縫師十分緊張。婚後不久，她便和丈夫離婚了。我也認識一位離婚的女士，她常常用婚前的名字簽署財產文件，多年之後，她果然恢復了婚前的名字。現在，我還要舉另一個典型的例子，主角的結局還算不錯。據說，一位著名的德國化學家因為忘記婚禮的時間，讓這段婚姻以失敗收場，因為他在該去教堂的時間去了實驗室。聰明的是，他後來便再也不想結婚這件事了，一輩子單身，過得也還不錯。

　　你們也許已經意識到了，這些過失的例子有點像古人所說的預兆。的確，一些預兆不過是過失而已，譬如絆倒。另外可以確定的是，一些預兆的確具備客觀特徵，而不屬於主觀行為。但你們不要不相信，要區分清楚某類行為屬於前者還是後者是非常困難的，因為主動的行為往往會偽裝成被動的經驗。

　　不論年紀大小，我們在回顧過去的經歷時，都可能會說，如果我們有勇氣把與人交往中的失誤解讀為預兆，並且在它們還很隱祕時，就將它們當成意圖的象徵，就可能會免受許多失望和痛苦。但是，人們往往不敢這

樣做，以免讓別人覺得科學反而使人更加迷信。但是，並非所有預兆都會成真。在接下來的理論中，我會告訴大家為什麼預兆並非都會成為現實。

第四講　結論

我們已經努力證實，過失本身是有意義的，這一點可以作為進一步研究的基礎。我想再一次強調一個事實，我們不能斷言——為了我們的目的，也不必斷言——每個過失都是有意義的，雖然我認為這也是有可能的。我們只需要證明，在各種行為當中，過失普遍是有意義的，便已足夠了。過失的形式在這方面的表現是不同的。有些口誤和筆誤純粹是生理原因所造成的；而對基於遺忘的一類過失（比如忘記名字或要做到的事情、放錯物品等），我相信並非是由於生理原因。在一些例子中，遺失物品很可能被視為無意之舉。我們的理論只可以解釋一部分日常生活中出現的過失。各位一定要謹記這個限制。

這便是精神分析得出的第一個成果。以前的心理學一點也不了解意圖相互干擾的情形，更不用說這種干擾能產生過失了。我們已經大大拓展了心理現象的範圍。

讓我們先討論一下「過失屬於心理行為」這個假設。它是否比「過失是有意義的」包含更豐富的內容呢？我認為不然。相反，前一個假設更加不確定，也更容易引發誤解。心理生活中每一件可被觀察到的事件，都可以被定義為心理現象。但是，如果它是生理上的直接影響而產生的結果，我們便會將其排除在心理學領域之外；還有另外一種現象，它們是由心理現象引發的即時結果，在其背後的一系列生理影響下開始運作。我們將後一種現象稱為心理過程。出於這個原因，我們最好假定這些現象是有意義

第一章　關於過失心理學

的。這裡的「意義」指的是重要性、目的、傾向。

還有許多其他現象也與過失關係密切，但並不適合被稱為「過失」。我們可以稱它們為「意外的」行為。這些現象貌似沒有動機、沒有意義，而且並不重要，也顯然沒有用處。從一方面看，它們和過失不同，因為沒有衝突或干擾的第二種意圖；從另一方面看，它們又和我們表達情緒的姿勢和動作之間沒有明確的界限。所有那些看上去好玩、顯然無目的的舉動，都屬於意外行為，比如我們的衣服、身體的一部分、觸手可及的物品，以及省略的動作或者哼的曲調。我敢斷定，所有這些現象都是有意義的，都屬於有效的心理行為，我們可以採用與解讀過失相同的方式去闡釋它們。但是，我想要回到過失上，看看如何才能更清晰探究精神分析的重要問題。

關於過失，最有趣而又未得到解答的問題如下：我們說，過失是兩種不同意圖相互干擾的結果，其中一種被稱為被干擾意圖，另一種被稱為干擾意圖。被干擾的意圖不會引發其他問題，但是關於干擾的意圖，我們首先要知道干擾其他意圖的到底是什麼意圖；其次，要知道干擾意圖和被干擾意圖之間有什麼關係？

各位可以允許我把口誤作為同類例子的代表，先回答第二個問題，再回答第一個問題嗎？

口誤的干擾意圖，可能與被干擾意圖之間有重要的關聯，前者是後者的反面、更正或補充。或者，讓我舉一個不太容易理解但很有趣的例子吧，干擾意圖可能和被干擾意圖之間沒有任何連結。

我們可以輕易在例項中找到第一種關係的證據。當一個人說了相反的話，幾乎所有口誤的干擾意圖，都是被干擾意圖的對立面，兩種意圖之間發生了難以調和的衝突，並以過失的形式表現。那位議員口誤的意義是「我宣布開會，但我更希望會議結束」。某一政治性報紙被批評腐敗，於是

第四講　結論

在一篇文章中極力為自己辯護。文章的高潮處這樣寫道：「我們會向讀者證明，我們總是以與牟利無關的方式為大眾謀求福祉。」然而，這句話被撰寫此文的編輯寫成了「以最有利於自己利益的方式」。也就是說，他心裡認為：「我不得不這麼寫，但這不是我的觀點。」再比如，一位民意代表督促某事應直接秉告（rückhaltlos）德國皇帝，但他內心卻對這種大膽舉動很害怕，於是便誤說成了婉告（rückgratlos）。

在前面你們熟悉的、帶來凝縮和簡約印象的例子中，仍有需要更正、補充或引申的問題，其中第二種意圖與第一種意圖密切相連。例如，這些事非常「齷齪」，但不小心把「揭露」和「齷齪」合在了一起，說成了「揭蹉」。再比如，「能聽懂人類鼻腔講座的人也一指可數——我的意思是屈指可數」。因此，上述例子中的口誤源於被干擾意圖的內容，或者與其相關。

這兩種干擾意圖之間的另外一種關係，看起來就有些奇怪了。如果干擾傾向的內容和被干擾傾向毫無關係，那麼干擾傾向是怎麼來的、又是如何正好在那個時刻表現出來了呢？我們可以透過觀察得到答案，干擾傾向來源於這個人最近的一種思考軌跡，這種思考產生了影響。至於它是否透過語言表達出來，則無關緊要。所以這也可被視為一種「語音持續」，不過不一定有被說出來。干擾和被干擾傾向之間也存在著聯想，不過兩者的關係並非基於內容，而是被人為建立起來的。

這裡我舉一個自己觀察到的例子：我在美麗的多羅米提山脈（Dolomites）遇見了兩位來自維也納的女士，她們來這裡旅遊。我陪她們走了一小段路，聊聊這趟旅行。一位女士承認出門確實不太舒服，她說：「整天在太陽底下，背心、襯衫……都溼透了。」這句話說完，她突然遲疑了一下，繼續說，「如果有nach Hose可以換一換……」Hose的意思是長筒襪。不用多做分析，我想大家應該都很容易理解。這位女士本來想更詳細列舉溼透的衣物：背心、襯衫和長筒襪。但是，從禮節上說，不應該提到長筒

037

第一章　關於過失心理學

襪（Hose），所以第二句裡這個沒有說出來的詞彙，被替換成了與其發音相似的 nach Hause（我家裡）。

現在，我們終於可以討論那個遲遲未答的問題了，用這種不同尋常的方式來干擾其他意圖的究竟是什麼？它們種類繁多，而我們希望能找到它們的共同點。如果帶著這個目的觀察許多例子，我們很快便可以發覺它們能被分為三大類：在第一類中，干擾傾向是已知的，說話者在出現過失之前，就已經察覺到了干擾傾向。比如，在「揭蹉」的例子中，說話的人不僅承認他所批判的事情是「齷齪」的，也承認自己有意表達這個意圖，只是後來放棄了。在第二類中，說話者也能立刻察覺自己懷有干擾傾向，只是不知道在口誤發生之前，干擾傾向已經蠢蠢欲動。因此，他能夠接受我們的解釋，但會有些驚訝。在第三類中，說話者會激烈否認干擾傾向，會說自己完全沒有這種意圖。你們還記得「打嗝」的例子嗎？我揭露的干擾傾向無論如何都是無禮的。截至現在，我們對這種例子的觀點還沒有統一。我並不在意祝酒者的「侮辱之意」，但仍堅持原來的解讀。而你們則受到說話者否認的影響，只把口誤當作單純的生理行為，認為我應該放棄這種解讀，但這樣我們便無法進一步分析下去了。我可以猜想是什麼讓你們畏縮。我的解釋含有這個假設：說話者自己都不知道的意圖，可以透過口誤表現，而我可以從種種跡象中推斷出他的意圖。這個結論十分新穎，聞所未聞，你們有所遲疑也是可以理解的。但是，有一點必須說清楚：如果各位想要繼續研究我們從眾多例子中推匯出的結論，就必須下定決心接受上述觀點，即便它會令你們感到不快。否則，你們便只能拋棄剛剛獲得的知識。

讓我們再多花些時間討論一下，是什麼將這三種過失統一起來，這三種機制之間又有什麼共同點。幸運的是，它們的共同點很容易看出來。在前兩種過失中，說話者能夠意識到干擾傾向。在第一種過失中，說話者在

第四講　結論

口誤之前，便已經意識到了干擾傾向。但是，在這兩種情況中，干擾傾向都被壓抑了。說話者決心不在話語中展現干擾傾向，接著便口誤了。也就是說，被壓抑的意圖違背說話者的意願表達了出來。在這個過程中，干擾意圖變成了說話者允許的其他表達方式，或與之混合，又或取而代之，從而能被表達出來。這便是口誤的機制。

在我看來，第三種口誤也可以被恰當地歸入上面的機制中。我們假定，這三種口誤的區別在於對干擾意圖的壓抑程度不同。在第一種口誤中，干擾意圖是存在的，而且在說話者口誤之前便已經察覺到了；對說話者來說，干擾意圖被壓抑，又在錯誤中得到了補償。在第二種口誤中，干擾意圖已經不可被察覺，但它仍是引發口誤的原因。這樣一來，第三種口誤成因的解釋便被簡化了。即便一種意圖長時間被壓抑，變得不可被察覺、進而被說話者極力否認，但我仍敢說這種意圖最終仍被表達了出來。若撇開第三種過失不談，從對其他兩種過失的觀察中，你們也一定可以得出結論：壓抑說話的原有意圖，是口誤發生的必要條件。

我們現在可以說，終於能進一步解釋過失了。我們不僅知道過失是有意義和目的的心理現象，還知道它們是兩種不同意圖相互牽制的結果；此外，我們還知道其中一種意圖為了能夠干擾另一種意圖而被表達，自身必定會被壓抑。這自然不能作為過失現象的完整解釋。我們會立刻發現其他問題。例如，為什麼事情不能以更加簡單的方式進行呢？如果現在的目的是壓抑某種表達傾向，那麼壓抑成功的話，便完全不可能成功表達這個傾向；如果壓抑失敗，那麼被壓抑的情緒便會被充分表達。然而，過失是妥協的產物。過失意味著兩種目的分別成功和失敗了。被阻止的意圖既沒有被完全壓抑，也沒有被完全表達，除了少數例子之外，也不能完整說出被阻止的意圖。我們可以想像，這種牽制或妥協，必定需要特殊條件，但我們卻無法假定條件是什麼。我也不認為我們繼續探索過失，便能發現未知

039

第一章　關於過失心理學

的條件。但是，我們又必須徹底研究精神生活中的其他模糊領域，只有透過研究得出這些比較，我們才能勇於提出假設，從而更加明晰地闡釋過失的條件。此外，你們還需要注意一點：以微小的跡象觀察研究，正如我們之前在這一領域內習慣所做的，也會帶來危險。有一種偏執狂的患者，會無所不用其極地觀察這些微小的跡象。我自然也不主張根據我的建議得出的結論就是完全正確的。我們若希望免於這樣的危險，就必須在更廣泛的基礎上觀察。

因此，我們對過失的分析就先進行到這裡。但是，我還要提醒你們的一件事：請記住，請將我們分析這些現象的方法當作一種範本，並牢牢記住。你們可以從這些例子中了解到心理學的目的是什麼。心理學不僅僅希望能描述心理現象並加以分類，還將這些現象視為精神力量拉鋸的結果，是為了達成某個目標的意圖表達，這些意圖有的相互結合、有的相互衝突。

因此，我們將不再繼續深入探究過失的問題，但我們仍可以全面探索這一領域，在這個過程中，我們可能會不斷見到熟悉的事物，也可能會走上探索新事物的路。至於分類，我們仍堅持一開始的分類，將口誤分為三種：第一種，遺忘（比如忘記專有名詞、忘記外語、忘記計畫和忘記印象等）；第二種，口誤、筆誤、誤讀、誤聽等；第三種，誤拿、誤放或遺失物品等。如今我們能得出結論：我們研究的過失與遺忘相關，部分與錯誤相關。

我們已經探討了口誤的細節，但仍有幾點需要補充。與一些小錯誤和口誤有關，它們也讓我很感興趣。沒有人願意說錯話，但人們往往聽不見自己的口誤，卻能發現別人的。從某種意義上說，口誤是具有傳染性的，我們在談到口誤時，自己也難免不出錯。最微妙的口誤，正是那些對隱祕心理過程沒什麼啟發的口誤，但其中的動機也不難洞悉。例如，一個人將長母音發成了短母音，無論他出於何種動機，都是受到干擾的結果。出於

這個原因，他會很快會把後一個短母音延長，於是為了彌補前一個口誤又犯了另一個口誤。又如因倉促而念錯了雙母音，比如把 [eu] 或 [oi] 發成了 [ei]。接著，說話的人很可能會為了糾正前一個口誤，把後一個 [ei] 或 [eu] 發成了 [oi]。這種行為背後的決定因素，似乎是考慮到聽者：不想讓聽的人認為自己對待母語很隨便。其次，這種補償造成的失誤，實際上是有目的地讓聽者意識到第一個錯誤，並表明自己也發現了這個錯誤。最簡單而頻繁發生的口誤，就是語音凝縮以及提前發出語音，這會出現在話語不起眼的部分。比如在長句子中，一個人的口誤很可能是由於上一個字說得太快。這會使人覺得說話者沒有耐心說出完整的句子，證明他對說出完整的句子有某種牴觸心理。於是，我們來到了臨界點上，在這裡，精神分析和普通生理學之間的差異很模糊。我們假定上述例子中有干擾說話的意圖。但是，我們只能由此知道干擾意圖的存在，卻不能得知其目的。在干擾意圖之後，會接著出現一些語音影響或者聯想關係，都可以被認定為對說話目的分心了。但是，這種心理過程的重點，不在於注意力的分散或有引起聯想的傾向，而在於干擾目的話語的傾向。我們無法透過其效果猜測出它的本質（而在更顯著的口誤案例中，我們可以猜出干擾傾向的本質）。

現在，我們將重點轉向筆誤。筆誤與口誤的機制相同，所以我們也不期待能獲得什麼新觀點，只要稍微蒐集一些證據便夠了。那些十分常見的小錯──凝縮，將提早寫下了後一個字，尤其是寫下最後一個字──再一次表明對書寫的厭惡已經令書寫者不耐煩。上面提到的筆誤結果，讓我們能夠發現干擾傾向的本質和目的。一般而言，我們若發現信件上的筆誤，便能知道寫信者的狀態不佳。至於究竟發生了什麼，一般猜不出來。筆誤和口誤一樣，都不易被自身察覺。下面觀察到的現象令人深思：有些人習慣於在寄信之前再讀一遍信的內容，有些人則沒有這個習慣。但是，如果後面這種人再讀一次信，總會發現其中有明顯的筆誤。這該作何解釋

第一章　關於過失心理學

呢？看起來，他們好像在寫信的時候就知道自己會筆誤一樣。我們能確信是這麼回事嗎？

有一個有趣的問題與筆誤的實際意義相關。你們也許還能想起謀殺犯H的例子。他謊稱為細菌學家，從科學研究機構中取得了最危險的病菌，並以此除掉了與自己關係最密切的人。這個人曾寫信向科學研究機構的權威人士投訴這些病菌毫無效果，他出現了一個筆誤，把「我對小白鼠和豚鼠（Versuchen an Mausen）的實驗」寫成了「我對人類（Versuchen an Menschen）的實驗」。這個筆誤甚至引起了科學研究機構內醫生的注意，但他們卻沒有推斷出會發生什麼事。現在，你們作何感想？如果醫生能從筆誤中看出端倪，進而展開一次調查，是不是便能及時阻止這個殺手要做的壞事？在這個例子中，我們對過失意義的無知，是不是應該為實際的影響負責？我傾向認為，這種筆誤的確有些可疑，但把它作為供詞也確實不合適。事情並沒有那麼簡單。筆誤當然可以作為參考，但其本身並不足以成為展開調查的理由。謀殺犯早就有用病菌殺死人類的想法，筆誤暴露了他的想法，但我們無從得知他是否已經有了具體的犯罪計畫，還是這只是他的一種幻想，不會有實際的後果。出現這種筆誤的人，可能會用大量的主觀證據來否認這種幻想、駁斥這種判斷，說他絲毫沒有這種想法。稍後，當我們把注意力集中在精神世界與物質世界的差別時，你們將能更簡單理解這種可能性。但這個例子再一次證明了：過失絕對有其意義。

在誤讀中，我們遇到的心理情境，與口誤和筆誤有著明顯的差異。兩種對抗傾向中的一種，在這裡被一種感官刺激取代了，所以或許欠缺抵抗性。一個人讀到的內容並不是他本人的心理活動，這一點與某人寫的東西不同。因此，在絕大多數例子中，誤讀都是一種完全的置換。一個字被讀成了另一個字，而兩個字之間不一定有何相關。口誤則一般基於字詞之間的相似性。利希滕貝格把「Agamemnon」讀成「angenommen」便是最佳例

證。如果你們希望能找到引發誤讀的干擾傾向，最好能完全忽略誤讀的文字，從下面這兩個問題開始分析：第一，針對誤讀的結果聯想之後，所得到的第一個想法是什麼；第二，誤讀發生的情境是怎麼樣的？後者便足以解釋誤讀。例如，一個尿急的人在一座陌生的城市裡找廁所。他在一座大樓的二樓指示牌上讀到了「Closethaus」（廁所）這個詞。他正懷疑為什麼這個指示牌要掛得這麼高，才發現牌子上寫的實際是「Corsethaus」。在其他例子中，如果原文和錯誤在內容上沒有關係，就必須加以徹底分析，但是這需要擁有精神分析的臨床經驗和信心才能成功解讀。不過，一般我們不難闡釋誤讀。在 Agamemnon 的例子中，我們不難推測替換的詞擾亂了思考。又如，在戰爭時期，四處充斥著城市名、將軍的名字和軍事術語，大家便經常把結構相似的詞彙看作這些用語——以這種方式運作，一個人感興趣的、占據其內心的事物代替了外來的、他不感興趣的事物。

　　誤讀還有許多類型，有的文字也會產生干擾傾向，將原文扭曲為相反的意思。研究顯示，如果讓某人閱讀他不喜歡的文字，他就會極力抗拒所讀的內容，進而將其扭曲為其他字眼。

　　忘記計畫的例子，實際上表達是同一種意義，即便是普通人也不會否認這種解釋。干擾計畫的傾向，通常是一種反抗的傾向、一種不情願，我們只需找到它為何不直白一點表現出來的原因即可。有時我們也可以猜出這種傾向必須保密的動機；保密總能達成目的，而如果公開表達，必定會遭到拒絕。如果在計畫形成之後和執行之前，心理情境出現了重大變化，以至於不再需要執行了，那麼即使忘記了計畫，也並不屬於過失。因為既然不用記得，忘記就是理所當然的事。只有未打消決心時，忘記一個計畫才可以被稱為過失。

　　忘記計畫的例子通常千篇一律、容易看透，不會讓研究者感興趣。然而，以下兩點可以為我們增補新的知識。我們說過遺忘計畫，即不執行一

第一章　關於過失心理學

項計畫，指一種相反的傾向。這當然沒錯，但根據我們研究的結果，相反的傾向可能分為兩種：直接和間接的。我舉一、兩個例子，或許可以更清楚說明後者的意思。比如，施恩者不替求恩者推薦給第三者，也許是因為施恩者對求恩者不怎麼感興趣，沒有要舉薦他的意思。不管怎樣，求恩者都會理解施恩者沒有推薦他。但是，事情可能更加複雜。施恩者不引薦或許另有隱情，這可能與求恩者無關，而是因為對第三者沒有好感。由此你們可以看出，解釋在實際應用中也有矛盾之處。求恩者雖然已經正確解讀了這個過失，但仍可能懷疑施恩者，以致對他做出不公正的評價。如果一個人忘記赴約，最常見的直接原因，便是他不願意見到那個人。但是，根據分析的結果，干擾傾向也可能不直接指向人，而指向他們約定的地點，也許是因為有一段痛苦的回憶與這個地點有關。又如，如果一個人忘記寄出一封信，干擾的意圖可能與這封信的內容相關，但這封信的內容本身也可能是無害的，唯一的干擾意圖，在於某些事情提醒寄信者想到先前的另一封信，而這封信引起了寄信者的厭惡。我們可以說，在這個例子中，厭惡從前一封信轉移到了這一封信上，而這一封信本身沒有什麼意義。所以，用這種解釋來解讀遺忘，必須十分小心謹慎，即便這種解釋是合理的。

這種現象在你們眼中可能很奇怪。你們有時會認為「間接的」相反意圖可以證明這種行為是病態的。不過我可以斷定，在健康的、正常的狀態下，也可能會出現這種行為。我並不是在承認分析結果不可靠。畢竟我曾說過忘記計畫也存在著模糊之處，但這僅限於我們不分析這個例子，並且基於我們的普遍假設來解讀。當我們分析特定人物時，其厭惡是源自直接原因、還是另有隱情，便可以斷定了。

第二點如下：我們發現，在絕大多數例子中，忘記計畫可以追溯到一種厭惡。那麼即使在其他例子中，被試者否認我們推斷出的厭惡，我們也

第四講　結論

能堅持自己的意見了。我們以忘記歸還借書、或者忘記還錢或貸款為例吧。我們如果指控被試者想將書占為己有，或者不願還錢的話，未免有些莽撞。而他本人也一定會否認這種意圖，且不會提出其他解釋。我們可以堅持他有此意圖，只不過他不願意承認罷了；我們所要做的，只是讓遺忘的結果暴露出他的意圖。那時，被試者也許會繼續堅持他不過是忘了而已。這個情境我們曾經遇過。事實證明，這種解釋是合理的。

　　與此相同，忘記專有名詞、外國人名字和外文詞語，也可以透過同樣的方式追溯到相反的意圖上，相反的意圖直接或間接指向例子中的名字。我已經舉了幾個例子來說明直接的厭惡。但間接的反感在這些情況中也很常見，我們需要更加小心分析。譬如在戰爭期間，我們被迫放棄了許多從前的娛樂，於是因為許多奇特的關聯，我們開始很難想起某些名詞。不久之前，我再也無法回想起摩拉維亞（Moravou）的布澤涅茲市（Bisenz）。分析表明，我對這個城市沒有直接的厭惡，但由於它的名字和奧爾維耶多（Orrieto）的比森齊宮（Bisenzi Palace）發音相似，而我曾想在那裡定居，所以才忘記了城市的名字。在記住名字對立面的動機上，我們第一次遇到了一個原則，稍後它將在精神官能症的因果關係上產生巨大的影響。也就是說，和不悅經驗有關的記憶，在回憶時也會引起同樣不悅的感受，所以記憶便會迴避這種回憶。這種迴避不悅的傾向，實際上就是忘記名字、忘記行動，是許多過失背後終極且有效動機。

　　然而，遺忘名字似乎特別適用於心理學與生理學的解釋，所以有時迴避不悅的動機也不一定成立。如果一個人有忘記名字的傾向，那麼你可以透過分析，發現他並不僅僅是因為不喜歡而忘記了名字，而是因為同樣的名字在他的腦海中屬於另一連串特定的聯想，與之關係更為密切。這個名字被固定在那裡了，不願和其他事物產生聯想；有時為了記得某些名字，故意使其產生聯想，反而因此遺忘。最明顯的例子是，專有名詞對不同的

045

第一章　關於過失心理學

人，必定有著不同的心理價值。對於一個人來說，一個專有名詞可能沒有什麼特別之處；而對於另一個人來說，可能意味著他的爸爸、兄弟、朋友或自己。根據經驗分析，前一種人絕對不會忘記與之相關的陌生人的名字，而後一種人則可能遺忘，因為這些名字似乎是屬於與自己親近的人。現在，我們假定這個由聯想所引發的抑制，與不悅原則以及間接的機制整體吻合，你們便能發現，遺忘名字的因果關係非常複雜。然而，若充分的分析就能夠梳理這些事實，一點一點揭露其中複雜的原因。

對於遺忘印象和感受，比遺忘名字更能清楚、徹底地展現出一種避免不快的傾向。當然並不是這種遺忘都屬於過失，到目前為止，只有那些透過我們習慣的概念判定、引人注目又不合常理的遺忘，比如忘記最近或重要的印象、或者在一連串記得很清楚的事件中出現了一段空白，才屬於過失。一般來說，我們為什麼會遺忘、以怎樣的方式遺忘，又為何會忘記那些應該會讓人印象深刻的印象呢？比如童年早期的印象。這是一個十分不同的問題，迴避與不悅的連結，雖然也是原因之一，但無法解釋一切。不愉快的印象很容易會被忘記，則是一個不容置疑的事實。許多心理學家已經觀察到了這一點，譬如我們熟知的達爾文，所以凡是與他的學說衝突的事實，他都會慎重地記下，只因為怕忘記。

大部分人第一次聽到，人們會透過遺忘來防止自己想起不悅的記憶時，都會提出反駁。相反，他們會根據自己的經歷，認為痛苦的記憶才是最難忘卻的，比如受辱或羞恥的回憶。這個事實是正確的，但反駁是沒有用的。

由於遺失和放錯物品等過失中，有模糊和多面的傾向，因此這些過失特別有趣。這些例子的共同點是希望遺失物品，不同的是這個願望的理由和目的。一個人遺失東西，或許是由於這個物品壞了，或是他希望換一個新的，也可能是因為不喜歡它了，抑或這個物品來自一個與他關係不佳的

第四講　結論

人，也可能是因為不願想起他是如何獲得這個物品。摔碎、損毀和打破物品也是出於同樣的目的。研究發現，在社會上，私生子的意志更加薄弱。

但是，有的物品雖然沒有失去價值，但也被遺失了，也就是說，人們可能會懷著某種意圖，為了避免某些更可怕的損失才犧牲了這個物品。這種消災的方法仍頻繁地使用著，所以遺失物品也常常屬於一種自願的犧牲。同樣，失物也可能是用於洩憤或自懲。簡單地說，失物背後總有一些遙不可及的動機，我們不能忽視這一點。

和過失一樣，錯誤也常被用來滿足一個人自我否定的願望。目的因此被披上了意外的外套。例如，我朋友曾搭火車到郊區訪友，儘管他很不情願，但還是去了。於是在換車的時候，他不小心搭上了回城的火車。又或者，如果一個人想在旅途中的車站多逗留一下，那麼他很可能就會忘記、或錯過換車。或者像我的一位患者，我禁止他打電話給未婚妻。他本來想打電話給我，卻「漫不經心地」誤撥了號碼，這樣便能與未婚妻通話了。下面是一位工程師的自述，足以說明直接錯誤的實際意義：

「前陣子，我和幾位個同事在一間中學的實驗室裡做了一些複雜的彈力實驗。我們自願參與這項實驗，但花費的時間卻比預期中多很多。有一天，我和F同事一起走進實驗室，他說家裡有事，浪費這麼多時間在這個實驗上真的很煩。我非常贊同，半開玩笑地提到了上週發生的一件小事，說『希望機器再故障一次，我們就能早點收工回家了』。

F負責操作實驗機器的閥門。他會小心地打開閥門，緩緩地在液壓機的氣缸裡注入空氣。另一個人會站在氣壓錶旁，當壓力剛剛好的時候，他大聲喊停。F聽到命令之後，便會大力扭轉閥門，但是他向左轉了！（向右轉大概就是關閉）蓄壓器突然釋放壓力，管線無法承受如此巨大的壓力立即破裂了。這是完全無害的事件，但我們就這樣放下一天的工作回家了。

第一章　關於過失心理學

值得一提的是，之後我們提到這件事時，F 完全不記得當時的情況了，而我卻清楚地記得。」

從這一點來看，你們可能就能推斷，傭人失手摔碎物品是否真的是出於偶然了，也許你們會把傭人當成破壞家產的敵人。你們還可以進一步猜測，一個人傷害自己、讓自己陷於危險之中，是否真的總是意外？你們若有興趣，也可以透過觀察來分析。

女士們、先生們，關於過失還有許多可講述之處，也的確存在著許多可以研究和討論的地方。希望這些研究多多少少動搖了你們的觀點，讓你們萌生了接受新觀點的想法。如果是這樣的話，我便滿足了。至於其他尚未解決的問題，我們暫且不論。但這些對過失的研究與研究素材，仍無法完全證明我們的理論。我們是為了說明：過失的價值，在於它頻繁發生，並且可以在我們自己身上觀察到，卻不一定是病態的。在結束前，我希望再一次提到這個還沒回答的問題：「從許多例子看來，人們已經快要能夠理解過失、了解它的意義了，為什麼人們還普遍認為過失是一種意外、是無目的與無意義的，如此激烈反對利用精神分析來闡釋呢？」

沒錯，這個問題引人深思，需要解釋一番。然而，我並不會立刻把答案告訴你們。我寧願慢慢引導你們釐清觀念，這樣你們才能學會獨立提出解釋。

第二章
關於夢

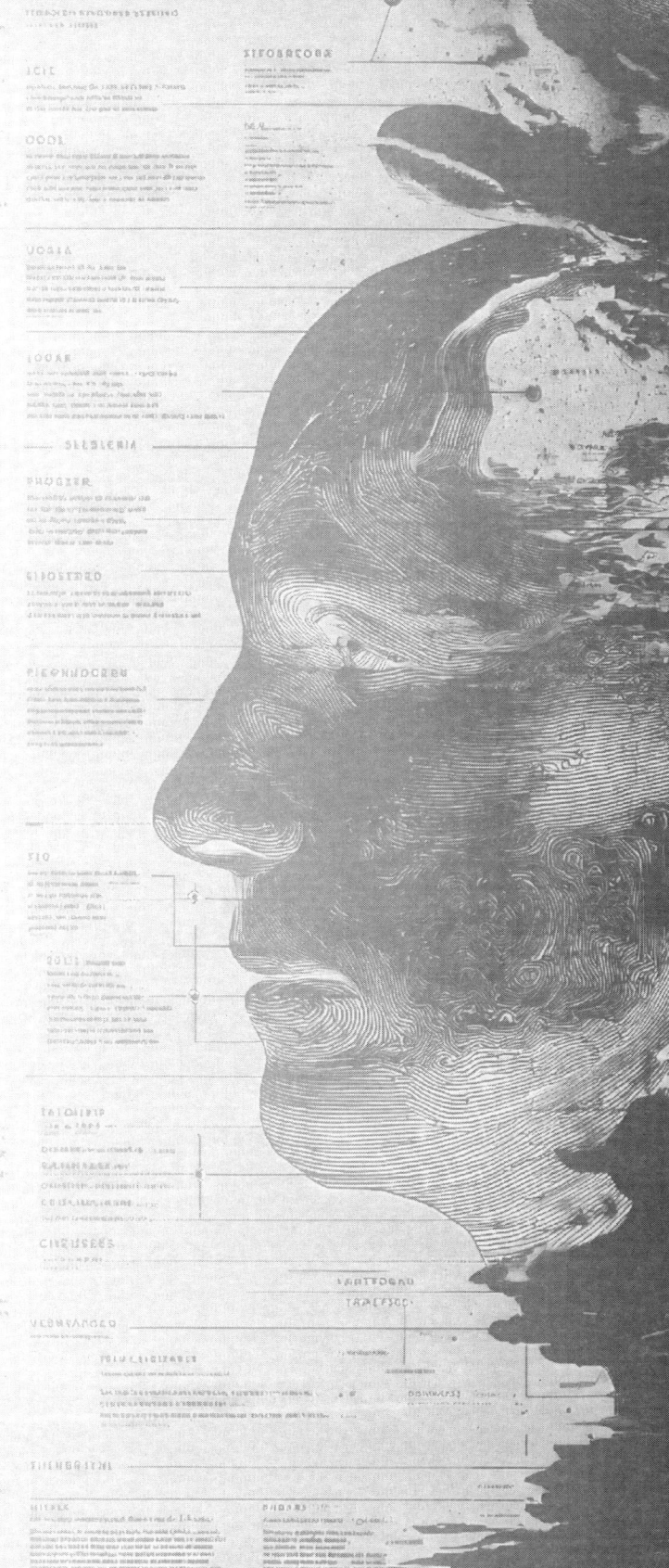

第二章　關於夢

第五講　困難

　　某一天，我忽然發現某些精神官能症患者的症狀是有意義的。由此，我創立了精神分析法。在治療過程中，我發現患者也將夢視為症狀之一。因此，我假定夢也是有意義的。

　　然而，我們的演講並非從夢的歷史開始，而是逆向展開。我們希望首先發現夢的意義，以銜接精神官能症的研究。逆向也是合理的，因為對夢的研究不僅是精神官能症研究最好的準備，夢本身也是一種精神官能症的症狀。實際上，所有正常人都會做夢，夢的研究也確實極為重要。

　　因此，夢成了精神分析的研究素材。夢和過失相同，看上去很普通、很少被考慮，被認為沒什麼價值。過失只會被科學忽視，科學對過失毫不在意，但我們的研究至少不會有什麼壞處。人們會說，實際上還有許多更重要的事情值得研究。但是研究夢不僅不切實際、徒勞無益，還很丟臉；這既不科學，又有傾向於神祕主義的嫌疑。精神官能症學和精神病學領域有許多更嚴重的問題，比如蘋果大小的腫瘤就能夠讓身體癱瘓，還有出血、慢性發炎等，在顯微鏡下，我們便可以觀察到人體組織的變化！醫生還可以忙著去研究夢嗎？不，夢實在太瑣碎了，不值得研究。

　　此外，夢還有一種因素，使其不宜被精確研究——連夢的研究對象都是不確定的。妄想的輪廓還比較清晰，例如一位病人大聲說：「我是中國皇帝。」但是夢呢？夢大多無法被敘述。一個人敘述夢境，能保證他說得完全正確、在敘述中未作更動，也沒有因為記憶模糊而增補嗎？大多數夢都會被遺忘。一種科學的心理學或治療方法，難道應該用在這樣的素材上嗎？

　　過分批判可能會讓我們疑心重重。反對將夢列為研究對象，這樣的觀點顯然太過極端了。我們已經探討過過失不重要的問題，並用「以小見

第五講　困難

大」的方法提出了解答。至於夢的模糊性，這畢竟也是它的一大特點，我們無法規定研究對象的特點。此外，也存在清晰的夢境。一些其他的精神病學研究對象也擁有相同的模糊性，比如許多與強迫有關的觀念，但卻有許多備受尊重的精神病學家投身其中。我還記得我的一個患者，患者如此自述：「我有一種感覺，好像我傷害過、或者我曾希望傷害一些生物，比如說小孩，不，比較可能是想傷害一隻狗。也許是把狗推下橋，或者做別的什麼事。」從某種程度上來說，我們可以克服回憶夢的不確定性，我們只需要把夢者回憶的夢境當作夢的內容便可以了，不考慮他可能遺忘、或改變了夢的內容。我們就此不能一概而論，說夢是不重要的東西。我們從自身的經驗中可以知道，夢中的情緒可能會影響一整天的心情。根據醫生的觀察，精神病可能始於夢，妄想也源自於夢。據記載，古人也曾從夢中獲得了成就大事的靈感。因此，我們或許會問，科學界對夢的鄙視究竟源自何處呢？

　　我認為，現代科學家對夢的鄙視，是源於古代過於尊崇夢的反作用。我們可以斷定（請允許我說個笑話），三千多年前的先人和我們做夢的方式差不多。據我所知，古人都極為重視夢，認為夢很實用。他們從夢中獲得對未來的啟示，在夢中求得預言。古希臘以及所有古代東方民族征戰不帶解夢者，就像現在打仗不事先進行空中偵察一樣，幾乎是不可能的。亞歷山大大帝征戰時，就有最知名的解夢者隨駕親征。特羅斯（Tyrus）城殊死頑抗，讓亞歷山大萌生了放棄攻城的念頭。一天，亞歷山大夢見半人半羊的森林之神薩提爾好似在跳勝利之舞。他向解夢者說了這個夢，解夢者認為這是攻城勝利的預兆。於是，他下令進攻，拿下了特羅斯。伊特拉斯坎人和羅馬人雖然也會用其他方法預測未來，但在整個希臘——羅馬時期，解夢都被認為有實際用途而備受推崇。關於解夢的文學作品，至少有些重要著作流傳至今，即達爾狄斯的阿特米多魯斯（Artemidorus）所著

051

第二章　關於夢

的《解夢》（*The Interpretation of Dreams*）。據說，阿特米多魯斯經歷了整個哈德良（Hadrianus）的統治時期。後來解夢藝術如何失落、夢如何喪失名譽，我無從知曉。啟蒙運動不是主要原因，因為在中世紀的黑暗時期，比古老的解夢更荒誕的事情都得以流傳下來。事實上，對夢的興趣逐漸退行為迷信，解夢變得僅能使無知者信服。到了今天，對解夢的誤用，如試圖從夢中求得中獎數字。從另一方面而言，今天的精確科學仍不斷討論著夢，卻總試圖以生理學理論運用在解夢上。當然，醫生認為夢不是精神活動，而是身體刺激呈現在精神上的反應。賓茲（Binz）宣稱，夢是「一種完全無用的生理過程，實際上大多是病態的，與人類靈魂和不朽觀念風馬牛不相及」。莫里（Maury）把夢比喻為聖維托（San Vito）舞蹈不規則的抽搐，與人類正常的協調運動對比鮮明。古人對夢也有一種比喻，認為夢的內容就像「一個不懂音樂的人，十根手指在琴鍵上亂彈」一樣。

　　解釋意味著找到隱藏的意義，但古人對夢的解釋並不考慮其隱藏意義。請看馮特（Wundt）、喬伊（Joy）等近代哲學家對夢的描述。你們會發現他們熱衷於列舉夢的哪些方面是清醒思考的延伸，以此來貶低夢的意義。他們指出，夢具有聯想斷裂、批評力降低、知識消退、其他技能弱化等特徵。精確科學對拓展關於夢的知識唯一有價值的貢獻，便是發現了睡眠時身體受到的刺激會影響夢的內容。最近去世的挪威作者 J‧伏耳德（J. Mourly Vold）寫了厚厚的兩大卷著作（分別在 1910 年和 1912 年被譯為德文），詳述了他的實驗，但幾乎都是關於四肢位置變換產生的結果。現在，你們可以想像，精確科學如果發現我們想研究夢的意義，究竟會作何評價？我們已經領教過了批評，但不會因此卻步。如果過失有意義，那麼夢也有意義。許多例子中的過失，便未被精確科學納入研究。請承認，對於夢，我們有和古人與普通人一樣的看法，就讓我們追隨古人解夢的腳步吧。

第五講　困難

首先，我們需要確定任務的方向，觀察整個領域。夢是什麼？幾句話很難概括。但夢是大家所熟悉的，我們不必苛求定義。不過，我們應該挑選出夢的本質元素。我們該如何找到這一點呢？夢的範圍很大、夢與夢之間的差異很大。所有夢的共同點，很可能就是它的本質。

那麼，所有夢的第一個共有特點，便是做夢時我們都在睡覺。顯然，夢是睡眠期間的精神生活，與醒著時的精神生活既有一些相似之處，又有很大的不同。亞里斯多德對夢的定義也指出了這一點。也許夢和睡眠之間還有其他連結。人會因做夢而醒來，人自動甦醒或被叫醒時也經常正在做夢。夢似乎是界於睡眠和醒來之間的一種過渡狀態。我們因此會關注睡眠問題。那麼，什麼是睡眠呢？

這是一個生理學或生物學問題，目前仍有很大的爭議。我們無法提出確定的結論，但我認為我們可以從心理學的角度描述睡眠的特點。睡眠時，我們離開了外部世界，外部刺激也因此延緩了。我在疲憊時也會睡覺，以遠離外部世界。因此，透過睡眠，我對外部世界說：「讓我安靜一下吧，我想睡覺了。」相反，孩子會說：「我不想上床睡覺。我還不累，想再玩一下。」睡眠在生物學上的意義，可能是恢復；心理學上的意義，可能在於降低對外部世界的關注。我們如此不情願與世界發生關係，只好打斷這一切，否則會無法忍受。出於這一原因，我們時不時會退回到出生前的狀態，也就是在子宮裡的狀態。我們至少為自己創造了一個類似於子宮的環境——溫暖、黑暗、缺乏刺激。有些人甚至會蜷縮起來，緊緊包裹住自己的身體，維持與在子宮內十分相似的姿勢。所以，成人生命中似乎只有三分之二時間屬於生活，三分之一的時間處在未誕生的狀態。我們每天早晨醒來就像重生了。我們還會這樣描述睡醒的狀態：我感覺自己如獲新生。我們對新生兒的感覺可能完全是錯的。我們把新生兒的誕生叫做「初見天日」，但或許他們感覺非常不舒服。如果睡眠是這樣，那麼夢則完

第二章　關於夢

全不是，夢似乎是一種非常不受歡迎的狀態。我們認為，沒有夢的睡眠才是最好的、唯一正常的狀態。睡覺時不應該有精神活動。如果精神被擾動了，那麼我們便沒有處於寧靜的狀態。我們在睡覺時總會留下一些精神活動的痕跡，這些痕跡便是夢。那麼，夢似乎不需要有什麼意義。過失則不同，它是清醒時造成的。但是我們睡著之後，除了一些痕跡，所有精神活動都被延遲和壓抑了，所以夢不一定有意義。實際上，由於精神狀態處於睡眠，我們也無法利用這些意義。夢只是痙攣反應的產物，類似刺激產生的直接精神活動。夢是清醒時的精神活動在睡眠狀態下的殘餘物，不適用於精神分析，我們可能得下定決心拋棄它了。

然而，即便夢是無用的，它也毫無疑問存在著，我們仍需要試著去描述它。為什麼心理活動不休息呢？可能是一些意念使心理活動無法停止。刺激會影響精神，精神不得不對刺激有所反應。所以，夢便是人們在睡眠時對刺激的反應。我們在這裡得找到了一種解夢的途徑。我們可以在不同的夢中調查和發現究竟是哪種刺激在試圖打擾睡眠，形成夢的反應。因此，我們可以說找到了夢的第一個共同元素。

還有什麼其他的共同元素嗎？是的，還有一種無可否認的特徵，但是很難理解和描述。例如，睡眠中的精神過程與清醒時的精神過程十分不同。人們可能對夢中的經歷深信不疑，而人們提到的經歷也許只是一種干擾刺激。夢中的經歷主要以影像的形式呈現，也可能夾雜著情感、思考和一些其他感受，但主要還是影像。講述夢境的難點，在於如何將影像轉化為語言。「我可以把夢畫出來，」做夢的人常常這麼說，「但我不知道該怎麼講述。」夢與清醒之間的不同，並不在於精神活動減弱了，也與天才之於弱智不相同。它們的確有一些本質上的區別，但很難說出不同的點在哪裡。費希納（Fechner）曾經大膽猜測，認為夢中的場景只不過是以不同的方式上演清醒時的生活。說實話，我們不明白他的話意義何在，也不明白

他說的意思，但卻可以表示出大多數夢給我們帶來的奇怪印象。將夢的活動與未受訓練的人彈鋼琴的效果對比，也無法說明問題。因為就算演奏者按錯琴鍵，鋼琴至少會以相同的曲調回應，即便不成曲調，即便我們無法理解，也請謹記關於夢的第二個共同元素。

夢還有其他的共同點嗎？無論從哪個方面都找不到了，但我卻發現夢的長度、活動的明確性、感情的參與度和記憶的永續性上都不同。這一切並不是我們期望中那種因為刺激而強制驅動、不可抵抗、痙攣性的防禦。至於長度，有的夢很短，只包含一幅圖畫或一些些思考，也許只有一個字；而其他夢的內容則非常豐富，將整個故事從頭演到尾，持續的時間還很長。也有一些夢的內容本身非常直白，以至於在醒來之後的很長一段時間內，我們都不覺得是夢。還有一些夢異常模糊、陰暗，難以描述。同一個夢的其中一部分非常明顯，容易理解；而另一部分則模糊不清，難以理解。一些夢十分有意義，或者至少是連貫的，甚至非常巧妙，美得令人難以置信；其他夢則讓人困惑，令人覺得很愚蠢、荒誕，甚至很瘋狂。有些夢能讓我們冷靜下來，有些夢則會觸發深刻的感情──使人痛苦、潸然淚下，或者足以把人嚇醒、或驚或喜等等。醒來之後，我們一般很快就能把夢忘掉，但有些夢的記憶會持續一天，然後逐漸被淡忘。例如，對於童年夢境的記憶總是印象深刻，甚至三十年後還歷歷在目，就像最近經歷的事情一樣。夢和人相同，有時只能見一次面，便不復相見。也可能一個人會做相同的夢，或者夢僅有微小的改變。簡單來說，這種夜間的心理活動可以利用許多素材，將白天經歷的事情一一呈現出來，但兩者之間是不同的。

人們為了描述夢的諸多側面，可能會假定夢與清醒之間有一個過渡階段，發生在不同的睡眠的深度，即與不完整睡眠的不同階段相對應。沒錯，但是如果這樣的話，精神越接近清醒狀態，人們便更應該相信夢的價

第二章　關於夢

值、內容和明晰程度，清晰和合理的夢之後不會出現一個模糊而不合理的片段，然後又重新變得清晰。精神當然不會這麼快改變睡眠的深淺程度，所以這個解釋沒有用。無論如何，我們不應該未經考核就接受這種解釋。

現在，讓我們暫且不談夢的意義，而試圖藉助夢的共同元素，開發一個更好的方法去理解夢。我們曾由夢與睡眠的關係，推斷出夢是睡眠受到干擾刺激的反應。這是精密的實驗心理學能夠提供給我們的唯一幫助，它已經證明了睡眠時受到的刺激會出現在夢中。人們曾在這些地方做過許多調查，包括前面提到過的伏耳德的實驗。實際上，每一個人都會偶爾在某個時間透過個人觀察驗證他的論斷。我會講述一些早期的實驗。莫里曾在自己身上做了這個實驗，他讓自己睡著時聞著古龍水的味道，之後他夢見自己在開羅的約翰·瑪麗娜·法瑞拉（Johann Marina Farina）商店，隨即開始了一場極其誇張的冒險。有一個人在他睡覺的時候輕輕捏他的脖子，他便夢見一位兒時的醫生在他的脖子上塗藥膏。還有一個人在他的前額上滴水，他便立刻夢見自己來到了義大利、喝著奧維托酒，不停流汗。

也許在另外一些因受刺激而做夢的實驗中，我們能更清楚了解夢的特點。一位睿智的觀察者希爾德布蘭（Hildebrand）記錄了三個夢境，這三個夢境都是對鬧鐘聲音的反應：

「在一個春日的早晨，我在鄰村的綠野間悠閒散步。我看著一些當地的村民盛裝打扮，手拿著讚美詩，列隊前往教堂。那是禮拜天，顯然晨禱快要開始了。我決定跟著參加，但是天氣太熱了，所以我就到教堂周圍的墓地乘涼。我正讀著碑文時，就看見敲鐘人爬上了閣樓，然後聽見小村的教堂鐘聲響起，儀式快要開始了。鐘靜止了一陣子，然後開始震動起來，發出了明亮清脆的鐘聲，讓我從睡夢中驚醒，才發現原來是鬧鐘的聲音。」

「第二個例子如下，那是一個涼爽的冬天，路上積雪很深。我決定去

第五講　困難

參加雪橇派對，我等了很久之後，才有人通知我雪橇到門口了。我穿上了毛皮大衣和暖和的靴子，最後爬到了座位上，準備去參加派對。但馬卻遲遲沒有出發，直到車夫喊了幾聲。那人一把拉開韁繩，鈴鐺開始劇烈搖晃，這時傳出了熟悉的土耳其樂隊音樂。我從夢中驚醒，發現這也只不過是鬧鐘的聲音。」

「還有第三個例子。我看見廚房的女傭走過走廊，前往餐廳，她手裡捧著一疊很高的碟子。我看著那疊碟子就快失去平衡了。『小心！』我提醒她，『整疊碟子快掉到地上了。』她的答覆自然是『我們已經習慣了』。但我仍焦慮地盯著她。我確定在走過門檻時，她絆了一下——碟子摔碎了。但我很快便注意到，那嘈雜的聲音並不是碟子摔碎的聲音，而是鬧鈴聲。隨後我被叫醒，原來是鬧鐘響了。」

這些夢很美妙，也很有意義，前後連貫，和尋常的夢不同。這些夢的共同點，是情境都是在吵鬧聲中結束的，隨著鬧鈴響起，做夢的人被吵醒。我們在這裡知道了夢是如何產生的，然而我們還發現了一些其他東西。我們在夢裡無法認出鬧鐘的聲音，實際上夢裡沒有出現鬧鈴聲，卻另有一些其他的干擾訊號代替鬧鐘的聲音打斷了夢。這是為什麼呢？我們說不出，答案似乎是模糊的。然而要理解夢，我們就必須能夠說出為什麼夢中選擇了另一種與鬧鈴聲十分類似的聲音作為干擾刺激，他的實驗無法解釋這一點。我們十分清楚夢中的刺激是什麼，但我們無法說出為什麼刺激會以這種形式呈現出來。夢裡的刺激形式似乎和打擾睡眠的刺激不同。此外，在莫里的實驗中，許多其他夢境也是那個刺激直接引起的結果。例如古龍水只能夠在夢中引發誇張的冒險，以及一些無法敘說的夢境。

你們或許認為只要那些夢能喚醒睡眠者，便可以幫助我們了解外部刺激的影響。但在大部分其他例子中這樣做都非常困難，並非所有的夢都會把人喚醒。即便我們記得昨晚的夢，我們能找到當時的干擾刺激是什麼

第二章　關於夢

嗎？我們曾在某次做夢後成功推測出一個聲音刺激，但當然這只發生在特殊情況下。一天早晨，在提洛山上，我確信自己夢見教宗去世了。我無法解釋這個夢，但妻子問我：「你聽到早晨教堂和禮拜堂發出的吵鬧鐘聲了嗎？」我什麼都沒聽見，我睡得很好，但多虧她告訴我，我才理解了我做的夢。但是，睡覺的人因某種刺激做夢，醒來後卻不知道刺激是什麼的情況常見嗎？也許常見，也許不常見。如果刺激無跡可尋，人們便無法確定它的存在。即便沒有這點，我們也要放棄研究干擾睡眠的刺激了，因為我們知道它只能解釋夢的一小部分，無法解釋整個夢。

但我們不需要因為這一點放棄整個理論，實際上理論是可以延伸的。究竟是什麼刺激打擾了睡眠、引發了夢，顯然無關緊要。假設，刺激並不總是因外部因素侵入感官而起，那麼刺激也可能來自內部，即所謂軀體的刺激。這個假設與解釋夢的起因的流行觀點十分吻合，人們常常聽到「夢起源於胃」這個說法。但很不幸，經常發生的情況是，夜間軀體的刺激，在醒來之後便無跡可尋，因此無法驗證。一般而言，內部器官的狀態的確可以影響夢。夢的內容顯然與膀胱的充盈和生殖器的興奮有關，這一點毋庸置疑。除了上述顯而易見的例子，從夢的內容上看，我們顯然可以假設軀體刺激會有所影響，因為在夢的內容中，我們可以看出刺激的加工、代表或解讀。施墨（Schirmer）曾研究過夢（西元 1861 年），他堅持認為夢起源於軀體刺激，並舉了好幾個例子。例如，他夢見「兩排皮膚細膩的金髮男孩，兩方人馬相互對峙，準備打一架，某一排男孩撲向前抓住對方，雙方又鬆開，然後又繼續對峙，如此往復」。他將夢中的兩排男孩子解讀為兩排牙齒，聽起來似乎言之有理。做夢的人醒來後拔下了一顆牙，更證實了這種解釋可信。又如將「狹長的曲折走廊」解讀為腸道刺激，似乎驗證了施墨的假設，類似於物體的形象代替了引起刺激的器官。

因此，我們必須承認內部刺激和外部刺激在夢中的地位是相同的。遺

第五講　困難

憾的是，正如之前一樣，這種評估也不易被認同。在大量例子中，軀體性的刺激依然是不可能被證明的。只有少數夢才會令我們懷疑夢的起源與體內刺激有關，不是所有的夢都是這樣。內部刺激和外部刺激相同，都只能說明夢是對刺激的直接反應。所以，其餘的夢的起源一直是模糊不清的。

不過，在刺激效果的研究中，我們還注意到了夢的生活的另一個特點。夢不僅重現了刺激，還詳細闡述、演繹了刺激，並以他物代替。這是「夢工作」(dream work)的一個側面，不得不說令我們很感興趣，因為我們可能會因此更接近夢的本質。如果一個人在刺激下做了一些事情，那麼行為就不必一定要與刺激畫上等號。英王第一次戴上了象徵三國統一的王冠時，莎士比亞以此為契機創作了《馬克白》(Macbeth)。但是，這個歷史事件能夠涵蓋整個戲劇嗎？能夠解釋戲劇的偉大和奧祕嗎？同樣，外部刺激和內部刺激都會影響睡覺的人，成為引起夢的原因，但是並不能向我們解釋夢的本質。

夢的第二個共同因素，即其心理活動的特點，一方面很難理解，另一方面不足以作為進一步研究的線索。我們在夢中的大部分感知內容屬於視覺意象，能夠用刺激加以解釋嗎？它實際上是我們感受到的刺激嗎？假設它確實是我們感受到的刺激，那為什麼視覺刺激只在極少的情況下引起夢，而夢的經驗又多是以視覺意象出現的呢？又如夢中演講，難道真的有會話或類似會話的聲音被收入我們的耳朵中嗎？我敢毫不猶豫否定。

假設從夢的共同元素出發不能促進我們對夢的研究，那麼就讓我從差異入手吧。夢常常是沒有意義的、模糊的、荒謬的，但有些夢也十分合理，易於理解。讓我們一起研究後一種，即合理的夢，看看能否找到一些線索。我最近聽到一個年輕人做了一個合理的夢：「我在街上散步時，遇見了 X 先生，他陪我走了一段路，然後我走進了一家餐廳。兩位女士和一位男士坐在我的桌旁，他們令我感到十分厭煩，我原本不想看他們，但我

059

第二章　關於夢

後來打量了他們一眼，才發現他們長得很好看。」做夢的人補充道，他前天晚上的確去過那條街，那是他常去的地方，他也確實遇到了 X 先生。至於夢的其他部分，他不能清晰回憶，只知道與之前的經驗類似。又如一位女士的夢也具有意義。在夢中，她的丈夫問，「鋼琴不需要調音嗎？」她回答：「不太划算吧，琴槌也需要配新皮。」這個夢完全重複了她和丈夫一天前的對話。我們從這兩個簡單的夢中獲得了什麼呢？你會發現夢只是重複日常生活或與之關聯的想法。即便不是所有的夢都是這樣，至少部分夢也是這樣的。然而，毫無疑問，有這種特點的夢只是少數而已。大部分的夢和前一天的生活沒有任何關係，所以我們不能由此了解荒唐、無意義的夢。也就是說，我們遇到了一個新的問題。

我們不僅希望知道夢說了什麼，這在我們之前的例子中已經很明白了，還希望知道夢重複最近的經歷有什麼目的。

如果繼續追問這樣的問題，我相信你們會和我一樣疲憊。畢竟，如果我們不知道找到答案的路徑，即便能引起大眾的興趣，也毫無幫助。到目前為止，我們還沒有找到方向。關於刺激對引起夢究竟有什麼意義，實驗心理學無法提供太多有價值的資訊。哲學除了驕傲地指出我們的研究對象無關宏旨之外，並沒有什麼幫助。我們不必求助於神祕科學。歷史和一般的傳統觀點認為夢是有意義的，也是重要的，認為夢可以預測未來。不過我們難以接受這一點，也無法證明。所以我們初步的努力毫無建樹。

出人意料，我們在夢尚未被研究的部分發現了一絲線索。那便是一般人使用的俗語，俗語並不是偶然的產物，而是古代知識的殘餘物，我們必須小心利用。在俗語中，有一種奇怪的說法，叫做「白日夢」。白日夢是幻想的產物，是十分常見的現象，在正常狀態下可以被觀察到。它雖然被叫做「白日夢」，但與夢沒有共同的元素。白日夢與睡眠沒有關係。至於第二個共同元素，白日夢缺乏經驗和幻覺，只是一些想像。做白日夢的人

也知道它只是一種想像，不是在眼前，而在腦中。這些白日夢出現在青春期前，有的在童年末期，有的延續到成年後便不再出現，有的人則一直延續到老。幻想的內容明顯受到動機主導，其場景和事件用來滿足做白日夢的人的野心和慾望。一般來說，每個人都會有一些關於野心的幻想。在女性身上多是性幻想，因為她們喜歡甜蜜的戀愛；但男人的白日夢中也常常與性慾有關，他們的豐功偉業說到底都不過是為了贏得女性的愛慕與讚美。一段時間後，這些白日夢被一種新的幻想取而代之，有些白日夢保留了下來，演變成了長篇故事，適應了日常環境。它們與時俱進，我們可以從這些白日夢中獲得一個「時間標記」，印證新環境的影響。他們是詩人創作的原料，詩人將自己的白日夢加以改造、偽裝或寫成小說、傳奇或戲劇的場景。但白日夢的主角總是本人，或直接、或透過某種方式互相認同。

白日夢之所以被稱為夢，也許是因為它與現實的關係與夢相似，是為了表明它的內容也與夢一樣不現實。然而白日夢被叫做夢，也許是因為它與夢具有相同的特徵，我們目前還不了解這個特徵，或許它是我們正在尋找的。從另一方面看，我們認為名字相同則意思一定相同，這個觀念也可能是錯誤的。不過這也只能等稍後再澄清。

第六講　假說和解夢

為了繼續夢的研究，我們必須開創新的方法。現在，我應該明確地告訴你們，我們需要承認下面這個假說，將其作為一切研究依據：夢不是一種軀體的現象，而是一種心理現象。你們應該可以理解這個假說的意義，但做出這個假設的理由是什麼呢？我們找不到理由；但從另一方面來說，也沒有理由阻止我們做出這種假設。問題在於，如果夢是一種軀體的現象，那麼我們便沒有研究的必要了。只有基於夢是一種心理現象的假設，

第二章　關於夢

我們才會感興趣。讓我們依據這個假說研究，看看能得出什麼結論。研究的結果將決定我們是否要繼續堅持這一假說，進而確信它是穩固的。現在要明確的是，我們的研究到底希望達到什麼目的？或者我們研究的方向是什麼？我們的目的與一般科學研究的目的相同，即了解現象與現象之間的關係；最後，如果可能的話，設法控制這些現象。

讓我們以夢是一種心理現象的假設為基礎繼續研究下去。這使得夢成了做夢者的行為和敘述，但這種敘述並未對我們透露什麼，我們不能理解他做的夢。如果我有所表示，而你們不懂，你們會怎麼做呢？你們會要求我解釋，難道不是嗎？為什麼我們在這裡不繼續做同樣的嘗試，要求做夢者解釋夢的意義呢？

你還記得我們曾處在同樣的情境中嗎？當時我們在分析一個口誤。某人說：「某些事實被『揭蹉』了。」我們追問——幸運的是，不是我們追問，而是其他未接觸過精神分析的人追問——這句話是什麼意思？他這樣解釋，他本想說這些事非常「齷齪」，但壓下了這個意圖，改說比較溫和的話：「又有一些事情被揭露了。」我當時便向各位解釋了，這是典型的精神分析研究，現在你們能理解了：精神分析技術，就是最有可能讓被試者自行揭開謎題的方法，即讓做夢者自己告訴我們夢的意義。

然而，我們普遍認為，達成這個目標非常困難。就過失而言，這個方法適用於許多例子。但在許多例子中，被試者不願意回答我們的問題，而且在聽到我們提議的答案時，往往會憤怒地否認。在夢的例子中，第一種情況很少遇到，做夢的人總說他什麼也不知道。他無法否認我們的闡釋，因為我們無從闡釋。那麼，我們應該就此放棄嗎？他什麼也不知道，我們什麼也不知道，第三方顯然也什麼都不知道，感覺不可能有任何發現。如果你願意，就請終止研究吧。如果你不願放棄，就請隨我繼續研究下去吧。因為我可以告訴你，做夢的人實際上很可能知道夢的意義，不過他並

第六講　假說和解夢

沒有意識到自己知道。

女士們、先生們，我來這裡演講，不是要蒙蔽或欺瞞你們。我誠然是來講《精神分析引論》的，我不希望我的講座變成神諭，將一切說得很簡單，只告訴大家結論、填補所有缺口、抹去所有疑問，讓你們平靜地接受一些新的學說。不，正是因為你們剛剛了解這個學科，我才希望毫無保留地展示科學的面貌，將所有優勢和局限、要求和考量說清楚。我知道所有科學都是如此，尤其在創立之初。我也知道其他學科在講課時，總會極力隱瞞當中的困境和不完善之處。但精神分析可不是這樣，我們一開始便做了兩個假設，一個包含在另一個之中。若有人覺得這太麻煩或太不確定，或習慣於應用更可靠的事實或精密的演繹，那便不必再聽下去了。我的意思是，他再也不必接觸心理學了，因為在心理學中，恐怕完全找不到他想要的那種切實可靠的道路。而且如果一種科學想得出什麼成果，也不必強求聽眾和追隨者信服。信或不信要看研究成果，科學可以耐心等待著引起大眾的注意。

對於堅決要繼續聽講的人，我不得不警告你們，這兩個假說的價值是相等的。我們希望以研究結果證明第一個假說，即夢是一種心理現象。另一個假說已經在其他領域被驗證了，我只是將其從那個領域轉移到我們的問題上。

我們在哪個領域可以找到證據，證明一個人具備他自己意識不到的知識呢？這必將是一個驚人的、令人好奇的事實，它會改變我們對精神生活的認知，但是也沒有隱藏的必要。說出來就會被破壞殆盡，但它卻假裝成一些真實的東西，在詞義上是矛盾的；但做夢的人也絲毫不想隱瞞。這也並不是因為我們對其存在的無知或不感興趣，也並不應歸罪於我們自己，因為對這些心理學問題的判斷，是缺乏具有決定性的觀察，也是被實驗所忽視的。

第二章　關於夢

我們可以在催眠領域找到證據。西元 1889 年，我見證了李厄堡（Siebault）和伯恩海姆（Bernheim）在南錫（Nancy）所做的一項實驗，實驗極具啟發意義。如果將人導入催眠狀態，讓他經歷幻覺後，然後再將他喚醒，他將對催眠時的狀態一無所知。伯恩海姆接著要求他回憶在催眠狀態下經歷了什麼，他堅持說自己什麼也想不起來；但伯恩海姆仍堅持要求他回憶，被試者仍然想不起來。伯恩海姆告訴被試者他一定記得什麼，接著不可思議的事情發生了，被試者動搖了，開始回憶，他模糊地記起催眠時暗示的內容，然後又一件接一件地記起了其他事情，回憶逐漸完整，最後毫無缺口。他最後能夠記起催眠時的經驗，期間並沒有獲得任何提示，這證明被試者一開始便知道回憶的內容，問題在於他無法觸及回憶，不知道自己知曉哪些內容，他相信自己想不起來。這便是我們懷疑做夢的人所處的狀態。

我相信你們對這個事實非常驚訝，你們會問我為什麼不在之前的口誤中提到這個證據，而認為在演講中口誤的人並不知道他否認的意圖。「假使一個人擁有某種記憶，而他自己毫不知情」，你可能會說，「那麼他也有可能經歷了某種心理狀態，而他自己並不知道。如果早就提出這個論據，我們就會相信了，我們也能更加容易理解過失」。老實說，我當時也可以提出這一點，但我卻把它留在了更重要的地方。有些過失原本就很好懂，但也有一些過失，如果我們想理解它，就必須假定本人不知道這種心理過程。對於夢，我們不得不從其他方面尋求解釋，此外，我覺得你們會更容易接受我從催眠術得出的論斷。犯錯的情境在你們看來一定十分正常。過失與催眠術沒有共同點。從另一方面來看，催眠狀態和睡眠狀態之間的界限十分清晰，這成了夢必不可少的條件。催眠被認為是人工製造的睡眠，催眠師對被催眠的人說「睡吧」，我們的暗示可以與自然睡眠狀態下的夢相比，兩者的精神狀態是相似的。在自然睡眠中，我們的注意力遠離了整

第六講　假說和解夢

個外部世界；而在催眠狀態下，我們遠離了整個世界，只與催眠師連結。進一步說，在所謂的「保母之夢」中，保母只與孩子有關連，只有孩子能喚醒保母，這可以被視為正常狀態下的一種催眠。我們推斷——做夢的人對夢具備一定的了解，但因為他不相信自己了解夢而無法觸及這些知識——就不是憑空捏造的了。現在，請注意，我們發現了研究夢的第三種方法，除了藉助干擾睡眠的刺激、白日夢之外，我們還可以研究催眠狀態下藉由暗示產生的夢。

現在，我們回過頭來研究夢的問題也許更有把握了。做夢者顯然很可能知道夢的內容，問題在於，如何促使他發現這些知識並透露給我們？我們不要要求他告訴我們夢的全部意義，而應該逐漸了解夢的由來，以及產生夢的思考和情緒線索。在過失的例子中，我想你們還記得那個人被問到為什麼碰巧誤用了詞語「揭蹉。我們的解夢技術其實非常簡單，就是仿效這個例子。我們詢問被試者為什麼會做這樣的夢，他的第一個聯想也被當成一種解釋。至於做夢者是否相信他了解夢，我們先不區分。

這個技術的確非常簡單，但恐怕會引起你們最激烈的反對。你們會說：「又來了一個假說。這是第三個假說了！而且是最不可能的一個假說！如果我問做夢的人對夢有什麼想法，你以為他的第一個聯想真的就是對夢的解釋嗎？他可能什麼想法都沒有，也沒有什麼第一個聯想。你這個假說依據的理由，我們無法理解。你對一個特定的情況寄託了太多期望，我們應採取更嚴謹的批評態度，也許才更合適。進一步來說，夢不是孤立的過失，而是包含了許多元素。我們究竟應該相信哪一種觀點才對呢？」

在那些不重要的地方，你們說得沒錯。夢確實與過失有所不同，即便只考慮包含元素的數量，也必須詳細考量。我建議將夢分割為不同元素，單獨研究每個部分，那麼這又涉及夢與口誤的相似之處。你們說面對夢的各個元素，做夢者不會產生什麼聯想，這點也沒錯。在一些例子中，我們

第二章　關於夢

接受這樣的答案，稍後我會跟你們講這樣的例子。奇怪的是，關於這些例子，我們自己卻有明確的見解。但一般來說，如果做夢的人堅稱自己沒有任何聯想，我們一定要駁斥他。我們要堅持說他一定會產生一些聯想，事實會證明我們這麼做是合理的。他會說出一些聯想，究竟是哪一種聯想，對我們來說並不重要。他往往會想起一些回憶。他會說「我想到了昨天發生的事情」（在前面兩個「平凡」的夢中正是這樣），或者「我想起了最近發生的事」。這時，我們會發現人們將夢與最近的印象連結起來的頻率，遠比我們一開始設想的多得多。最後，做夢者會記起距離這個夢很久以前的事情，甚至是很久、很久之前的事情。

但你們錯了。如果你們認為我們盲目地將做夢者的第一個聯想定義為我們探究問題的答案，或者認為它一定會導向問題的答案，那麼相反的聯想便完全不重要了，與我們尋找的答案沒有任何連結。你們認為我過於樂觀，總是任意期望別的事情。如果你們這樣想，那便大錯特錯。我已經大膽指出，關於精神自由和自願選擇，你們有一種根深蒂固的成見，這種觀念絕對是不科學的。做夢的人被詢問時，碰巧產生這個聯想，而不產生那個聯想？我求求你們接受這個事實吧。我們可以證明這些聯想不是自發的，而是決定好的，與我們尋找的答案有關。實際上，我早就發現這一點了，但並未多加強調，即便實驗心理學也可以證實。

我請大家將注意力集中到這一特定問題上。如果我請某人向我解釋夢中的某個特定元素，那麼我便是在要求他自由聯想，也就是任憑他自由思考。自由聯想與自省十分不同，實際上是不能自省的。有些人能很快進入這種狀態，而有一些人就極為困難。更高等的自由聯想，如規定被試者自由說出一個專名或數字。比起使用我們的技術，這樣的方法更加自發和不確定。不過內心的狀態總是關鍵，我們不知道它何時活躍，正如過失例子中的干擾傾向和意外事件中的刺激傾向。

第六講　假說和解夢

　　我和許多追隨者一起，針對那些不受控制出現的名字和數字做過許多次實驗，有些結果已經發表了。其方法如下：由浮現的專名開始，不斷進行聯想，這些聯想相互關聯，便不再是完全自由的了，與夢中各個元素引起的聯想一樣。心中的衝動枯竭後，便會停止聯想，而這時自由聯想專名的動機和重要性，便都可以解釋了。這些實驗總能得出相同的結果，很有參考價值，必須仔細研究。自由聯想得出的數字也許是最重要的。這些聯想彼此銜接得如此迅速，又堅定地趨向一個隱藏目的，實在令人驚奇。我想說一個分析專名的例子，值得慶興的是，這個例子涉及的素材非常少。

　　我在治療一位男子時表示，儘管他表面上是自主說出名字，但實際上他說出的名字受制於當下的條件、被試的特點和當時的場景。被試者心存疑慮，我提議他解釋看看。我知道他有許多女性朋友，每人的親密程度不同，因此我要求他隨意說出一個女性名字。更令他震驚的是，他並未隨口說出許多女性的名字，而是沉默了片刻，然後說出了腦海中唯一的名字──阿爾比諾（Albino，意為白化病患者）。多麼奇怪啊！這個名字讓你產生的第一個聯想是什麼？你認識多少名白化病患者？奇怪的是，他不認識任何一個白化病患者，所以這個名字沒有產生進一步的聯想。可能有人據此斷定分析失敗了，但事實並非如此，分析並不需要進一步聯想便已經完成了。這個男子本人的皮膚白皙得不同尋常，在治療時，我經常取笑他為「白化病患者」；而且那時我們正在研究他性格中的女性元素，他那時最感興趣的女性便是被戲稱為「白化病患者」的自己。

　　一段偶然的旋律，也可能占據一個人的思考並受其限制，不過這個人卻意識不到這種思考活動。我們能夠很容易證明，人之所以會被某個旋律吸引，與歌詞或曲調的來源有關。但我得將音樂家排除，因為我沒有過分析音樂家的經驗。一位音樂家想起某段旋律，應該是出於曲調的意義，但更多時候是出於另一個原因。我認識一名年輕人，他沉迷於《美麗的海

第二章 關於夢

倫》(The Beautiful Helen) 中的巴黎曲調好一段時間，直到分析結果指出，他那時同時愛上兩個女人——艾達 (Ada) 和海倫 (Helen)。

如果所有自由發生的聯想都受制於這種條件，並以一種特殊的順序排列，我們便可以理所當然地得出結論，由起點等單一條件引發的聯想可能也受到了嚴格的約束。實際上，研究顯示，聯想除了受制於我們建立的刺激觀念，還依附於強烈的情感思考上，即興趣和情結。而我們忽視了它們的影響，因為它們在我們的潛意識中。

這種聯想曾經是一些極具啟發性的實驗研究素材，這些實驗在精神分析史上極為重要。馮特學派首創了所謂的「聯想實驗」，被試者的任務是在最短的時間內對「刺激字」回答出他所想到的「反應字」。接著，實驗便有可能研究刺激字和反應字之間的間隔時間、反應字的本質、重複實驗時可能發生的錯誤等。布洛伊勒 (Bleuler) 和榮格領導的蘇黎世學派在奇怪的反應字出現時，會要求被試者透過進一步的聯想，解釋他們提出的反應字。後來，他們發現不同尋常的反應字顯然是由被試者的情結決定的。布洛伊勒和榮格由此建構了從實驗心理學到精神分析的第一座橋梁。

你們聽到這些，可能會說：「我們現在意識的自由聯想受到了約束，不是自發的，像我們原先想像的那樣。我們承認夢境元素的聯想也是如此，但是我們並不關心。你卻堅持夢境元素的聯想取決於這一元素的未知心理背景。我們覺得這不是一個已被證明的事實。當然，我們期望夢境元素的聯想能透過做夢者的情結清楚展現，但這對我們有何益處呢？我們並沒有因此更了解夢，最多像聯想實驗那樣，讓我們深入所謂的情結。情結和夢又有什麼關聯呢？」

你們是對的，但你們忽略了一點，正是這一點使我沒有選擇自由聯想作為討論的起點。在這個實驗中，決定反應的刺激字是任意選取的，反應則介於刺激字和被試者最近產生的情結之間。在夢中，刺激字被一些源自

第六講　假說和解夢

做夢者精神生活的東西取代了，其來源是未知的，因此極可能是其自身情結的產物。所以，如果我們假定更為遙遠的聯想，包括那些關於夢境元素的聯想，都是由產生夢的元素的情結所決定的，從而便可以由這些元素發現這一情結。這並不是異想天開。

讓我透過另外一個例子向你們證明情況正如我所料。忘記專名可用以說明夢的分析，唯一的不同在於遺忘只關係到一個人，而解夢則涉及兩個人。儘管我忘記了一個專名，但我確定自己仍記得這個名字。透過伯恩海姆的實驗，我可以斷定做夢也是同理。而被忘記的名字卻總也想不起來，無論如何努力回想，也無法記起。我們可以根據經驗很快得出了這一點，但每次我都能找到一兩個替代詞代替被遺忘的專名。如果替代專名的詞自發出現在我的腦海中，那麼該情境和分析夢之間的關聯便顯而易見了。夢的元素並不是真實存在的東西，而只是一些其他東西的代替品，究竟代替的是什麼，我現在還不清楚，但我會透過分析夢發現答案。兩者的區別僅僅在於，忘記專名時我自動想到了適合的代替詞；而在夢的元素中，我們必須努力闡釋。忘記專名時，我們有辦法順著代替詞找到未知的現實，最終想起忘記的專名。如果我將注意力集中在代替詞上，並更深入地聯想，會或多或少觸及被遺忘的專名，發現自發出現的替代詞與被遺忘的專名之間必然有關，同時受其限制。

我想向大家展示一個此類的分析例子。一天，我發現自己想不起位於法國地中海海濱的一個小國的名字，該國著名的賭城是蒙特卡羅（Monte Carlo）。我十分氣惱，但就是想不起來。我想遍了關於該國的所有知識，想到了阿爾伯特親王、呂西尼昂城堡，他的婚姻、他喜歡研究深海，還有其他我能想到的一切，但就是想不起這個國家的名字。我便放棄了。相反，其他替代詞幫助我想起了被遺忘的國名。它們不斷出現——蒙特卡羅、皮埃蒙特（Piemonte）、阿爾巴尼亞（Albania）、蒙得維的亞（Monte-

069

第二章　關於夢

video）和科利科（Colico）。阿爾巴尼亞是第一個引起我注意力的地名，隨後是蒙得維的亞，也許是因為兩者之間的黑白對比吧（Albania 的意思是「白」，Montevideo 的意思是「黑」）。接著我發現前四個地名都有相同的因素（英語中的音素 mon），然後我突然想起了忘記的國名，脫口而出「摩納哥（Monaco）」。替代詞實際上源自被遺忘的名詞，前四個詞都有相同的音素，最後一個詞音節的排列依據原名各音節的次序，且包含了原名的最後一個音節。此外，我還能輕易發現是什麼讓我想不起這個國名。摩納哥也是慕尼黑（Munich）的義大利語名，後一個城市名產生了阻礙。

　　這個例子雖然簡單，但足以說明問題。在這種例子中，我們會在第一個替代詞後面聯想到一連串的名字，這使我們能更清晰了解解夢的類比作用。我也有過這樣的經歷。一位陌生人邀請我喝義大利酒，在酒館裡他忘記了想點的酒名，原因是這種酒的名字會使他想起一些不快的回憶。一連串不同的聯想詞代替了被他遺忘的專名，我可以推斷某個名叫海德薇（Hedwig）的女人就是他記不起酒名的原因，實際上他不僅承認了第一次喝這種酒時是跟海德薇一起，還因我的推測記起了酒名。現在，這個男子婚姻美滿，那個海德薇則只是一段不愉快的記憶。

　　記起名字的方法，一定也能應用到解夢中。由替代物出發，引發一連串聯想，最終可以回想起原名。如忘記專名的例子那樣，我們可以推斷，由夢的元素產生的聯想，不僅是由夢的元素本身決定，而且還會受一些未知的要素影響。這個假設如能成立，那麼我們在解夢技術上便能更進一步了。

第七講　夢境的顯性和隱性

我們研究過失問題並不是在白白浪費時間。多虧了我們在這個領域的努力，在你們能夠理解的前提下，我們的研究在兩方面取得了進展：一是夢的元素的概念；二是解夢技術。夢的元素這個概念展現出來的不是真實的東西，而是其他東西的替代物，至於代替的究竟是什麼，連做夢的人自己也不知道。與過失一樣，夢的元素代替了一些做夢的人知道、卻又想不起來的東西。我們希望將同樣的概念推廣到含有這種元素的夢中，透過自由聯想，根據這些元素回想到替代物，再從中推測出隱藏了什麼。

我現在要修正一下術語，以讓詞彙更貼近情境。我們將所謂的「隱藏的」、「難以觸及的」、「不真實的」統統改稱「非做夢者的意識可及」或「意識不可知的」，以期能更準確描述。我們指的是遺忘的字或過失中的干擾意圖，即當時屬於潛意識的內容。與潛意識相反，「意識」被我們定義為夢本身以及由聯想產生的代替觀念。不過，這些術語絕對沒有帶有理論上的成見。即便將「潛意識」這個詞當作一個合適且易於了解的表述也無可指責。

如果我們將概念從單一元素推廣到整個夢上，會發現夢作為一個整體也被潛意識的東西替代。解夢的任務便是發現這種潛意識裡的東西。因此，我們在解夢時便可匯整出三個重要的規則。

第一，無論夢在講什麼，不管它是合理還是荒謬，清楚還是模糊，都不在我們考慮的範圍內，因為那些絕不是我們正在尋找的潛意識內容。稍後我們會講到這條規則中一處明顯的局限。

第二，我們的唯一目標，就是喚醒每個元素的代替物。至於這些代替物是否合適、它們和夢的元素是否相差太多，我們都不必擔心。

第二章　關於夢

　　第三，正如我之前所述的忘記摩洛哥的例子，我們應該等待隱藏的潛意識自行浮現。

　　由此我們能明白：夢究竟能被記得多少、記憶是否準確都無關緊要。

　　因為記得的夢境並不是真實的，只是偽裝後的代替物。夢透過幫助我們喚醒其他代替觀念，或者在夢的意識中製造潛意識，帶我們進入真正的夢境。因此，如果我們對夢的記憶有誤差，只不過會進一步偽裝成替代的觀念，而且這種偽裝也有動機。

　　我們可以解釋自己的夢，也可以解釋其他人的夢。但解釋自己的夢可以使我們了解更深入，也更能使人信服。如果我們做關於這方面的實驗，難免會遇到一些困難。我們會有一些想法，卻不會承認它們。我們會傾向於檢驗和選擇這些想法。當一個想法出現時，我們會對自己說：「不，這個想法不合適，太不適當了。」另一個想法出現時，我們會覺得「太荒謬了」。又一個想法出現了，我們又會對自己說：「這完全不相干。」我們能輕易感受到自己是如何貶低和壓制這些想法的，甚至在它們尚未變具體的時候。由於我們總執著於夢的元素本身，同時又允許自己揀選想法，就此破壞了自由聯想的結果。如果你們不自行解釋夢，而允許其他人解釋你們的夢，很快就會發現我們無意間做的批判選擇中，有著另一層動機。你們常常對自己說：「不，這想法令人不舒服，我不想跟別人說。」

　　這些反對的理由顯然很妨礙研究。我們必須防範，堅決不屈服。在解讀他人的夢時，我們必須訂立嚴格的規則，要求被試者講出所有聯想，即便可能面對下列四種反對意見，即聯想看上去無關緊要、荒謬、無關或令人尷尬。做夢的人雖然承諾遵守規則，但他們一般很難堅持到底，而這往往令解夢者惱怒不已。起初，我們認為，這是因為雖然我們已經以權威者的身分為做夢者訂立了規則，但他仍未意識到自由聯想的重要性。我們的應對方法，是給被試者閱讀書面文件，或者讓被試者聆聽專業的理論講

座，以此告知他關於自由聯想的規則。但是很遺憾，我們觀察到，即便被試者完全認同自由聯想的重要性，他們還是會以同樣的批判意見反對某些想法，只有再三掙扎後才能克服。

做夢者雖然不遵守規則，但我們不必惱怒，反而可以利用這些經驗去發現一些新的事實。這些事實越出人意料，便越重要。我們了解到有一種阻抗（resistance）在阻礙解夢工作，讓受試者會有批判性的反對意見。這種阻抗和做夢者是否相信理論無關，而且根據經驗，我們發現這種反對的批判是完全不合理的。相反，我們急著想壓制的這些想法，無一例外都非常重要，它們在潛意識的研究中有著決定性作用。所以聯想如果出現了這種批判，我們就必須特別注意。

這種阻抗是全新的發現，是由我們的假說推敲出來的一種現象。我們對這個新元素大感驚奇，但也不是很開心。我們懷疑它無法讓我們順利研究，甚至反而可能誘使我們放棄對夢的研究。何必研究這種不重要、會引起諸多麻煩，又使我們無法應用新技術的現象呢？不過反過來看，這些困難也有迷人之處，或許它表明我們花費如此多的精力開展的研究是有價值的。無論我們何時試圖從夢元素表現出的替代物出發，若要探究隱藏的潛意識，必定會遇到這樣的阻抗。因此，我們有理由斷定這些替代物背後隱藏著某些重要的念頭，不然為何發現隱藏的念頭如此困難呢？一個孩子不肯給別人看他握著什麼，那他的手心裡一定藏著一些不該有的東西。

如果我們動態解釋阻抗，就需意識到該因素是有強弱的。有時阻抗較大，有時阻抗較小，我們在研究過程中，需要做好應對的準備。我們也可以把該現象與解夢過程中的其他感受結合。有時只需一到兩個聯想，便足以把我們從夢的元素引導至潛意識層面，有時卻需要一長串聯想並克服許多反對的批判，我們才能到達潛意識層面。我們可能會認為聯想的多少與阻抗的大小有關，這個想法可能是對的。如果阻抗較小，那麼替代物便

第二章　關於夢

與潛意識相近；如果阻抗較大，潛意識便已嚴重扭曲，必須繞一大圈才能觸及潛意識。

也許現在是時候選取一個夢，嘗試應用一下我們的技術，看看可否驗證我們的觀點了。但是我們應該選取什麼夢呢？你們無法想像選取一個夢當例子有多麼困難，我也無法讓你們了解這些困難究竟是什麼。當然，有一些夢的偽裝程度不深，我們最好從這樣的夢開始。但什麼是偽裝較少的夢呢？是像我之前舉出的那兩例清晰合理的夢嗎？這是一種誤解。研究發現，我們發現那些夢的偽裝極深。假使我不管必要條件，任意選取一個夢作例子，你們又不免會失望。我們應該留意，與夢的單一元素相關的想法往往紛繁複雜，以至我們不能合理觀察研究對象。我們若將夢寫下來，並與這個夢引發的所有聯想比較，就會發現記載聯想的篇幅遠多於夢的篇幅。所以最實際的做法是選取幾則短小的夢研究，至少保證可以透露或確認一些念頭。我們決定採取這個方法，除非經驗告訴我們必須選擇偽裝較深的夢。

由另一種方法簡化問題非常方便。我們不必解釋整個夢，先以夢的單獨元素為限，舉一些例子，看看應用我們的方法如何解釋夢。

1. 一位女士說，她小時候常夢到「上帝頭上戴著一頂尖頂紙帽」。若沒有做夢者的解釋，你們會如何解釋此夢？這聽起來太荒謬了。女士解釋道，她小時候經常在吃飯時戴上像這樣的帽子，因為她總忍不住偷看兄弟姊妹盤子裡的食物是不是比自己還多。這頂帽子的功能是遮蔽。透過她的解釋，我們不難了解這段往事。在做夢者進一步解釋下，這個片段和整個夢的意義變得非常清晰。「我聽說上帝是無所不知、無所不曉的」，她說，「這個夢的意義，大概就是我像上帝一樣無所不知，就算別人不想讓我看到也一樣。」這個例子或許太過簡單了。

2. 一個多疑的患者做了一個很長的夢，夢中有些人碰巧跟她提到了我

第七講　夢境的顯性和隱性

的《詼諧及其與潛意識的關係》(*Der Witz und seine Beziehung zum Unbewußten*)一書，評價很高。接著便提到了關於水道（canal）的事，水道或一些與水道有關的詞彙出現在另一本書中……她搞不清楚……一切都太模糊了。

你們會認為「水道」這個詞太模糊，所以難以解讀。這的確很困難，但困難的原因並非是因為模糊，正是這個原因使得解夢非常困難。做夢者對水道無法自由聯想到什麼，我也不知道該如何是好。過了一陣子，實際上是第二天，她說了一些可能與夢有關的事，那是她聽到的一則玩笑。在多佛港（Dover）和加萊港（Calais）航線的船上，一位知名作家正在和一個英國人聊天，他引用了一則諺語：「高尚和可笑之間僅有一溝之隔。」作家回答：「沒錯，就是加萊海峽。」他的意思是法國是高尚的，英國是可笑的。加萊海峽其實就是一個水道，即英吉利海峽。這件事和夢有關嗎？當然有關，我相信這個聯想能夠解釋夢的碎片。你們能相信她在做夢前聽到了這個玩笑，玩笑又偽裝成了夢中的潛意識元素「水道」嗎？這個想法驗證了她對這個誇張的讚美非常懷疑，阻抗可能是這兩個現象的共同原因，因為這是個極為猶豫和模糊的想法。請你們注意此類夢的元素與潛意識因素的關係。它像是潛意識的一小部分和暗示；但因為孤立令人難以理解。

3. 一位患者做了一個長夢，夢中有一個片段：「他的家人圍著一張形狀怪異的桌子坐著……」這張桌子使做夢者想起，他在拜訪某個家庭時看見了一件奇怪家具。接著他繼續回想：這家人的父子關係很怪異，他迅速補充道自己和父親的關係也很怪異。夢中的這張桌子象徵兩者的相似性。

這個患者早就熟知解夢的要求。否則他便會認為桌子的形狀無關緊要，然後就此忽略掉了。實際上，我們認為夢裡沒有任何一個意圖是偶然的、無關緊要的，透過解釋這種看似微不足道、沒有動機的細節，我們可以得到結論。你們也許依然很驚訝於夢選擇桌子來表示「我們的關係跟

他們一樣怪」。但你們若知道那一家姓「提須」（Tischler，意為木匠；Tisch意為桌子），便不難理解了。夢見自己的家人圍桌而坐，意味著他們也是「提須」。請注意，在解夢時，我們也難免會輕率作結。你現在選擇夢例時，也會遇到我先前提到的困難。我可以輕易再舉另外一個例子，雖然比較謹慎，但這又暴露出了另外一種缺陷。

該來介紹兩個新名詞了，實際上我們早就用過了。我們將能描述出來的夢稱為顯性夢境（manifest dream-content），將隱藏的、只有分析後才能發現的夢的內容稱為隱性夢境（latent dream-thought）。由於兩者都出現在上述例子中，我們現在可能會開始思考兩者之間的關係。兩者之間可能存在著各種不同的關聯。在例1和例2中，顯性夢境是構成隱性夢境的一部分，但只是很小的一部分。在夢的潛意識內容裡，有很小一部分闖入了顯性夢境當中，成為碎片，或在其他例子中成為暗示，好似電報密碼裡的提示語或縮寫。解夢需將此片段或暗示湊成全文，例2就非常完整。所以夢的偽裝就是用一個片段或一個暗示來代替他物。在例3中，顯性夢境和隱性夢境之間又有另一層關係，下面幾個例子可以更清楚看見這種關係。

4. 做夢的人「將一名他認識的女子從床後拉（pull）出來」。他第一個聯想到的事物幫助他理解這個夢。夢的意思是，這個女子「利用（have a pull）」了他。

5. 另外一個男子夢見「他的兄弟在衣櫃（closet）裡」。第一個聯想用熨衣板（clothes-press）代替了衣櫃，第二個聯想解釋了夢的意義：他的兄弟正在省錢（close-pressed）。

6. 做夢的人「爬上山頂後，看見了很棒的風景」。這則夢看似十分合理，不必解釋。你們或許認為只需研究做夢者對此有什麼回憶、為什麼會產生回憶便可以了。那你們便錯了。這則夢顯然和其他模糊的夢一樣都有待闡釋。因為做夢的人沒有爬過山，但他記得一個熟人正在撰寫評論

第七講　夢境的顯性和隱性

（Rundschau），內容是關於人類與地球的關係。所以隱性夢境便是做夢者認為自己是「評論者」（reviewer，view 意為看風景）。

因此，你們發現顯性夢境和隱性夢境的新一層關係。顯性夢境與其說是隱性夢境的偽裝，倒不如說是它的代表，即一種基於字音的、可塑的具象扭曲。由於我們從字產生的具象中想起了遺忘已久的記憶，我們也可以把這種扭曲稱為偽裝。當這個字被具象化取代時，我們反而不認識了。如果你們考慮到大部分顯性夢境都以視覺呈現意圖，沒有什麼思考和語言，便可以想像出夢形成時的特定意義是依附於這層關係的。你們還可以透過這樣的方式為顯性夢境中的許多抽象思考找到替代物，替代物總是為了進一步隱藏原本的意圖。這便是拼圖技術。這種意象與詼諧心理學的相似之處，我們暫且不討論。

只有了解這項技術中的提示，我們才能討論顯性夢境和隱性夢境的第四種關係。屆時雖然我仍無法完整提出例子，但也足以達成我們的目的了。

現在你們敢解釋整個夢嗎？讓我們看看是否有足夠的知識承擔這項任務。我當然不會選最模糊的夢境，而會從線索清晰、能夠展示夢一般特點的例子開始。

一位結婚多年的年輕女子做了一個夢：她和丈夫坐在劇院內，正廳前排座位有一半都空著。丈夫說，愛麗絲和她的未婚夫也想來，但是只能以一個半的弗羅林幣[07]買到三個視野不佳的座位，所以沒有來。她覺得他們也沒有什麼損失。

做夢者驗證的第一件事，便是顯性夢境是如何觸及的。丈夫說，與她年紀相仿的愛麗絲訂婚了。這則夢便是她對這個訊息的反應。我們已經知

---

[07]　弗羅林（Florin）是中世紀晚期佛羅倫斯鑄造的一種金幣，基本上是當時地中海西部的通用貨幣。

077

第二章　關於夢

道，許多夢總是能追溯到前一天發生的事情，做夢者也不難這樣推斷。做夢者也說明了顯性夢境中的一些其他資訊。那麼前排一半的座位都空著是什麼意思呢？這裡指的是前一個星期的事情。她想去看一場表演，便提前訂了票，但因為太早買票，所以不得不多繳了優惠稅。她入場之後，發現一半的位子都是空的，才發現不該這麼早就訂票的。如果她提前一天買票，也不至於買不到，她的丈夫因此嘲笑她做事太魯莽。那麼一個半弗羅林幣指的是什麼呢？與前面的關係不同，它與看戲無關，但指的也是前一天的事情。她的嫂子收到了丈夫寄給她的一百五十個弗羅林幣作為禮物，不知道該怎麼花掉，只好像一隻呆鵝一樣，匆匆去珠寶店買了一件首飾。那麼三個位置指的又是什麼呢？她想不出來。我再三強調往愛麗絲身上聯想，她才告訴我愛麗絲只比她小三個月，但她已經結婚十年了。那只有兩個人為什麼要買三張票呢，這不是很荒謬嗎？她什麼也不說，拒絕繼續聯想或提供資訊。

在她短短幾句聯想中，我們已經獲得了足夠的資訊，可以藉此推測出隱性夢境。我們發現她在對夢的敘述中，若干素材中不同部分的共同元素就是時間。她太早訂票、訂得很趕，以至多繳了錢；她的嫂嫂也同樣急著去買首飾，好像不買就會錯過一樣。「太早」、「太趕」在夢裡被一再強調，而只比她小三個月的朋友現在結婚卻也能嫁個好男人，她表達了對嫂嫂的不滿，認為她如此著急實在太蠢了。在精心偽裝的顯性夢境下，我們自然可以得出其中的隱性夢境：

「我這麼早結婚實在太傻了！看愛麗絲這樣，其實我晚一點結婚也能找到好男人。」（做夢者本人購票、以及她嫂嫂買珠寶的行為都很匆忙。看戲替代了結婚，這似乎是中心思想，儘管不太確定，因為做夢者的敘述並不支持對這些部分的分析，但我們仍可以繼續研究。）「我本來可以得到一百倍的嫁妝。」（一百五十個弗羅林是一個半弗羅林的一百倍。）如果我

第七講　夢境的顯性和隱性

們把這筆錢換成嫁妝，就相當於拿錢買丈夫。珠寶和視野不佳的座位代表丈夫。如果「三個座位」和丈夫有什麼關係的話，這種解釋便更加令人信服了，但我們的理解還未延伸到這一方面。我們只能猜測這個夢可能在表達她對丈夫的不屑，以及後悔太早結婚。

在我看來，經過第一輪解夢之後，我們並不滿意結果，甚至更加困惑和驚訝了。太多印象淹沒我們，讓我們難以招架。此夢的解釋並不圓滿。讓我們趕快看看能夠帶給我們新啟發的幾點：

第一，隱性夢境的重點在於強調「匆忙」的因素。顯性夢境完全沒有提到這一點。不分析的話，我們便不會了解這個元素的重要性。因此，潛意識思維的主題和中心，似乎在顯性夢境裡缺失了。正因為這一點，我們需要徹底改變從夢境中得到的原有印象。第二，夢中有一些無意義的組合，比如以一個半弗羅林購買三個座位。在夢中我們能推測出這個意思——（太早結婚）真蠢。你們能否認「真蠢」是從顯性夢境中的荒謬元素裡推出來的嗎？第三，透過比較，我們發現顯性夢境和隱性夢境之間的關係並不簡單，隱性夢境的元素當然無法一直替代顯性夢境。顯性夢境可能代表若干個隱性夢境，或者若干個顯性夢境能代表一個隱性夢境。

同樣令我們驚訝的，是夢的意識和做夢者對它的反應。她承認了我對夢的解釋，卻非常驚奇。她不曉得自己輕視丈夫，也不知道自己為什麼會如此瞧不起丈夫。還有很多難以理解的地方。我認為我們解夢的知識還不完備，還得要再進一步學習、好好準備。

第二章　關於夢

▍第八講　幼童的夢

我覺得我們講得太快了，讓我們稍稍回顧一下。在我最近試著用解夢技術打破夢的偽裝之前，我曾說過我們最好把研究範圍縮小，將範圍限縮在完全沒有偽裝、或者幾乎看不見偽裝的夢上——如果真的能找到這樣的夢的話。但按照這個方法，我們又不免偏離了精神分析的發展過程，因為實際上只有堅持使用解夢方法、徹底分析偽裝後的夢之後，我們才能找到未經偽裝的夢。

我們可以在兒童身上找到這樣的夢。這些夢簡短、清晰、連貫、容易理解、毫不模糊，且沒有爭議。但千萬不要以為所有兒童的夢都是這樣。在童年早期，夢便開始偽裝了。根據紀錄顯示，五到八歲的兒童，他們的夢便開始呈現出成人夢境的特徵。但如果只研究剛開始產生意識心理活動的兒童，即四至五歲的兒童身上，你們將會發現那個時期的夢具有許多幼稚的特點。在比較大的孩子的夢裡，你們偶爾也能發現這樣的特點。即便是成年人，在特定條件下偶爾也會做一些幼稚的夢。

從兒童的夢中，我們可以更容易、更有把握去獲得與夢本質相關的資訊。希望我們研究出的夢的本質可以普遍適用於所有的夢。

1. 我們不需要解夢技術就可以理解兒童的夢。我們也不需要向講述夢境的兒童提問，但我們必須了解兒童的生活。夢是在睡眠狀態下對前一天經歷的心理反應。

下面我會舉幾個例子，以進一步推導。

（1）一個二十二個月大的小男孩要送其他孩子一籃櫻桃當生日禮物。他顯然不想送人，雖然他自己也能分到一些。第二天，他說他夢見「赫爾曼把櫻桃吃完了」。

第八講　幼童的夢

(2) 一個一歲零三個月的小女孩第一次遊湖。船靠岸後，她哭著不肯下船。渡河的旅程對她來說似乎太短暫了。第二天早晨，她說她夢見了遊湖。我們可以揣測她在夢裡遊湖很久。

(3) 一個五歲又三個月的小男孩到達赫施泰因山（Dachstein）腳下的哈爾施塔特湖（Hallstatt）玩。他聽說哈爾施塔特湖在達赫施泰因山下，他對山很有興趣。他在奧塞（Aussee）的家可以遙望達赫施泰因山的美景，也能用望遠鏡看見山上的西蒙尼小屋（Simonyhütte）。這個小男孩一次又一次想在望遠鏡裡看這棟小屋，至於他到底看到了什麼，我們也無從知道。他愉快地踏上了旅程。每遇到一座山，他便問：「這是達赫施泰因山嗎？」被否定多次之後，他開始變得意興闌珊。最後，他完全不說話了，還拒絕爬上一個不高的瀑布。同行的人以為這是因為他太累了，但第二天早晨他開心地說：「昨晚我夢見我們到達赫施泰因山了。」他懷著期待繼續遠足。他曾聽人說過：「還要走六個小時。」

這三個夢足以提供我們需要的資訊。

2. 我們發現兒童的夢不是沒有意義的，兒童的夢是一種有意義且容易理解的心理活動。你們會想起我之前說的醫學上對夢的看法，將做夢比喻為外行人用十根手指亂彈琴。上面舉出的兒童的夢絕對和這個概念自相矛盾。但奇怪的是，兒童能在睡眠時產生完整的心理活動，而成人在相同情況下只能有間歇性的反應。實際上，我們有各種理由斷定兒童的睡眠比成人更深。

3. 兒童的夢不會偽裝，因而不用作過多的解釋。他們的顯性夢境和隱性夢境是一體的。可見偽裝並不是夢原有的特徵。我想這一點肯定讓你鬆了一口氣。但仔細思考之後，我們不得不承認，即便在這些夢中也有微小的偽裝，顯性夢境和隱性夢境之間仍有差異。

4. 白天的經歷留下了某種遺憾、渴望或未滿足的願望，童年的夢便

081

第二章　關於夢

會對此有所反應。兒童的夢直接表達想滿足這種願望。現在請大家回想一下，我們之前討論過，關於外部或內部軀體刺激對睡眠干擾因素，以及它是如何影響做夢者。關於這點，我們已經了解了明確的事實，但這種方式只能解釋極少數的夢。兒童的夢境中沒有任何元素與這種軀體刺激相關。他們的夢簡單直白、容易研究，我們不可能犯錯。一開始，我們只能問，為什麼我們忘了除了身體刺激之外，還有其他干擾睡眠的心理因素？因為我們知道，正是這些因素在干擾成人的睡眠，破壞理想的睡眠品質——與外部世界脫離關係。成人不希望生活被打斷，想繼續做手頭的工作，所以才不去睡覺。兒童以夢反應未達成的願望，這便是干擾兒童睡眠的心理因素。

5. 基於這一點，我們能輕易解釋夢的功能。夢是對心理刺激的反應，夢的價值在於抒發興奮、消除刺激，使人繼續沉睡。我們尚不清楚夢是如何抒發興奮的，但我們注意到夢不會干擾睡眠，甚至有人認為，夢是睡眠的保護者，它的任務是阻止干擾。我們如果認為不做夢會睡得更好，這完全是誤解。實際上，沒有夢的幫助，我們根本睡不著。正是因為有夢，我們才能睡得如此熟。夢不免稍稍打擾到了我們，就像守夜人在趕走匪徒時，難免會弄出一點聲響一樣。

6. 夢的一個主要特點就是源於願望，夢的內容就是達成願望。另一個不變的特點，是夢不僅表達了一種想法，還以幻覺的形式滿足了願望。「我應該在遊湖的」，這個願望讓做夢者興奮，夢中有「我在遊湖」的內容。隱性夢境和顯性夢境的一大區別，就在於隱性夢境的偽裝，這一點在兒童的簡單夢境中也有，即將思考轉化為感受。解夢過程中的第一個要點在於追溯這種轉化。若事實證明這是夢極為普遍的特點，那麼上面提到的夢的片段「我看見兄弟在衣櫃裡」便不能被翻譯為「我的兄弟正在省錢」，而是「我希望我的兄弟省錢」。在我們引用的夢的兩個普遍特點中，第二

點顯然更容易被接納。但只有廣泛調查才能確定引發夢的原因是願望，而不是焦慮、計劃或羞恥；但這並不能改變夢的其他特點，夢不僅再現了刺激，而且透過重新感受刺激，消除、驅散或化解了刺激。

7. 我們也可以再次比較夢與過失以分析夢的特徵。在過失的例子中，我們分析出了一種干擾傾向和一種被干擾傾向，過失是兩者妥協的產物。夢也與這一體系吻合。被干擾傾向只有睡眠。至於干擾傾向，我們則認為是心理刺激，即渴望達成願望，目前為止，我們找不到其他能干擾睡眠的心理刺激。在這個例子中，夢也是一種妥協的產物。我們睡覺的同時，也經驗著發洩慾望；我們滿足願望後，便繼續熟睡。願望和睡覺都互相退讓了一點。

8. 你們可還記得，我們曾想從「白日夢」中某些極易理解的幻象入手，來理解夢的問題。這些白日夢實際上就是達成願望，比如我們的野心或性慾；但白日夢是有意識的，儘管想像得十分逼真，但絕不是幻想。因此，在這個例子中，夢的兩個主要特點雖然不太穩固，但仍然存在。其他特點則被證實完全依賴於睡眠，在清醒的狀態下是不可能存在的。因此，俗語也表達出，夢的主要特點就是達成願望。進一步來說，如果夢中的內容不過是想像重現的一種方式，那麼這種方式只在睡著時才可能進行。換句話說，這就是一種「夜間的白日夢」，那麼我們便知道幻想可以緩解夜間刺激，帶來滿足。因為白日夢也是滿足願望的方式，人們做白日夢的原因也在於此。

不只這句俗語表達了相同的看法，還有其他俗語也有相同的意思。「豬夢橡實，鵝夢玉米」，有人問，「那母雞做什麼夢呢？」「夢見穀物。」這些諺語的對象已經從小孩子降至動物，但仍主張夢的內容是達成願望。許多俗語似乎也表達了一樣的意思——「如此美夢」、「我從未做過如此美妙的夢」、「做夢也想不到」。可見俗語的含義也和我們的見解相呼應。

083

第二章　關於夢

當然也有恐懼的夢、尷尬的夢或無關痛癢的夢,但它們卻沒有被納入俗語中。俗語也承認有「噩夢」,但夢顯然更常與完成美好的願望有關。畢竟沒有任何一則俗語是關於豬或鵝夢見自己被宰殺。

當然,如果說作家從未發現夢能夠完成願望的話,也太令人難以置信了。實際上他們也常觀察到這一層,但從來沒有人承認這是夢的特點,而我們卻將它用作解夢的基礎。很容易就能猜到是什麼阻止他們承認夢的特點,讓我們稍後再討論吧。

你看看!我們幾乎不費吹灰之力便從兒童的夢中獲得了這麼豐富的資訊——夢的作用是保護睡眠;夢源自兩種衝突的傾向,其中一種渴望繼續沉睡,另一種傾向則想滿足心理刺激;夢具有豐富的心理動作;夢具有兩個特徵:達成願望和幻想。我們幾乎快忘了還要做精神分析。除了前面列舉的夢與過失的關係之外,我們還沒看到什麼成果。所有對精神分析一無所知的心理學家,都會對兒童的夢提出同樣的假設,但為什麼沒有人如此解釋呢?

如果只有幼稚的夢,我們的問題便解決了,任務也就完成了。我們不需要詢問做夢的人,不需要觸及潛意識,也不需要考慮自由聯想。請允許我往這個方向繼續研究。我們已經多次看到特徵在一開始似乎都具有普遍性,但隨後發現只有某個或某些夢具備。因此,我們需要判斷,在兒童的夢中發現的共同特點是否普遍適用?探討它們對那些不容易看透、顯性夢境與前一天遺留的願望沒有關聯的夢是否適用?我們認為這些夢被深度偽裝,因此無法從表面上判斷。我們懷疑要解釋這種偽裝,還需要藉助精神分析,而研究兒童的夢則沒有這個必要。

至少還有一種未經偽裝的夢,這種夢就像兒童的夢一樣,能輕易看出它想達成什麼願望。這些夢貫穿一生,源自於身體必要的需求,像是飢餓、口渴和性慾——它們是想完成生理刺激的願望。出於這個原因,我

第八講　幼童的夢

留意到一個年輕女孩的夢，夢裡，她的名字後接了一串菜單上的菜肴名：F·安娜·草莓·蔓越莓·蛋·波倫塔粥……她因為積食，不得不節食一天，接著便做了這個夢，夢裡兩次提到了水果。與此同時，她的祖母（祖孫年齡相加為七十歲）因腎病不得不禁食一天，同一天晚上她夢見自己被邀請赴宴，面前盡是山珍海味。根據觀察，挨餓的囚犯或旅人，常常在夢裡大快朵頤。奧托·努登舍爾德（Otto Nordenskjold）在他的書《南極》（Antarctica）中也驗證了同樣的現象，他和隊員在冬天被冰雪困住了（卷一）：「當時我們的夢強烈表現出了我們的渴望，夢境前所未有的鮮明，也從未如此頻繁地做夢。即便是平常很少做夢的夥伴，也做了長長的夢，早上我們會相互交流夢中的經歷。我們的夢都與距離我們很遙遠的世界有關，但我們卻在其中做著現在做的事。我們的夢都與食物和水有關。其中一人夢見吃大餐，他早上興奮地告訴我們他吃了一頓有三道配菜的飯；另一個人夢見了香菸——堆成小山似的香菸；還有一個人夢見了一艘張滿帆的船在寬廣的海面上航行。有一個人的夢非常特別：郵差解釋他為什麼來晚了。因為他送錯了地址，好不容易才送回來。當然還有人做了更不可思議的夢，但最有趣的是，我的夢和其他人的夢都缺乏想像力。如果將這些夢記錄下來，一定會引起心理學家的興趣。我們每個人都有強烈的願望，夢表露了一切。」我還要引用一段杜·普萊爾（Du Prel）的話。「蒙戈·帕克（Mungo Park）去非洲旅行，當他筋疲力盡時，夢見了家鄉肥沃的山谷和田地。崔恩克（Trenck）在馬德堡（Magdeburg）挨餓時也夢見了自己被美食包圍。喬治·巴克（George Back）參加富蘭克林的第一次遠征時，因為食物匱乏，在瀕臨餓死的情況下，他還不停夢見大餐。」

一個人晚餐吃太鹹時，睡覺時就會覺得口渴，可能會夢見自己在喝水。當然夢無法滿足人們對食物和水的強烈渴望；人如果太渴便會醒來，真的去喝水。在這種情況下，夢的作用微乎其微，但滿足慾望的夢往往能補償相對不緊急的需求。

第二章　關於夢

　　同樣，在性刺激的影響下，能夠帶來滿足的夢非常特殊。比起飢餓和口渴，性慾比較不依賴對象，出於這個特點，夢遺能夠滿足性慾可能是真的。由於前面提及過與對象有關的困難，實際上，慾望是否能被滿足常常與夢的模糊或偽裝的內容有關。正如蘭克（O・Rank）觀察到的那樣，夢遺的特殊性使關於夢的偽裝的研究成果豐碩。但那些兼具源自純粹心理刺激的夢，需要更深入解釋才能被理解。

　　成人出現的幼稚的、滿足願望的夢，我們不應該只視為是對迫切需求的反應。我們還需要了解，這種簡短清晰的夢，有時是因為強而有力的情境引發的，顯然也是心理刺激的結果。例如，在「沒有耐心」的夢中，若某人準備去旅行或看戲、聽講座、拜訪朋友，他就會先夢到這一切，在前一夜先去旅行、看戲或找朋友。抑或「慰藉」的夢，一個人想要多睡一下，就往往會夢見自己已經起床盥洗，或者已經到學校了，而實際上他還在睡覺，也就是說他寧願在夢裡、而非現實中起床。我們在夢的常規結構中發現的睡眠願望，在這種夢中變得更明顯，變成了塑造夢的因素。

　　我想請你們參考慕尼黑薩克畫廊（Schack Gallery）中施溫德（Schwind）的畫，你們可以看到藝術家深信強而有力的情景能夠引發夢境。這幅畫叫《囚徒之夢》（Dream of Prisoner），夢的主題是囚犯越獄。囚犯想從窗戶逃走，陽光從那扇窗中射了進來，喚醒了囚犯。一個一個相疊的侏儒妖神可能代表他爬上窗戶時，接下來得依序做出的動作；最上面那個靠近柵欄的侏儒妖神（囚犯也想靠近柵欄）外形酷似藝術家本人，我認為這不是我的誤解，也不是牽強附會。

　　在除了兒童的夢和幼稚的夢之外，在所有的夢中，偽裝一直阻礙我們的研究。一開始我們無法確認這是否是我們懷疑的願望的滿足；我們無法從顯性夢境中找出它們是源於何種心理刺激，也無法證明它們是在克服刺激、試圖滿足願望。夢仍有待解釋，也就是需要被翻譯。我們必須揭開夢

的偽裝，用隱性夢境代替顯性夢境，才能判斷我們在兒童夢中得出的結論，是否同樣適用於所有夢。

第九講　審查機制

透過研究兒童的夢，我們已經了解了夢的起源、本質和功能。夢透過幻想中的滿足，除去了干擾睡眠的心理刺激。當然，我們只能解釋某一種成年人的夢，即幼稚的夢。至於其他夢，我們一無所知，也無從了解。不過，目前我們的研究已經取得了一定成果，其意義不可低估。每次我們了解一個夢，都證明它是一種幻想中的願望滿足。這並非偶然的巧合，也絕非無足輕重。

我們從多種考慮出發，並與過失相比，推斷出其他類型的夢是對未知內容的偽裝。我們必須先回到夢的內容上，接著調查和理解夢的偽裝。

偽裝使夢顯得奇怪、且無法被理解。我們想要了解偽裝的以下幾點：第一，偽裝的原因；第二，偽裝的功能；第三，偽裝的方法。此時我們可以說，夢的偽裝是「夢工作」的產物。

現在我想請各位傾聽以下的內容。此夢是由業內一位名人的夫人記錄的，她說做夢的人是一位德高望重的年長女士。此夢未被分析，她認為精神分析學家會認為這則夢不需要解釋。做夢者本人也沒有解釋她的夢，但她似乎了解其中的含義，大加批判和譴責。她說：「一個五十歲的婦人怎麼能做這種荒唐愚蠢的夢呢──這個年紀的婦人應該勤快地照顧孩子，而不是胡思亂想。」

下面便是她的「愛役」之夢。「她到了一間軍事醫院，跟保全說她願意來醫院工作，必須找院長談談……（她提到了一個不熟悉的人名）。她強

第二章　關於夢

調服的是『愛役』。由於她是一位老婦人，保全只遲疑了一下便讓她進去了。但她沒找到院長，而是發現自己身處一個昏暗的大房間中，許多軍官和軍醫圍著一張長桌或坐或立。她向一位軍醫表明來意，對方很快明白她的意思。夢中的話是這樣的：『我和維也納無數婦女都準備好照顧士兵、軍人和軍官……』夢裡隨後出現了一些聽不清楚的低語。不過，在場的軍官很快理解了她的意思，她發現他們有些尷尬，還帶著不懷好意的表情。這位婦人接著說：『我知道我們的決定聽起來有些奇怪，但我們絕對是真誠的。沒有人質疑戰場上的士兵赴死的決心。』接著是一段令人窒息的沉默。軍醫摟著她的腰說：『夫人，假設真的……（喃喃之聲）。』她從軍醫的懷抱中抽身說：『他們都一樣！』然後又說：『天啊，我已經老了，從未碰到這種情況；也因為年齡的緣故，一些老女人無法……和非常年輕的男人……（喃喃之聲）……這太可怕了。』軍醫說『我十分清楚這一點』。若干名軍官開始大笑，其中一個在年輕時曾追求過她。這位婦人要求去見院長，因為她認識院長，知道他會安排好一切。這時她驚愕地發現自己竟然不知道院長的名字。儘管這樣，軍醫還是很有禮貌地帶她沿著一段非常狹窄的旋轉鐵梯爬上三樓，直接到了院長的房間。上樓時，她聽見軍醫說：『這是一個十分不簡單的決定，對所有的女性都是，無論她們現在幾歲，讓我們向她們致敬吧！』她覺得自己不過是在履行職責而已，於是走上了看不見盡頭的樓梯。」

她在數週內做了這個夢兩次，這位女士注意到夢的內容幾乎一樣，只有很小或不重要的改變。

這個夢在結構上和白日夢類似，不連貫之處很少，許多地方稍加追問便很清楚，但你們知道，這位夫人並沒有追問下去。不過，對我們來說，這則夢的有趣之處在於其中包含了一些不連貫的地方，做夢者回想不起這些不連貫之處，即內容上的斷裂之處。有三個地方模糊不清，被喃喃之聲

第九講　審查機制

打斷了。由於我們未做分析，所以嚴格來說無權揣測夢的意義，不過也有蛛絲馬跡可尋。例如，「愛役」這個詞彙，以及喃喃之聲前的所有話，都可以用來補足語言中斷之處的意義。我們把話語補全之後，便構成了一種幻想——做夢者準備好奉獻自己，滿足軍隊、軍官和士兵的性需求，並以此為愛國舉動。這當然令人十分震驚。這種幻想有違禮教、淫蕩色情，卻沒有直接出現在夢境中。每當話語將要透露這種意圖之時，喃喃之聲便出現在顯性夢境中，才讓一些話語丟失或被壓抑了。

　　夢中這些地方有著令人震驚的共同點——壓抑的動機，我希望你們能意識到，我們不得不得出這個結論。你們能在什麼地方找到類似的例子呢？近來有許多例子。隨手拿起一份政治報紙，你們會發現文章刪減了許多。你們知道這是因為報紙審查制度。審查權威機構不希望刊登某些言論，於是責令刪去。你們覺得這很遺憾，因為其實這些地方本來是最有趣的和「寫得最好」的部分。

　　但作者已預見到，審查機制可能會封禁某些內容，便以修飾、影射或暗示的手法軟化了語氣。雖然新聞中沒有缺字，但在某些含蓄隱晦之處，我們可以猜測作者在落筆前內心已經審查過一番了。

　　根據這個類比，我們可知夢中省略的語句、或偽裝成喃喃之音的地方，一定是審查制度的犧牲品。實際上，我們將夢的偽裝部分歸因於夢的審查機制。顯性夢境中的不連貫之處，都是因為審查機制。我們應該繼續研究，因為每當審查機制運用時，夢的元素都會特別微弱，做夢的人都只能模糊地回憶起夢境。然而無論如何，經過審查的夢境很少能夠像在「愛役」裡那麼直白。審查機制往往會透過第二種方式運用，比如弱化、迂迴、暗示，而不是直接表現。

　　關於第三種審查機制，我無法拿報業的審查制度類比，不過我們目前分析過的夢例可以加以說明。你們應該還記得「一個半弗羅林幣購買三個

第二章 關於夢

視野不好的座位」的夢。「匆忙」、「太趕」這些元素出現在隱性夢境中,意思是說「這麼早結婚太蠢了,就像太早買票一樣;嫂嫂這麼急著買首飾,真是可笑」。我們在顯性夢境中找不到這樣的中心元素。顯性夢境的重點在於看戲買票。夢的元素有這樣一個重心轉移和重組的過程,於是顯性夢境便大大不同於隱性夢境了,以至於沒有人能從顯性夢境中推測出隱性夢境。重心轉移是夢最喜愛的偽裝手段之一,它替夢境營造出了一種奇怪的感覺,讓做夢的人不願意承認自己的夢。

對素材的省略、修飾和重組既是夢的審查機制的結果,也是偽裝的手段。我們現在所研究的偽裝出自審查之手,或者至少正在運用。我們已習慣於將修飾和重組總結為「替代」(displacement)。

以上便是夢的審查機制的效果,現在讓我們轉而研究它的動因。我希望你們不要把這個詞看得過於擬人化,將夢的審查者視為一個住在腦中小隔間中的小矮人,嚴格執行職責,也不要試圖硬性確定它的位置,以為有一個「腦袋中樞」正在審查,如果中樞損傷或被摘除,審查便隨即停止。目前,「審查機制」這個詞不過是一種「動態關係」的方便稱呼。這個詞不能阻止我們探究:這種影響的實施者和接受者的目的是什麼?我們也不免驚訝,我們早就接觸過夢的審查機制了,只不過當時未能發現而已。

事實就是這樣。你們還記得一開始應用自由聯想技術時的驚人經歷嗎?那時我們感到了某種「阻抗」,妨礙了我們從夢的元素深入探究潛意識元素。我們認為這種阻抗的強度可能不同,有時較大,有時較小。阻抗較小時,我們只需要跨越少數幾個過渡步驟便能開始解夢;但阻抗過強時,我們不免離研究越來越遠,不僅要經過一長串聯想,還需要克服聯想帶來的種種反彈。我們在解夢遇到的阻礙必須被視為夢的審查機制。審查的力量不會因為引發夢的偽裝而削弱,而是一個永久的機制,目的在於維持已經形成的偽裝。此外,正如遭遇的阻抗大小各不相同,審查機制在同

第九講　審查機制

一個夢中對不同元素產生的偽裝也是不同的。如果將此與隱性夢境比較，我們可以發現某些單獨的隱性元素實際上已經被消除了，另一些或多或少有所修改，但仍有一些未經改變。

但我們希望能夠研究出施行審查的傾向，接受審查的又是哪種傾向。這個問題對理解夢、乃至理解人類生活都至關重要。如果我們仔細觀察分析過的一系列夢，可能很容易就能發現問題的答案。審查的傾向，就是做夢者清醒時讚許和認同的傾向。當你拒絕分析自己的夢時，會明確地感知到這種傾向。你正在做著和夢的審查機制一樣的工作，審查的動機引發了偽裝，進而使夢需要被闡釋。還記得那位五十歲的婦人嗎？在尚未做出任何解釋之時，她就覺得自己的夢很不正常，一旦知情人士告訴她其中的含義，她一定會更加震驚。正是由於她內心的批判，夢中令人震驚的地方才被喃喃之聲取代了。

其次，我們可以利用內心批判的觀點來描述夢的審查作用反抗的傾向。我們知道這些傾向具有令人不快的特質，從倫理、美學和社會角度看都令人驚駭。人們甚至連想都不敢想，或者一想到就憎惡。這些受到審查的夢以偽裝的形式在夢中表現出來，是一種自我不受約束、肆無忌憚的表現。實際上，在每個夢中，自我都是主導者，即便其可以在顯性夢境中成功偽裝自己。夢的「神聖主義」（sacro egoismo）的確和睡眠時心理活動中止的狀態——即對整個外部世界不感興趣的狀態——不無關係。

對性的渴求長期受到我們的美育譴責，而夢則展現出抗拒一切道德約束的特色。而對快樂的追求，我們稱之為「原慾」（libido），它能不受約束地選擇對象，喜歡一些被禁止的事情。它不僅覬覦別人的妻子，還對人類準則中被視為神聖不可侵犯的對象有非分之想——母親和姊妹、父親和兄弟。甚至連那位五十歲老婦人的夢都呈現出亂倫的傾向，夢的「原慾」準確無誤地指向了她的兒子。我們認為遠離人類本性的願望強大到足以引

第二章　關於夢

發夢。憎惡也開始肆無忌憚，報復或謀殺最親密的人，這在夢中並不罕見，而傷害的對象往往是平時最愛的人，比如父母、兄弟姊妹、配偶和孩子。這種被被禁止的願望好似由惡魔引起，若我們在清醒狀態下解讀這種夢，則必然會經過我們最嚴厲的審查。

但不要因為邪惡而去譴責夢。別忘了，夢還有保護睡眠不受打擾的功能。這種邪惡並不是夢的本質。你們也知道，有些夢可以被視為對合理的願望、以及能滿足身體緊急需求。這些願望當然沒有經過偽裝，它們也無須偽裝。這種夢無須觸犯自我的倫理和審美傾向便可以被滿足。你們應該也記得偽裝的程度，和下面兩個機制的關係。從一方面看，願望越為審查所不容，偽裝越多；從另一方面看，特定時間的審查越嚴厲，偽裝就越多。家教嚴格的年輕女子，常透過一種嚴格的審查機制偽裝夢中的衝動；但在醫生和十年後的她本人看來，這些慾望其實是可以被允許的無害「原慾」。

此外，解夢研究還沒有得到讓我們震驚的結果。我想我們尚未對解夢有充分的了解；不過我們首先應該保護它不受某種攻擊。人們總是苛刻看待這個研究。我們的解夢研究建立在最近才被認可的假設上，即「夢是有意義的」；由催眠而得的潛意識心理活動可用以解釋常態的睡眠；一切聯想都是預先安排好的。如果我們基於這些假設得出可信的結果，便有理由推斷假設是正確的。但如果結論是我勾勒出的圖畫，那又會如何呢？我們自然會說：「這些結果的假設有問題。要麼就是夢根本不是心理現象，要麼就是在正常狀態下潛意識沒有心理活動，或者我們的技術有瑕疵。這樣的說法，不是比接受我們基於假設得出的可憎結論更加簡單和完滿嗎？」

確實，既簡單又完滿。結論簡單、完滿，但不一定正確。讓我們緩一下，現在還不是判斷的時候。首先，我們的解釋可能會引來更強烈的批評。其次，結論使人非常不快和難以接受。做夢者面對我們在解夢時指

第九講　審查機制

出的願望傾向，往往會強烈反駁，言之鑿鑿地斷然駁斥我們的解釋。「什麼？」做夢者說，「你想用夢證明我不願意花錢給妹妹嫁妝，不願出錢讓弟弟上學？才不是這樣！我為了妹妹努力工作。作為哥哥，我的生活就是對妹妹盡責。我向母親保證我會盡心盡力。」女人會說：「你是說我希望丈夫去死！為什麼？這太噁心了，胡說八道！我們的婚姻非常幸福。你可能不信，但他死了我便什麼都沒有了。」或另一個人說：「你是說我對妹妹有非分之想？太可笑了！我根本不喜歡她。我們好久沒聯絡了，好幾年都沒說話了。」如果做夢者既不承認、也不否認那些本屬於他們的傾向，我們可以不為所動。我們可以說這些是他們自己沒有意識到的東西。但如果做夢者覺得他們的想法與我們提出的傾向正相反，並且極力證明這種相反的傾向具有說服力，那麼我們便只得知難而退了。研究結果將變得很荒謬，我們是否應該此時放棄整個解夢研究呢？

　　不，現在絕不是放棄的時候。我們只要深入批評，他們的反駁便不攻自破了。假定有潛意識存在，那麼被試者便無法證明相反的傾向主導了他們的意識。也許相反潛意識存在的必要條件，正是強而有力的衝動。前兩種反對意見，只表明了解夢的結果並不簡單，同時也令人極為不快。對於第一個反對意見，我想說，不管你們多麼喜歡簡單的解決方法，也無法據此解決任何一個夢的問題。想要解決問題，你們必須下定決心接受這個複雜的事實。對於第二種反對意見，我想說，你們用喜歡與否作為科學研究的基礎明顯有問題。解夢的結果令人不快，甚至尷尬、噁心，又有什麼關係呢？我年少行醫時，曾聽我的老師沙可（Charcot）如此教誨：「這無法阻止它們存在的事實。」如果我們想要發現真實的世界，就必須謙虛一點，把個人好惡置之度外。如果一位科學家向你證明，地球上的生物快要全部滅絕了，你敢不敢說：「不可能，因為這太令人不舒服了。」我想你會閉嘴，直到另一位科學家證明他的假設和計算有誤。如果你們拒絕去面對不

第二章 關於夢

愉快的事情,那麼你們便是在重複夢境形成的機制,而並非在試圖理解和掌握它。

對於被審查的夢,其中的願望令人厭惡這件事,你們也許會承諾不會繼續放在心上,而提出另外一種反對意見——人類不會如此「邪惡」。不過根據經驗,你們認為這個假設合理嗎?我且不討論你們對自己的評價如何,但或許是因為你們見過更有美德的人、善良的對手、彬彬有禮的敵人、毫無嫉妒的夥伴,所以才覺得能夠駁斥人性本惡的觀點嗎?你們難道不知道,人類在性事上的報復心是多麼難以控制和不可信賴?你們難道不知道有人在光天化日下犯了一些不道德的的罪行嗎?精神分析學家的研究驗證了柏拉圖的古老格言:惡人親往犯法,止於夢者便為善人。

現在,請把目光從個例轉向蹂躪歐洲的那場大戰吧。想一想瀰漫在各個文明國度間的暴戾和詐欺。你們真的認為罪魁禍首是少數沒有良心的墮落和腐敗之人嗎?其餘的追隨者不也難辭其咎嗎?在這種情形下,你們還敢力辯人性不惡嗎?

你們會指責我只看到了戰爭的一面,會指出人類在戰爭中也有世界上最美麗、最偉大的舉動,比如英雄氣概、自我犧牲和社會情感等。誠然如此,但請不要犯了你們常常指責精神分析存在的錯誤——肯定一個方面,否認另一個方面。我並不想否認人類本性的偉大,也從未說過任何貶低其價值的話。相反,我不僅向你們展示了被審查的邪惡願望,還揭開了壓抑和隱密的審查機制。正是因為有人否認人類的惡,我們才會如此強調這點。如果我們繼續否認性惡,人類也不會變善良,只會變得更加難以理解。一旦我們放棄了這種單方面的倫理顧慮,便能對人性善惡的關係建立起更加完善的理論。

問題就是這樣。解夢雖然奇特,但我們不能因此而放棄研究。也許透過其他方法,我們可以更深入夢境。現在讓我們再次說明研究成果:夢的

偽裝，是源於自我認可的傾向，審查睡眠時出現的惡念。為什麼這些願望的衝動只在夜間出現，它們來自哪裡——這些問題有待於進一步研究。

不過，如果不適當強調這些研究的另一項結果，那也不對。夢中試圖干擾我們睡眠的願望是隱晦的，實際上我們先是透過解夢才知道它們的存在。所以我們將其描述為「當時在潛意識中」。正如許多例子展示的那樣，做夢者一定會否認這些願望，即便他們透過解夢了解到有這些願望。我們最初在「打嗝祝主管健康」的口誤中也分析出了這種意圖，當事人聽到我們的解釋後非常憤怒，堅稱他自始至終沒有對主管有過不敬的想法。在每個被顯著偽裝的夢中，我們透過解夢技術都可以得出類似的結果，這一點對我們的研究極為重要。我們再一次推斷心理生活中存在著為我們不知道的機制和傾向。我們不曾明白、也永遠不會明白它們是什麼。因此潛意識便被賦予了一層新意義，重點不是「當時」或「特定時段」，因為它「永遠都是」潛意識，而不僅只有當時是「隱性」的。我們後面的講座將更進一步探究這一點。

第十講　象徵機制

我們已經發現夢的偽裝，即干擾我們理解夢的元素是因為審查。審查促使我們拒絕接受無意識的願望衝動。當然，我們並非堅稱應將夢的偽裝單單歸咎於審查機制，在未來的研究中我們可能會發現導致這一結果的其他因素。也就是說，即便夢的審查機制被去除，我們也可能無法理解夢。夢的真實模樣並不等同於隱性夢境。

除了偽裝，解夢技術的不連貫也成為夢不易被理解的另一個原因。被分析的對象對於夢的某些元素無法產生任何聯想，我已經承認了這一點。

第二章　關於夢

但如果我們繼續要求做夢者聯想，他們也不會堅稱自己什麼也無法聯想到，而的確會想起一些什麼。但在某些例子中，即便我們堅持，被試者也無法像我們期望的那樣告知我們他聯想到了什麼。如果精神分析治療中出現這種情況，一定有特殊的意義，但我們暫且不在這裡討論。在分析正常人的夢或分析我們自己的夢時，也會出現這樣的情況。在這種情況下，因為無論如何敦促被試者都沒用，我們才了解：不愉快的偶發事件常常出現在某些夢的元素中。我們原以為這是解夢技術的特例，現在才知道正式它構成了某種新規律。

由此，我們試圖自行解釋和翻譯無法引發聯想的夢。每次我們嘗試自行解釋時總能得到滿意的結果；而只要不用此法，夢便失去了意義，變得破碎而不連貫。我們在一開始嘗試時本來不太自信，但隨著類似例子的越來越多，我們也越來越有自信了。

我現在以簡略的方式闡述了全部的例子。若是出於教學的目的，這是被允許的，因為我只需要簡化問題，而不是引起誤會。

我們以這種方式為夢的所有元素定下了固定的翻譯，就像我們在當下流行的關於夢的書中找到的夢的翻譯一樣。但請不要忘了，在聯想技術中，我們從未發現夢的元素有固定的替代物。

你們會說這種解夢方法比之前的自由聯想更加不可信，進而提出反對意見。我們透過經驗收集到足夠多這種替代物之後，便會發現解夢有時不需要運用自由聯想，只需依據我們自己的知識便夠了。在後半部分的分析中，我將會提到促使我們意識到夢境意義的事實。

我們可以把夢的元素和夢的解釋之間的固定關係稱作象徵關係。夢的元素本身就是無意識思維的一種象徵。你們還記得之前研究夢的元素及其隱喻關係時我指出的三種關係嗎？前三種是以部分取代整體、暗喻和意象。當時我說還有第四種關係，但並未指明。現在我們提出的象徵便是第

第十講　象徵機制

四種關係。關於這一點，我們在提出對象徵的特殊觀察前，可以先針對這個問題做一些有趣的討論。象徵機制也許是關於夢的研究中最有價值的部分。

首先，因為象徵是一種永久的翻譯，所以有一些象徵機制與古代和現代流行的解夢觀點吻合，但我們的解夢技術並未接觸古人和現代的解夢觀點。象徵機制使我們不用詢問做夢者就可以解釋某些夢，雖然其實做夢者也無法解釋象徵的含義。如果解夢者了解普通夢的象徵，便可以輕易從夢中了解做夢者的人格、後來的生活環境和做夢前獲得的印象——就像兩人一見面就能翻譯了。這種技巧讓解夢者滿意、讓做夢者嘆服，比一般交叉檢驗做夢者的繁瑣套路輕鬆愉快很多。但別誤解我的意思，這不是一種「把戲」。奠基於象徵機制的解夢方法無法取代自由聯想技術，甚至無法與它相提並論。即使象徵是一種對自由聯想技術的補充，但它所得出的結果也只有和自由聯想並用才能奏效。至於對做夢者心理情境的熟悉程度，必須考慮到你們不可能只為熟悉的人解夢。對於陌生人來說，你們不可能了解前一天刺激他們做夢的情境，而被試者的聯想能夠讓你們了解他的心理情境。

進一步來說，夢和潛意識之間的象徵關係，引發了最激烈的反對，我們將在稍後討論。許多人的判斷和觀點都不支持象徵機制，即便他們在精神分析的其他方面已經有長足的進步。更引起關切的是：第一，象徵主義既不是夢特有的，也不是夢的特點；第二，精神分析雖不乏創見，但象徵主義並非精神分析首創。如果我們堅持從現代尋找源頭，可以發現哲學家K·A·施爾耐（K. A. Scherner）在西元 1861 年首次提出了夢的象徵機制。精神分析學家肯定了他的發現，但大幅度的修改。

現在你們一定渴望能從一些例子中了解象徵機制的本質。我很高興能與你們分享我掌握的知識，但我承認我的知識可能不如各位預期的那樣豐富。

第二章　關於夢

象徵關係的本質是一種比擬，但又不似任何比擬。我們一定覺得這種象徵的比擬受到某些特定條件的制約，卻尚未指明這些條件是什麼。並非夢中的所有物品或情境都是象徵；從另一方面看，夢也不會象徵我們選擇的任何東西，夢只能象徵夢境思維中的特定元素。所以我們從兩方面來看都有所局限。我們也必須承認，目前對於象徵的概念還不能指出明確的界限，因為它易被替代、戲劇化，甚至暗喻混淆。在一系列象徵中，基本的比擬很容易理解。而從另一方面看，有些比擬會引起人們的質疑──哪裡相似？我們需要尋找一些「過渡性」比擬。更仔細考量之後，我們可能會發現這種「過渡性」的比擬，也可能找不到。此外，如果象徵是一種比擬，自由聯想卻無法揭示比擬，那麼說明做夢者本人不知道它的存在卻使用了它。實際上，在我們指出比擬的時候，做夢者甚至不願意承認它的是有效的。所以你可以發現象徵關係是某種非常特別的比擬，我們還不清楚它的起源，也許之後我們會得到新的資訊。

在夢中，以象徵來代替的事物為數不多，比如人體、父母、孩子、兄弟姊妹、出生、死亡、裸體和其他。施爾耐指出，房屋常象徵整個人體。他試圖賦予房屋過高的重要性。一個人夢見自己沿著房屋的牆面攀緣而下，有時感到興奮，有時感到恐怖。男性夢見的牆面是完全光滑的，女性夢見的牆面則有壁架或陽臺可供抓握。夢中的國王、皇后或其他地位尊貴的人代表父母。在前兩種夢中，做夢者的態度往往十分恭敬。但做夢者對待孩子和兄弟姊妹的態度就不那麼溫柔了，他們的象徵物是小動物或害蟲。與水有關的夢常象徵出生，做夢者要麼是一頭撲入水中，要麼是從水裡爬出來，或是從水中救人，或是自己溺水被救出。這些都象徵了母子關係。垂死的象徵為搭火車去旅行，而死亡的狀態則用種種隱晦的暗喻表示。衣服和制服反而代表裸體。由此可見，象徵和暗喻逐漸失去了嚴格的界限。

第十講　象徵機制

　　與上述寥寥無幾的例子相反，另一個領域中豐富的象徵令人驚訝。這個領域便是性生活，如生殖器、性交等。在象徵中性的象徵占了絕大多數。這個比例很不合理。被象徵的事物數量很少，象徵卻極為豐富，所以每一種事物各有許多意義相同的象徵。在解夢中，我們有些觀點令大眾排斥。與五花八門的夢不同，象徵的解釋是一成不變的——這會令所有人不快，但又有什麼辦法呢？

　　由於這是我們第一次提及性生活，所以我必須告訴各位這個領域的研究方法。精神分析不會隱瞞任何事，我認為討論性這個重大問題無須感到羞恥。以正確的名稱稱呼所有事物都是恰當且體面的，也能夠盡可能遏止一切干擾和淫穢的思想。在座雖然有男有女，但我一律平等對待。

　　男性生殖器在夢中有許多不同的象徵，就大多數而言，其相似性極具啟發意義。首先，神聖的數字三是整個男性生殖器的象徵。而對兩性來說更引人注目也更有趣的部分——陽具，其象徵替代物有這些，比如長而直的物體，手杖、傘、木棍、樹幹等。陽具還常透過具有穿刺性和傷害性的物體來象徵，比如各類武器：刀、匕首、長矛、劍，還有火器、槍砲、手槍、左輪手槍等。後者在形狀上和陽具非常相似。少女在焦慮的夢中往往被佩刀或槍的男人追逐。這也許是最容易理解的夢的象徵了。有時陽具會以水流出之物象徵，這也很容易理解，比如水龍頭、水壺或噴泉，也會以延長之物象徵，比如吊燈等。鉛筆、筆桿、指甲刀、錘子和其他器具都是男性的象徵，這很容易理解。

　　高舉的陽具因有違反地心引力的特徵，所以氣球、飛機，以及最近出現的齊柏林飛船也成為它的象徵。但在夢中勃起還有另一種象徵，這種象徵使得性器官成為人體不可分割的一部分，即象徵自己正在飛翔。請別被夢中美好的飛翔場景迷惑了，它其實是性器官興奮的象徵，即陽具勃起。精神分析學生 P・費德恩（P. Federn）曾證實過這種解釋。以冷靜著稱的莫

第二章　關於夢

利・伏爾德（Mourly Vold），曾做過相關的實驗。雖然他反對精神分析，也許根本沒有聽說過精神分析，但他的研究也得出了與我們相同的結論。我並不是在說女性不會做飛翔的夢。記住，我們認為夢是一種願望的達成，女性在夢中總是有意無意地表達出想要成為男性的願望。透過感受相同的感官刺激，女性可以實現這個願望。希望這樣說不會引起熟悉解剖學的人的誤解。女性的身體上有一個類似男性生殖器的小器官，即陰蒂。它在女性有性經驗前、甚至在童年的時候，有著與男性的陽具相同的功能。

爬蟲類和魚類也是男性性器官的象徵，最著名的要屬蛇，這似乎就沒那麼好理解了。帽子和斗篷也被視作這種象徵，這有些難以理解，不過其象徵意義確實是無可辯駁的。最後，你們可能會問，一些男性性器官的替代物是否可以被當成象徵。我認為，依據情境和女性性器官的替代物，結論會是肯定的。

女性生殖器以一切具有空間性和容納性的物體作為象徵，比如坑、穴、洞、罐、瓶、盒、箱、包、口袋等，船也是。許多象徵代表母親的子宮，而不是女性生殖器，比如碗櫥、爐子，尤其是房間。房間的象徵和屋子的象徵有關，門和入口成為陰部的象徵。各種材料，如木頭和紙張，以及由這些材料製成的桌子和書等，也是女性的象徵。至於動物，蝸牛和貽貝毫無疑問是女性的象徵；身體的部分，如嘴也是陰部的象徵；而教堂和禮拜堂則是結構性的象徵。如你所見，不同的象徵理解起來的難易度不同。

性器官還包括乳房，女性的乳房和臀部以蘋果、桃子等水果為象徵。兩性生殖器部位長的毛髮在夢中以樹林或草叢的形象出現。女性生殖器官比較複雜的區域，常表現為峭壁、樹林和水的風景；而男性生殖器的構造則常被象徵為各種複雜而難以描述的機械。

女性生殖器還有一個值得注意的象徵——珠寶盒、珍珠和寶貝在夢

中常代表心愛的人；糖果常在夢中代表性快感。生殖器得到的快感，在夢中表現為各種遊戲，這其中必定包含彈鋼琴。手淫的典型象徵是滑動或擼動，還有折斷樹枝。在夢中尤為特殊的象徵——掉牙齒或被拔牙，也是手淫的象徵。當然最直接的解讀，就是這是以閹割作為手淫的懲罰。性交的特殊象徵沒有我們期望的那麼多，但也可舉出一些例子：有節奏的活動，比如跳舞、騎馬、爬山都可以被解讀為性交；此外還有恐怖的經歷，比如被踐踏；甚至還包括一些人為的活動，比如被人持刀威脅。

你們可不要認為這些象徵的用途和轉化都非常簡單。總會不斷發生各種意外。例如，令人難以置信的是，兩性象徵之間的差異往往沒那麼明顯。許多象徵代表普遍意義上的生殖器，不分男女，例如小寶寶、小男孩和小女孩。男性象徵有時也用在代表女性生殖器上，反過來也成立。我們只有掌握了人類性徵的發展規律，才能理解這一點。就許多例子而言，象徵似乎模稜兩可，實則不然。武器、口袋、盒子等永遠不可能為兩性互用。

現在我想從象徵的視角、而不是被象徵的視角總結，以表明性象徵的起源，再稍加說明那些普遍難以理解的象徵。這種象徵可以是帽子，或頭戴的東西。帽子通常被當作男性的象徵，但有時也象徵女性。同樣，披風代表男性，但並不是總專指男性生殖器。這究竟是什麼緣故，你們可以自由提問。下垂的領結女性不會佩戴，毫無疑問應該是男性的象徵；而白色衣物、亞麻織物則是女性象徵。正如我們所見，衣服、制服是裸體的象徵。鞋子或拖鞋則是女性生殖器的象徵。正如前文所述，桌子和木頭是女性的象徵，儘管這讓人有些困惑和不確定。爬樓梯、登山和登樓顯然是性交的象徵。仔細考慮一下，我們可以發現兩者在運動的節奏上有相同的特徵——隨著高度增加，也越來越興奮，呼吸越來越急促。

我們已經說過，自然風景是女性生殖器的象徵。山和峭壁是男性生殖

第二章　關於夢

器的象徵；花園常代表女性生殖器的象徵。水果象徵的不是小孩子，而是乳房。野獸表示性慾高漲的人，或者象徵本能衝動和激情。花卉代表女性生殖器，特別是處女的生殖器。別忘了花朵本來就是植物的生殖器。

我們已經了解房間的象徵意義。這個象徵還可以繼續延伸。窗戶和門，即房間的入口和出口，便成了陰部的象徵。房間是打開的還是關閉的，屬於象徵的一部分，打開房間的鑰匙當然就是男性的象徵。

這些素材可以用於研究夢的象徵機制。素材並不完整，有待我們進一步深化和延伸。但我認為這樣已經夠了。也許你們會遲疑：「難道我真正的生活是在性象徵之中嗎？我周圍所有物體、身上的衣服、觸碰到的物品難道都是性象徵嗎？」這種疑問不無道理。首先，「做夢者本人無法提供更多關於夢的象徵訊息，或者最多只能提出一些不完整的線索，我們該如何尋找它們的意義呢？」

我的回答是：「我們的知識來源廣泛，比如神仙故事和神話、玩笑和喜劇、民間故事，以及各民族的風俗習慣、格言和歌曲，還有詩歌的俚語等等。到處都有相同的象徵，其中許多意義無須進一步訊息便可以理解。如果我們將這些來源分開、單獨研究，便可發現它們與夢的象徵機制有許多共同點，從而使我們不得不相信解釋是正確的。」

我們曾經說過，根據施爾納的研究，在夢裡，房屋常常作為人體的象徵。若將加以延伸，窗戶、門和入口都可以作為進入體腔的象徵，而房屋的正面可以是光滑的、也可以有陽臺和壁架供抓握。在解剖學中，身體的開口處有時被稱為「戶」或「門」，比如陰部、幽門等。

夢中的帝王和王后常象徵我們的父母，初次在夢中見到這個場景，總不免驚訝。但我們確實能在神話故事中發現相似的東西。許多神話的開頭是：「古時候有一位國王和他的王后。」這難道不是在說「曾經有一位父親和母親」嗎？我們把家中的孩子稱為「公子」，長子稱為「太子」。國王通

常自稱為「國父」。

我們再回過頭來說房屋的象徵。我們在夢裡常攀爬房屋突出的部分，這恰好符合一句俗語——我們說胸部豐滿的女人「有能讓我們攀登的地方」；俗語還有另一種類似的表達——「她的屋子前有許多木材」。在我們知道木材是女性和母性的象徵後，便更容易理解這句俗語了。

除了木材之外還有其他類似的象徵。我們可能不明白它們是怎麼象徵女性和母性的，比較不同語言可能會有所幫助。據說德語的木材（Holz）源自希臘語中的原料（hule）。由原料的通稱變成一種特定的名稱，這種演變很常見。大西洋有一個叫馬德拉（Madeira）的島嶼。葡萄牙人之所以這樣命名，是因為他們發現這個小島樹木叢生。西班牙語的樹木是「Madeira」。不過你們也能發現，這個詞是由拉丁語詞彙（materia）稍稍變化而來的，原意為材料，這個字的字根（mater）意為母親（mother）。材料可以被視為製作物的母親。我們在木材對女性和母親的象徵中，仍然可以看出這些古老含義的影子。

夢中常用與水有關的事物象徵出生。撲入水中或者從水裡出來，意味著生產或出生。請不要忘了，這個象徵指兩種演化：不僅包括人類祖先在內的一切陸生生物都是由水生生物演化而來——這是終極事實——而且每一種哺乳動物，包括人類，在一開始的時候都生活在水中——人類的胚胎生活在母親子宮的羊水裡，分娩時我們就會從水中出來。我自然不主張做夢者知道此事，而且我認為他們也沒必要知道。做夢者小時候也許聽別人說過此事，但我堅持認為這些知識與象徵無關。也許小時候別人會告訴他，他是被白鸛銜來的，但白鸛又是從哪裡得到嬰兒呢？要麼是從湖裡，要麼是從井裡——總之是從水裡。我的一位病人小時候（那時他是一位小伯爵）聽別人這麼說後，難過了一個下午。最後，人們發現他趴在湖邊，小小的臉蛋看著湖面，凝視著湖底，想看一看裡面究竟有沒有小孩。

第二章　關於夢

蘭克曾比較過神話英雄的降生 —— 最早是阿卡德（Akkad）的薩爾貢大帝（King Sargon of Agade），約在西元前 2800 年 —— 他被拋棄在水中，又從水中得救。蘭克認為這是分娩的象徵，其原理和夢的機制類似。某人在夢中從水裡救起另一個人，便是他的母親、或任何人的母親。在神話中，拯救溺水孩子的人，總宣稱是他的生母。在一則有名的笑話中，一個聰明的猶太男孩被問到誰是摩西的生母？他脫口而出：「公主。」但問的人說，不對吧，公主不過是從水中救起他。「所以說那就是她呀。」男孩回答。可見他從神話中找到了正確的解釋。

夢見出發去旅行是死亡的象徵。類似的情況還有在幼稚園裡，孩子問去世的人去哪裡了，保母會告訴孩子那人「到了很遠很遠的地方」。但我不認為夢的象徵起源於保母為了照顧孩子的心理而使用的委婉詞彙。詩人也使用類似的象徵，將死亡說成「從未有旅人歸來的烏有之鄉」。在日常生活中，人們也習慣於把死亡說成是「最後一程」。每個熟悉古代祭禮的人都知道葬禮應該要多麼隆重，比如埃及人對死後旅行的寫照。現存有許多木乃伊的〈死者之書〉（*Book of the Dead*），這是埃及人死後的旅行指南。由於他們的墳墓總是在很遠的地方，所以也算是所言不虛了。

性象徵也不僅出現在夢裡。《新約》說：「女人是脆弱的器皿。」猶太人的聖經風格接近詩，裡面充滿了具有性象徵意味的表達方式，我們很難準確理解它們。例如，《雅歌》（*Song of Songs*）便有許多會使人誤解的地方。後來的希伯來文學也常常將女人比作房屋，門成了生殖器的入口。譬如男子發現妻子已不是處女，便說他發現「門已經開了」。希伯來文學中也將桌子象徵女人。婦人描述她的丈夫，「我替他擺好桌子，他卻把桌子翻過來了」。跛腳的孩子之所以跛腳，是因為男人掀翻了桌子。這些例子都援引自布倫的 L·里維（L. Levy）的《聖經和猶太人法典中的性象徵》（*Sexual Symbolism in the Bible and the Taimud*）。

船在夢裡代表女性，語言學家也認同這個觀點，他們認為「船」的原意為泥製器皿，與德語的「木盆」(Schaff) 為同一個詞。希臘神話中科林斯人佩里安德 (Periander) 與妻子的故事證明火爐或烤爐是女性和子宮的象徵。據希羅多德所說，暴君很愛他的妻子，但卻因為嫉妒殺了她。之後，他看見妻子的影子，並要求對方證明身分。亡妻提醒佩里安德「把麵包塞進冷卻的火爐裡」，以此證實自己的身分。這是一句隱語，旁人無法理解。F·S·克勞斯 (F. S. Krauss) 出版的《人類生活百態》(Anthropophyteia) 為各種民族的性生活提供了全面的資料。我們從中了解到，德國某地將生產說成「她的爐子壞了」。生火和有關燃燒的事情充滿了性象徵意味。火焰通常是男性生殖器，火爐或壁爐則是女性的子宮。

如果你們常常驚訝於為何自然風貌在夢中代表女性生殖器，那麼讓神話告訴你們大地之母在象徵和古代宗教儀式中的地位吧。至於夢裡「以房間代表女人」的起源，則可以追溯到德國的一句俗語，德語以 Frauenzimmer（意思是女人的房間）代表 Frau（意思是女人），也就是說以住所代表人。同樣 Sublim Porte（土耳其宮廷）意指蘇丹及其政府；而古埃及法老也有「宏偉宮廷」之意（在古代東方，兩道門之間的宮廷是集會的地方，像是希臘羅馬時期的市場）。不過，我認為這種追溯實在太膚淺了。在我看來，房間有「人的周圍空間」之意，所以才被用來象徵女性。我們已經知道房間有此含義，依據神話和詩歌，我們也可以將城鎮、城堡、堡壘、砲臺作為女性的象徵。在不說德語和不懂德語的人的夢中，我們能夠輕易看出這一點。近幾年，我的患者主要是外國人。據我所知，他們也用房子代表女性，在他們自己的語言中甚至也有類似的比喻。還有一些跡象表明象徵可以超越語言，這是研究夢的舒伯特 (Schubert) 在西元 1862 年發現的。不過由於我的所有外國患者都略懂德文，所以這個問題只好留給能夠收集到只懂一門其他語言的患者資料的精神分析學家了。

第二章　關於夢

　　笑話、詩歌，特別是古希臘和古羅馬的詩中有大量的男性生殖器象徵。我們不僅在上面提到的夢中能見到此類象徵，而且在各種表演、尤其在咒語中也能見到。關於男性生殖器的象徵，範圍很大、爭論頗多，我們為了節約時間，暫且不討論。我僅想對「三」這個數字略說幾句。這個數字是否由於其象徵意義而變得神聖，我們暫不討論。但在大自然中，許多由三部分組成的事物是由於它們的象徵意義，才被用在了盾形紋章和徽章上，比如三葉草和法國鳶尾花，以及西西里島和曼島這兩個相距甚遠的島嶼，他們共用三條腿組成的圖案（三條人腿在大腿處相連，膝蓋彎曲，從腳趾上的標誌兩側朝順時針方向旋轉），也都是男性生殖器的象徵。因為古人相信生殖器的圖案能夠辟邪，流傳至今的護身符也可以被視為性象徵。這些護身符常被打造成小小的銀質吊墜，如四葉苜蓿、豬、蘑菇、馬蹄鐵、梯子、煙囪和掃帚等。四葉苜蓿代替三葉苜蓿作為象徵，當然後者更加合適；豬在古代是豐盛的象徵；蘑菇顯然是陽具的象徵，有一種蘑菇的外形酷似陽具，故其學名為白鬼筆（*Phallus impudicus*）；馬蹄鐵的輪廓使人想起女性的陰部；而煙囪、掃帚和梯子則是性交的象徵，因為一般人以掃煙囪比喻性交（參見《人類生活百態》）。我們已經知道梯子在夢裡是性的象徵。德語的用法能夠幫助理解，動詞「to mount」（德語為 steigen，意為上升）有性的意義，例如，「追著女人跑」字面翻譯為「爬女人」和「攀登者」的意思。法語中「爬」為「la marche」，而「un vieux marcheur」意為「老年攀登者」。其中的關聯不難理解：許多大型動物交配時，雄性動物都需要爬到雌性動物的背上。

　　將折枝作為手淫的象徵，不僅是因為折枝的動作和手淫類似，而且在神話中可以找到意義更深遠的類比。然而特別需要注意的是，以牙齒掉落或拔牙作為手淫或手淫的懲戒，即閹割的象徵。在民間故事中也有類似的橋段，只是很少有做夢者知道罷了。在許多民族中，以割包皮代替閹割，

我想這點毫無疑問。我們現在知道在澳洲的某個原始部落，男子到青春期時要舉行割包皮儀式（作為對他成年的慶賀）；而與之非常相近的一個民族則以拔牙慶賀男子成年。

象徵的事例到此結束了。它們不過是一些例子。你們可以想像收集這些例子的人如果不是我們這種業餘愛好者，而是神話學、人類學、哲學和民俗學的專家，那麼獲得的事例將會多麼豐富和有趣，我們也能從中了解更多。我們得出的結論雖然不可能滴水不漏，但至少可以提供更多值得思考的素材。

第一，做夢者的表達雖然包含了象徵意義，但他對象徵一無所知，即便在清醒時也無法辨認出來。這就好像你偶然得知女僕竟然通曉梵語一樣驚奇，雖然你早就知道她出生在一個波西米亞村子中，但卻從未正式學過梵語。這個事實與我們的心理學觀點難以融匯。我們只能說做夢者的象徵知識，屬於潛意識心理生活的一部分。這個假設並未得到進一步結果。到目前為止，我們也只能承認潛意識衝動的存在，這種衝動不時會發作，但我們對它卻一無所知。我們以前只是假定暫時不知道、也可能永遠不會知道潛意識的存在，但現在問題變得更嚴重了。實際上我們不得不相信潛意識和思考的關係，以及不同事物之間存在著有規則的替代現象。這些替代不會逐次更新，而是已經存在、且總是很完整。各個民族的人雖然語言不同，但卻擁有相同的替代物，我們可以從這點得出這個結論。但是象徵關係的知識究竟來自何處呢？用語習慣只能涵蓋其中的一小部分。做夢者大多不了解其他不計其數的源頭，我們必須自行細心整理。

第二，這些象徵不是夢特有的。我們可以在神話、民間故事、俗語、歌謠、日常用語和詩歌中發現一模一樣的用法。象徵領域包羅萬象，夢只占其中很小一部分，從夢的角度研究整個領域只是權宜之計。許多其他領域的象徵並未出現在夢中，或者最多只是偶爾出現罷了。如你們所見，在

第二章　關於夢

其他領域也可以發現夢中的象徵，只不過很罕見。人們認為，他們只是在夢中碰到了古老且不再適用的表達方式，但實際上這些表達方式仍散布在日常用語中。我不禁想起一個精神病患者的幻想，他認為自己通曉一門「原始語言」，所有象徵都是這門語言的殘存物。

第三，你們一定已經注意到，象徵在其他領域並不完全是性象徵，但這樣的象徵在夢中幾乎全部被用於表達與性有關的物體和過程。這點不容易解釋，也許是象徵中原有的性用法後來延伸到了其他領域，又或是這方面的象徵方式弱化為其他的表達方式了呢？如果我們只把注意力放在夢的象徵上，自然無法回答這些問題。我們只能堅決主張象徵和性之間有著特殊的密切關係。

最近出現了關於這點的一個重要跡象。語言學家 H・史派伯（H. Sperber）（烏普薩拉人）的理論認為，性需求在語言的形成和發展上非常關鍵。他的研究領域和精神分析學毫不相關。人類發出的第一個聲音能夠與性伴侶交流；語言的根源隨著原始人發展。原始人集體工作，他們一邊工作、一邊共同發出這種有節奏的聲音。這樣工作便也帶來了性意味。原始人一邊喊著一邊工作，就使得工作不那麼苦悶了。此時，工作成了性活動的代替品。久而久之，聲音逐漸失去了性意義和過往的用法。幾代人以後，有性意義的新詞也是如此，所以這個新詞也被用於工作方面。以這種方式形成了許多新的詞根，它們都起源於性，但後來也都失去了原本的性意義。如果這種描述大致勾勒出了事情的真相，那麼我們便可以從另一個角度來理解夢的象徵。我們便能理解夢如何保留了最為原始的情境，為何有這麼多關於性的象徵，以及為何武器和工具一般代表男性，材料和製成品一般代表女性。象徵關係可能是古老詞彙的殘留物。古時曾被叫生殖器的東西出現在夢裡，成了生殖器的象徵。

各位可能會從與夢的象徵機制類似的事物中了解精神分析為何能引起

大眾的興趣。精神分析學既不完全是心理學，也不完全是精神病學。精神分析與許多其他科學相關，比如神話學、民俗學、民族心理學和宗教學等。你們能夠理解為何精神分析學家專門為促進這些學科的交流而出版了一本期刊。這份期刊名為《意象》(Imago)，創刊於1912年，由漢斯·薩克斯（Hanns Sachs）和奧托·蘭克（Otto Rank）主導。在所有這種關係中，精神分析之於其他學科是施多於取。雖然精神分析的研究成果看起來從其他學科中獲益良多，但事實證明，就總體而言，其他領域應用精神分析的技術方法和觀點是卓有成效的。經過精神分析的研究，我們從人類個體的精神生活中，得出了解開人類生活許多謎題的答案，或至少為解開謎題帶來了一些線索。

此外，至於那些「原始語言」的假設或者提供了豐富資訊的領域，我們尚未告訴你們在何種條件下才能得出最深刻的洞見。如果你還不知道這一點，便無法認同整個研究的價值。精神官能症的研究素材，可從精神官能症患者的症狀和表達中獲得，而精神分析則可用於解釋和治療。

第四點回到了我們的出發點上，不得不舊事重提。即便不存在夢的審查機制，我們也很難理解夢，因為需要把夢的象徵翻譯為我們清醒時的日常思考。在審查機制之外，夢的第二個獨立的偽裝方式便是象徵機制。不過夢的審查機制也非常擅長使用象徵，因為兩者都有相同的目的——使夢變得離奇而難以理解。

進一步研究夢之後，能否發現影響夢的偽裝的又一因素，我們拭目以待。但在結束夢的象徵機制的研究之前，我勢必要再次提起一個奇怪的事實：儘管神話、宗教、藝術和話語中毫無疑問存在象徵，但受過教育的人卻強烈反對夢的象徵理論。這是因為它與性有關嗎？

第二章　關於夢

第十一講　夢的工作

如果你們已經掌握了夢的審查和象徵機制，雖然還不算完全洞悉了夢的偽裝，但至少已經大致了解了大多數夢。你們已經學了兩種相互補充的方法：一是喚起做夢者的聯想，直到幫助你們從替代物中找到其實際代表物；二是根據自己的知識提煉出其中的象徵意義。稍後，我們將探討其中會出現的一些不確定因素。

我們現在要繼續進行下去了。在研究顯性夢境和隱性夢境關係的最初階段，雖然我們掌握的方法還非常少，但至少已經建立了四種主要關係：以部分代替全體、暗喻、象徵和意象。現在，我們將擴大研究這一點，比較顯性夢境的整體和我們透過解夢解讀出的隱性夢境。

我希望各位不要又把這兩者混為一談。如果你們能區分這兩者，那麼你們可能比《夢的解析》的大部分讀者了解得更多。讓我們重溫一下隱性夢境轉化為顯性夢境的過程，這個過程被稱為夢工作。相反的過程，即從隱性夢境分析出顯性夢境的過程被稱為解夢工作。就兒童的夢而言，伴隨著慾望的滿足，夢工作也有一定的影響——將願望變成現實，一般是將思考變成影像。兒童的夢無須解釋，只需回溯這一轉化過程。而對於其他的夢，我們將把施加的夢工作稱為夢的偽裝。解夢可以撤下偽裝。

解夢時需要多方比較，這使我能夠連貫地向各位闡釋隱性夢境材料代表了什麼。不過我希望大家不要指望能夠理解太多。請大家耐心聽我說。

夢工作的第一個過程是凝縮（condensation）。凝縮意味著顯性夢境的內容要小於隱性夢境，即在翻譯過程中有所省略。有時，凝縮過程也可能直接被省略掉，但一般來說會存在，且凝縮度往往很高。反過來則不成立，也就是說，顯性夢境永遠不可能比隱性夢境更豐富廣泛。凝縮的方法約有以下幾種：一、某些隱性夢境的元素被完全省略了；二、在隱性夢境

許多複雜的部分中,只有一些碎片被帶入了顯性夢境之中;三、某些同質的隱性夢境元素在顯性夢境中被合併了。

如果你們願意的話,可以用「凝縮」一詞專指上面的第三種方法。毫無疑問,你們可以從自己的夢中回憶出將幾個人凝縮為一個人的例子。這樣一個合成的人物可能長得像 A、穿得像 B,做了一些類似 C 的事情。儘管如此,做夢者也清楚知道這個人其實是 D。透過這種混合,四個人的共同點便突顯了出來。物品或地點也可以透過和人一樣的方式混合,只要單一物件和地點的共同點能夠在隱性夢境中被強調即可。這是一種不穩定的新概念,其核心是共同元素。幾個部分混合之後,常常形成一張模糊的新圖片,就像你在同一張底片上疊了好幾張照片一樣。這種混合對夢工作非常重要,因為我們可以證明上面提到的共同元素是人為製造的,原本不存在(例如選擇用語言表達思考)。我們已經熟悉了這種凝縮和混合的過程,它們往往也會影響口誤。你們還記得想要「送辱」那位女士的男子嗎?此外,還有一些玩笑也利用了這種凝縮技術。不過撇開所有這些不談,我們應該也能發現夢中一些非常陌生的東西可以透過象徵找到對應物,而組合成這個物體的部分在現實中是不存在的。比如半人半馬、古老神話中不存在的動物或者勃克林(Böcklin)的繪畫。光憑想像其實發明不出什麼新東西。象徵只是把某些細節混合起來,製造出一種異化的物體。然而夢工作的奇特在於:夢工作利用的素材包括思考,雖然有的思考有些冒犯、令人難以接受,但卻被正確表達了出來。透過凝縮和混合,夢工作將這些思考轉化為另一種文字或語言。文字翻譯十分尊重差異性,尤其是大同小異之處;而夢工作則正好相反,它就像搞笑圖片一樣,把兩種不同的思考用圖像混合在一起,構成的模糊詞語將兩種思考相連。你們不用馬上理解這個特點,但這可能是夢工作中十分重要的概念。

儘管凝縮使夢變得模糊,但我們認為這不是夢的審查機制的結果。雖

第二章　關於夢

然我們寧願將其歸為其他原因，但審查機制毫無疑問有所影響。

凝縮的結果可能十分出人意料。集中毫不相關的隱性思考可能混合成一個顯性夢境，於是我們對夢便有了一個較充分的表面解釋，實際上卻忽視了另一種可能性。

顯性夢境和隱性夢境之間的關係絕對沒這麼簡單，凝縮對兩者的關係還有另一種影響。顯性夢境的元素同時由幾種隱性夢境混合而成，相反，一個隱性夢境可以分解為好幾個顯性夢境，它們相互重疊。在解夢過程中，我們可以清楚發現，針對單一元素的聯想不一定會按照規則排序。我們往往必須等到整個夢被解析完畢，這些元素才會浮現出來。

因此，夢工作用一種特殊譯文表達出了夢的思想，不是逐字翻譯，不是一個符號一個符號地翻譯，也不是按照一套固定的標準有選擇性地翻譯，它不可能像只篩選一個詞的所有子音但省略所有母音一樣，也不可能像我們所說的替代一樣，用一個元素來替代若干個其他元素。夢工作複雜許多。

夢經歷的第二個過程叫移置（displacement）。幸運的是，我已經知道這完全是夢的審查機制的作用。首先，我先提兩個事實：第一，隱性夢境的元素不以自身的一部分為代表，而以其他較無關係的事物代表，類似於暗喻；第二，其重點由一個重要的元素移置到了另一個不重要的元素上，所以夢的中心轉移到了別處，顯得陌生而怪異。

我們的意識思考也常以暗喻代替原意，但兩者之間有一定的區別。在意識思考中，暗喻容易理解，且代替物一定與原意有一定關係。玩笑也常常利用暗喻，將內容的聯想置於一旁，而代之以不常見的外部聯想，比如聲音上的相似性、詞語的模糊性等。不過它們仍然是可以被理解的。假使無論如何努力，都無法讓暗喻回歸原意的話，玩笑便失去了意義。移置的

第十一講　夢的工作

暗喻則不受上述約束，它與替代的元素之間只有遙遠而外在的關係，出於這點原因無法被理解。如果我們回溯其原意，會發現它的解釋類似不成功的笑話或者牽強附會的關聯。因為夢的審查機制將暗喻還原為未被察覺的原意時，就已經達成目的了。

假設我們的目的是表達思考，那麼重心的移置並不是一個好方法。我們在意識思考中也偶爾會利用移置幽默一番。下面這個故事可以說明這一點：一個鐵匠犯了死罪，法庭判他死刑。由於這個村子只有一個鐵匠，但有三個裁縫。鐵匠死了不行，於是找了一個裁縫當替死鬼。

從心理學的角度看，夢工作的第三個過程最為有趣。這個過程便是將思考轉化為視覺影像的過程。讓我們謹記這一點，並非所有夢都經歷了這種轉化過程。許多思考在顯性夢境中仍以思考或意識的形態出現。此外，思考也不僅僅能夠轉化為視覺影像，它們不過是構成夢的基礎。如我們所知，在夢工作中，這個部分具有第二強的連貫性。至於單一的夢的元素，我們之前已經了解了「可塑的語言表達」。

顯然，這個過程並不簡單。要明白其中的困難，你們可以設想用繪圖的方式說明報上的一篇政治評論，你們需要盡量將文字修改成圖畫。文章中的人物和具體事件還算容易變成圖畫，這點也許恰是你們擅長的地方，但如何將諸如關係詞等包含思考關係的抽象詞語、以及整篇文章變為圖畫呢？這就非常困難了。就抽象文字而言，你們或許會採取種種方法，比如試圖將文字改寫成不同的語言。這些語言可能不常聽到，但其更加具體和易於表達。你可能由此想到一點，抽象文字原來就是具體的，只不過其具體的原意已經喪失罷了。接著，你們可能想盡辦法追溯至原有的具體意思。你們會興奮地發現，可以用「坐在上面」這種具體的影像來代替「占用」的意義。夢工作也是同樣的過程。在這樣的環境下，你們幾乎無法準確表達。你們也不要埋怨夢工作比用圖畫表達文章困難。就像把破壞婚約

第二章　關於夢

表達為其他種破壞，比如斷手或斷腳一樣[08]，你們可以以這種方式打磨想像的粗糙之處。

有些表示思考關係的詞彙，比如因為、所以、但是等，要想透過圖畫表達出來十分困難，你們別無他法，只好放棄。同樣，夢的思考內容也透過夢工作轉化為物體和活動的原始素材。如果能用更精緻的影像表現出本身無法在夢中表達的特定關係，你們一定會很滿意。夢工作以大致相同的方式在顯性夢境中表達出隱性夢境的大部分內容。只不過有時清楚、有時模糊，有時被拆分為幾個部分。夢所分割的數量，一般與主題或隱性夢境思考過程的數量相當。夢在短暫序幕後，常緊跟著夢境的匯入或動機；夢的從屬部分則會因顯性夢境中情境而改變。因此，夢的形式本身絕不是無意義，它也是解夢工作的挑戰。同一個晚上不同的夢常常表達相同的意思，表示做夢者試圖控制一種迫切的動機。在單一夢境中，某個特別棘手的元素可能會不斷重複出現，即透過無數種象徵表達出來。

透過不斷將夢的思考與替代它的顯性夢境做比較，我們得知了許多有些難以被接受的知識，比如荒唐和模糊的夢也有意義。沒錯，醫學和心理學的對立在此時白熱化。醫學界認為夢是無意義的，因為在夢中，所有的心理活動都失去了批判性思考的能力；而根據我們的理論，夢是有意義

---

[08] 我在修改這幾頁時偶然在報紙上看到了這個例子，引用在此作為補充：〈上帝的報應，違背婚誓而斷臂〉：現役軍人的妻子安娜‧M 夫人控告克萊門泰‧C 與自己的丈夫有染。她控訴說，C 夫人在卡爾‧M 前線服役時與有非法的關係。期間，卡爾‧M 甚至每月給她 70 克朗。C 夫人從她的丈夫那裡得到了一大筆錢，致使原告和孩子們挨餓、生活困頓。原告從丈夫的朋友那裡得知，C 夫人曾和 M 同去酒吧並飲酒到深夜。被告甚至曾當著幾個步兵的面，問原告的丈夫是否會很快和「那個老女人」離婚，然後與自己同居。C 夫人的家僕也數次看到原告的丈夫出現在她的公寓裡，還一絲不掛。昨天 C 夫人在利物浦的法官面前否認與 M 相識，說他們之間根本不可能有親密關係。但是一個叫亞伯丁‧M 的證人作證她看到 C 夫人吻了原告的丈夫，令她大吃一驚。M 在前幾次開庭時被召出庭受審，他否認與被告有親密關係。昨天法官收到了一封信，M 推翻了之前的供詞，承認從去年六月開始就與 C 夫人有染。他說因為被告在開庭前跪下求他，要他不要聲張，所以他才在之前的審問中否認關係。「今天，」M 說，「我覺得必須向法官坦白，因為我的左臂斷了，我認為這是上帝對我罪過的懲罰。」法官判決如下：該案件為時已久，已過追訴期，故不能成立。原告撤訴，被告無罪釋放。

第十一講　夢的工作

的，夢的思考中包含了批判性思考，它想要表達意見：「這太荒謬了。」先前提到的那個關於劇院的夢（以一個半弗洛林買下三個座位的票）便是絕佳例子。其中的批判性意見是「這麼早結婚太蠢了」。

我們在解夢時，常能發現做夢的人懷疑某個元素是否真的出現在了夢中，或者出現的是否真的是這個元素、而不是別的元素。一般來說，懷疑和不確定的元素的確在隱性夢境中找不到任何對應物。它們在夢的審查機制的作用下偶爾會出現，是一個不完整的壓抑過程。

我們驚訝地發現，夢工作在處理隱性夢境中相互抵抗的意念的方法。關於隱性夢境透過凝縮以在顯性夢境中表達的觀點，我們已經有了共識。但相反的意念也和相同的意念以同樣的方式被處理了，特別是用相同的顯性夢境表現出來。顯性夢境的元素如果有正反兩面，則其代表的意義共有三種：一、僅代表本身；二、代表相反的意義；三、同時表達正面和反面的意義。如何選擇代表的意義，我們只能透過內容決定。所以夢裡並非找不到「不」的代表，只是找不到不是模稜兩可的代表。

夢工作的奇怪現象，可以在語言發展上找到類似對象。許多語言學者主張，在最古老的語言中，相互對立的詞，比如強弱、明暗、大小等都擁有相同的詞根（原始文字的兩歧之意）。在古埃及，詞根 ken 本來有強、弱兩個意思。在交流時，他們的語氣和相伴的手勢可以免於造成誤解。在書寫時，人們會在詞的旁邊加上所謂的「限定語」，即加上圖畫。如果 ken 表達的是強的意思，那麼文字後面就會跟著一個挺胸直立的小人；如果 ken 是弱的意思，那麼文字後面會畫上一個屈膝下跪的小人。只是後來，人們稍稍改動了原來的詞根，才出現了兩個相互對立的詞語。透過這種方式，ken 原本同時表達強、弱兩個意思，後來延伸出一個表示強的 ken 和一個表示弱的 ken。據說，不僅原始語言在最後的發展階段具有這種兩歧之意，後期發展的語言中、甚至是今天仍然被使用的語言也保留了這種特

第二章　關於夢

徵。C·阿貝爾（C. Abel）在 1881 年發表的著作中便有一些相關的例子。

在拉丁語中，仍有以下這些具有相反意義的字彙：

altus 同時表示高和深；sacred 既表示神聖，也表示邪惡。

同一詞根變化的例子引用如下：

clamare：高呼；clam：安靜地。

siccus：乾燥；succus：汁液。

在德語中：

Stimme：聲音；stumm：啞的。

比較相近的語言，可以得出豐富的例子：

英語：lock，鎖。德語：Loch，洞；Lucke，裂縫。

英語：cleave，裂開。德語：kleben，黏住。

英文的 without 原來兼具正反兩意，現在只表示「沒有」的意思；with 不僅有「帶有」的意思，還有「剝奪」之意。我們從 withdraw（取消）、withhold（阻止）等詞便可以看出。德語 wieder 與這點也十分相似。

夢工作的另一個特點，也可以在語言發展上找到原型。在古埃及語和其他後來出現的語言中，音序的變化構成了不同的詞，指代相同的基本意思。下面是我從英語和德語中找到的例子：

Topf-pot（鍋）；boat-tub（桶）；hurry（匆忙）-Ruhe（休息、安靜）

Balkenbeam（橫梁）-Klobenclub（棍）

由拉丁語到德語：

capere（抓握）-packen（抓握）

在夢工作中，變換單字音節的方法不一而足。我們已經了解意義的倒置、對立詞的替代，除此之外還有環境的倒置或親屬關係的倒置，因此在

夢中我們彷彿置身於一個混亂的世界中。在夢裡常常是兔子追逐獵人，而非獵人追逐兔子。事情的先後順序也常常倒置，因此夢裡的原因常常發生在結果之後。就像在三流戲院中的戲劇一樣，主演先倒地而死，然後才從舞臺兩側發出讓他喪命的槍聲。有時，夢裡元素的順序完全顛倒，因此在解夢過程中，我們必須把最後出現的元素放在最前面，把最先出現的元素放在最後面，這樣才能解讀出夢的意義。你們應該還記得，在夢的象徵機制中，我說過落水和離開水都象徵著出生，而爬樓梯和下樓梯的意思也相同。自由的表達方式可以鬆綁夢的偽裝的限制。

夢工作的這一點可以被稱為「原始性」。它依附於語言文字的原始表達方式，其困難程度不亞於原始語言，我們稍後將繼續討論。

現在我們來研究其他問題。夢工作顯然是把用語言表達出來的隱性思考轉化為了心理影像，主要是視覺影像。現在我們已經知道思考是由這種心理圖案發展而來的，它們的最初素材和步驟就是心理印象，或者更確切地說，是我們根據心理印象繪製的「記憶圖案」。語言是在後來才被附加在影像上的，與思考結合。所以夢工作使思考出現了一種退行（regressive）作用，即回溯其發展過程之前的步驟。

這就是夢工作。在我們逐漸發現夢工作奧祕的過程中，我們的興趣從顯性夢境轉移到了背景中。由於後者確實是我們唯一了解的事物，所以我想對它提出幾點評論。對我們而言，顯性夢境自然已經失去了重要性。顯性夢境是不是由一系列互不相連的單一意象組成的，已無關緊要，我們知道的是它由偽裝作用而來，與夢的內在內容關聯甚少。有時夢的外觀幾乎完整重現了隱性思維，在這種情況下外觀是有意義的。不過我們需要經過一連串解析，確定夢偽裝的程度有多深，才能了解這一點。如果夢中的兩個元素看起關係緊密，也會引發我們類似的懷疑。這可能是一個有價值的線索，提示我們可以把那些顯性思考合併起來，對應隱性夢境。不過有些

第二章　關於夢

時候，我們確信思考在夢中被分解為了許多部分。

我們不得以顯性夢境裡的這一部分來解釋其他部分，就像夢相互連貫、表裡一致，這點可以作為一般的規律。就大多數夢而言，其結構類似於角礫岩（Breccian stone）：由多個石片黏結而成，其外部接合的地方與原本的內部構造完全不同。實際上，這是夢工作的一環，被稱為「潤飾」（secondary treatment），就是將夢工作的最後產物結合為一個連貫的整體。在這個過程中，石片往往排成容易誤導人的順序，在必要的地方交錯。

從另一個方面來看，我們千萬不能過分高估夢工作，也不需誇大它的影響。它的影響也僅以我們總結出的四種為限：凝縮、移置、意象、潤飾，此外無他。夢中所有的判斷、批評、驚訝和推導演繹都不是由於夢工作。它們一般都是透過顯性夢境表達的隱性思維，或多或少修飾以適應背景。夢工作無法構造語言。除了少數幾個例子，夢中的話語都只是模仿和組合做夢者在白天聽到的話語，這些話語被引入了隱性思考之中，或是作為夢的材料，或是作為夢的刺激。數量的計算也不屬於夢工作，顯性夢境中若有數量的計算，一般僅僅是把數字合在一起，或名不副實地估計一番。在這種情況下，也難怪我們對夢工作的興趣，很快就會轉移到隱性夢境上，而隱性夢境是顯性夢境的偽裝或扭曲。不過我們在理論研究中也不應該完全轉移焦點，以至於用隱性夢境代替夢的全部。精神分析的成果如果被人們誤用、偏離焦點，那就太奇怪了。「夢」只不過是夢工作的結果，也就是說隱性夢境是夢工作處理後的產物。

夢工作是十分特殊的過程，在我們的精神生活中可謂絕無僅有。我們在精神分析研究中取得了新的發現，包括凝縮、移置、思考到影像的退行轉化，它們構成了我們的豐富收穫。你們可以從與夢工作的平行現象中，發現精神分析與其他研究領域的關聯，尤其是語言和思考發展的研究。將來，你們若了解到夢的結構的機制，就是精神官能症症狀的範本，便能夠

意識到這些關聯的重要性。

我也知道，到目前為止，我們尚無法評價精神分析研究的貢獻。我們還想提出新的例子，證明潛意識精神活動存在，即隱性夢境思考的存在。夢的解析為理解心理生活中的潛意識帶來了意想不到的豐富方法。

現在可以舉出幾個簡短的夢來分別說明前面講過的幾點了。

第十二講　案例分析

我會再次選取夢的片段，而非美麗的長夢來分析。希望各位不要失望。你們可能覺得經過這麼久的準備之後，應該試試解析長夢。我們已經成功解析了這麼多夢，應該早就可以收集一些恰當的夢做例子，來證明我們對夢工作和夢的思維的所有假設了。沒錯，但是阻礙你們達成願望的困難很多。

首先，我必須坦白告訴你們，沒有人把解夢當作工作。一個人會在什麼時候去解析夢呢？人們偶爾會不帶有任何特殊目的去解析朋友的夢，或者研究自己的夢一段時間。這只是作為精神分析工作的訓練。不過我們更常研究接受精神分析治療的精神官能症患者的夢。這些人的夢成了絕佳的材料，其豐富程度不亞於常人，然而解析他們的夢主要是以治療為目的，一旦我們獲得了有利於治療的素材，便不再繼續分析下去了。實際上，我們在治療時聽到的夢都沒有被重複分析。這是因為它們源於潛意識，而我們對這些是未知的，所以在治療徹底奏效之前，我們不可能了解夢。此外，想要向各位羅列出這些夢，必須先將精神官能症的奧祕和盤托出。但這是我不可能的，因為我講夢，只是想為了精神官能症的研究。

我倒是知道你們樂於放棄這種材料，更寧願聽我講一些正常人做的

第二章　關於夢

夢，或者來解析你們自己的夢。但鑑於這些夢的內容，恕我無法做到。夢的解析必須很徹底，因為如此無所顧忌，所以無法對自己和朋友施行，因為夢不免帶有個人最隱私。除了這個由夢的素材引發的困難之外，在講述夢時還會遇到另一種阻礙。你們知道連做夢的人也覺得夢很奇怪，更不用說旁人了。精神分析的著作裡不乏精巧和詳盡的夢的解析。我發表的文章也講述了一些例子。也許夢的解析的最佳例子是O‧蘭克發表的那則關於年輕女孩的夢，夢的內容有整整兩頁，解析部分竟長達七十六頁。帶你們完成這樣的工作需要整整一個學期。如果我選擇長一點或偽裝更深的夢來講，必定需要解釋很多，還要大量藉助自由聯想和回憶，同時採取多種方法，那麼講座便會很難令人滿意，也無法得出決定性的結論。所以我必須講一些容易獲得的夢例，從精神官能症患者的夢裡略述幾段，我們也許可以從中獲得一些獨立的特徵。夢裡的象徵往往是最容易證明的，之後便是夢的表象中的某種退行特徵。我將告訴各位下列的夢為什麼值得一述。

1. 一個夢僅包含兩幅簡單的圖：「做夢者的叔叔正在吸菸，儘管當天是星期六；一個女人正在撫摸他，像是把他當作小孩子。」

關於第一幅圖，做夢的人（一個猶太人）說他的叔叔很虔誠，從來沒有、也不可能在安息日抽菸。至於第二幅圖，他透過自由聯想想到的那個女人，可能是他的母親。這兩幅圖或兩種思考顯然是相互關聯的。關聯在哪呢？因為他明白他的叔叔絕不會做夢裡的事情，所以用了「如果」這個詞。「如果像我叔叔這麼虔誠的教徒也會在安息日抽菸，那我也可以接受母親的愛撫了」。這顯然是說母親的愛撫和在安息日抽菸對一個猶太人來說都是禁忌。你們應該還記得我說過，夢工作會抹去夢的思考中的所有關係，這些關係被打碎，成了夢的原始材料，解夢工作就是要將這些已經省略的關係重新補上。

2. 由於我發表了許多對夢的論述，在社會上幾乎已經成了夢的公共顧

第十二講　案例分析

問。許多年來，我一直收到各方面的素材，他們把自己的夢告訴我，希望徵求我的意見。這些人能把夢告訴我，供我解析、或自己解析，我十分感謝他們。下面是慕尼黑的一個醫學生在1910年做的夢。我選這則夢是想說明，做夢的人若沒有將所有資訊詳盡告知，別人是很難理解他的夢的。我想你們一定認為翻譯象徵是解夢的理想方法，因而寧願放棄自由聯想法，但我卻希望你們拋棄這種有害的錯誤想法。

「1910年7月13日，天快亮的時候，我夢見自己正在圖賓根（Tübingen）的街上騎車。突然有隻狗從後面追來，咬住了我的鞋跟。我往前幾步後下車，坐在石階上。因為狗緊緊咬住我的鞋跟，我只好打牠。（雖然狗咬我，但整個過程都沒有讓我不舒服。）我的對面坐著兩位老婦人，她們咧嘴笑我。於是我醒了，和以前做夢一樣，在我醒來後，夢的內容也逐漸變得清晰。」

象徵在這個例子中毫無用處。但是做夢者繼續對我說：「最近我愛上了一位女孩，我在街上對她一見鍾情，但卻無法與她相識。認識她的最好辦法是遛杜賓犬，因為我很喜歡動物，我知道她也是。」他還說自己曾多次拉開打架的狗，令旁人非常驚訝。因此我們得知他中意的這位女孩經常帶杜賓犬散步。但是這位女孩在他的顯性夢境中沒有出現，他在夢中只能看見她的狗，也許咧嘴笑的老婦人就是姑娘的化身。不過他接著說的話不能明確解釋這一點。夢裡騎腳踏車的片段則是他記憶中情景的直接寫照，因為他每次遇見這位女孩和狗都是在他騎腳踏車的時候。

3.當我們失去了親愛的人之後，往往有一陣子會做一種特殊的夢，將這個人已逝的事實和希望他復生的願望相互調和。有時死者入夢復生，是因為我們不知道他已經死了，好像只有知道以後，他才真正死了。有時死者似乎旋死旋生，這種夢境都有點特殊。我們不能簡單地為這些夢貼上毫無意義的標籤，因為復活在夢裡和在神話裡都常常發生。據我分析，這些

第二章　關於夢

夢都有合理的解釋,但是希望死者復活的願望都有最古怪的表現。讓我說說一個夢,這個夢看起來非常古怪荒謬,但分析結果可以用來說明上面理論指出的各點。這個夢的做夢者是一位在許多年前失去父親的人。

「父親已經去世,但他又被挖了出來,他看起來很疲憊。他仍舊活著,而我拚命阻止他留意到他已死這件事。」接著他又夢到了一些其他事情,似乎與前面的內容毫無關聯。

他的父親去世了,這點我們知道,但實際上他並沒有被挖出來,夢裡其餘的事情也不是真的。做夢的人後來又說,他為爸爸送葬回來之後,有一顆牙齒開始痛起來。猶太人有一句格言說:「牙痛的話,就可以將牙齒拔掉了。」他想照著這句話做,於是去找牙醫求診。但牙醫說:「你不能一牙痛就想拔牙,你要有耐心。我會先為你注射一些藥劑殺菌。三天後你再回診,我再幫你拔牙。」

「拔牙,」做夢的人突然說,「就是把我父親挖出來。」

他說得對嗎?並不完全準確,只是大致如此。因為拔出來的不是牙齒,而是牙齒死去的一部分。根據我們的經驗,夢工作會有這種遺漏。做夢的人似乎進行了凝縮,把去世的父親和已死的、尚留在口腔裡的牙齒合而為一。難怪顯性夢境出現了一些難以理解的結果,因為並不是所有關於牙齒的事情都符合他父親的情況。那是什麼作為中間的過渡,使這種凝縮變可能了?

不過,這種解釋有部分是正確的。因為做這個夢的人說,他知道夢中牙齒掉落意味著家人去世。

我們知道,這種俗語的解釋是不正確的,或者也只是一種扭曲。因此,我們能在夢呈現的內容背景中發現其他主題,這不免使人更加驚訝。

我們沒有繼續追問,做夢的人便開始講述父親的疾病和去世,以及他

與父親的關係。他的父親久病，養護和治療都花費了他很大一筆錢。不過他默默承擔著，又表示毫不介意，只希望父親好好活著。他自詡秉承著猶太人的孝順之道，而且堅守猶太人的主張。但夢裡思考的矛盾之處，難道不令人驚訝嗎？他認為牙齒代表父親。對於牙齒，他希望根據猶太格言「盡快拔掉牙齒，以免引起痛苦和麻煩」；對於他的父親，他也堅持以猶太人的孝道侍奉，並告誡自己別在意麻煩和花費，不要對父親有所怨恨。假設做夢者對父親和對患病的牙齒有著相似的感情，或者換句話說，假設他希望父親快點過世，節省這種不必要的花費和麻煩，又會怎麼樣呢？

我毫不懷疑這就是此人對久病父親的真實態度，但我又相信，他以孝順自詡乃是想阻止這種念頭。在這種情況下，人們往往不免希望生病的父親過世，但表面上卻要顯示出善意，認為「這對父親也是一種解脫」。但需要指出的是，我們在這裡已經克服了隱性夢境中的困難。第一部分思考毫無疑問屬於潛意識，但只是暫時性的，換句話說，只有當夢工作正在進行時，才是如此。另外，他厭倦父親的感情一直存在於潛意識，從童年時期便已發芽。這種隱性思考在他父親生病期間，或許曾經變為一種有意識的思考，經過偽裝後悄悄溜進了意識之中。對於其他隱性思考，我們甚至可以更加確信其影響了夢的內容。當然，夢中不可能直接呈現這些對父親的厭倦。但是，我們如果研究做夢者在孩提時代對父親怨恨的根源，便可以發現，他之所以對父親有敵意，是因為他在兒童期和青春期被父親禁止手淫。與父親的這層關係也影響了做夢者，他對父親的愛裡混雜著敬畏，源頭便是早期的性威脅。

我們可以由手淫情結來解釋顯性夢境中的其他部分。「他看起來很疲憊」實際上指的是牙醫的另一句話：「這裡缺牙不好看。」但同時也指年輕人在青春期過度手淫而流露出、或害怕流露出的「倦容」。做夢者在顯性夢境裡把倦容從自己身上轉移到了父親身上，這種轉移是我們熟悉的夢工

作之一。「他仍舊活著。」這句話一方面指希望父親復活，另一方面吻合牙醫暫時不拔牙的許諾。「我拚命阻止他注意到」，這句話非常巧妙地引導我們得出「他已死」的事實。但實際上有意義的結論還是指手淫情結，年輕人當然要想方設法不讓父親發現自己在手淫。最後，請記住我們總是將所謂的牙痛的夢，解讀為擔心手淫受到的懲罰。

由此可見，這個夢之所以難以理解，是因為以下三點：第一，引人注意且讓人誤會的凝縮作用；第二，將隱性思考裡的中心思想完全刪去；第三，創造出模稜兩可的替代物，以代表最隱祕的思維。

4. 我們不斷想理解那些直白平凡的夢，其中絲毫沒有奇怪荒誕之處，但可引起我們這樣的一個疑問：「我們究竟為什麼要夢見這些不重要的瑣事？」關於這點，我要引用一個新的例子，其中包含了三個夢，都是一個年輕女子在同一個晚上做的。

(1)「她正穿過屋內的大廳，頭忽然撞到了燈架後流血不止。」

這種事在她的現實生活中從未發生。她提供的訊息卻很耐人尋味：「我那時的頭髮狀況真令人害怕。昨天母親說，如果妳繼續這樣下去，妳的頭很快就要禿得像屁股了。」所以頭一定代表身體的其他部位。至於燈架，不必解釋，我們自然可以了解——凡是能伸長的物品都是男性生殖器的象徵。因此，夢裡的流血指的是下體和陽具接觸而導致的流血。這個夢還還能有其他解釋，根據做夢者的進一步聯想，這個夢和月經流血以及和男性交媾後流血有關。這是許多少女對性的理解。

(2)「她夢見自己在葡萄園中發現了一個深穴，她知道這是把樹根拔掉後留下的洞。」所以她說：「樹已經不見了。」意思是在夢裡沒有看見樹。但這句話卻有另一種意識，其中肯定包含了象徵。這個夢涉及對性的一個幼稚見解，認為女孩子本來長著和男孩子一樣的生殖器，只是後來被閹割了（樹根拔去）。

(3)「她站在書桌抽屜前，她很熟悉抽屜，所以她馬上知道有沒有被其他人動過。」

書桌的抽屜和其他抽屜一樣，都象徵著女性生殖器。她知道可以從生殖器上發現有性行為的跡象（根據她的意思，在任何接觸之後都會留下痕跡），這是她一直很害怕的事情。我認為這三個夢的重點都在於她對性意識的啟蒙。她記得自己小時候對性的探索，而由她探索得來的知識令她深感自豪。

5. 這個例子又是關於象徵作用。但是這次我必須先陳述做夢者的心境。一個男人和一個女人同宿一夜，他說這個女人忽然湧出強烈的母性，在發生性行為時非常希望懷上孩子。但他們幽會時，卻不得不避孕。次日早晨醒來後，這個女人說出了她的夢：

「一個戴紅帽子的軍官正在街上追她。她逃走後跑到了樓梯上。那個軍官追上來了。她氣喘吁吁地跑進自己的房間，把門反鎖。那個軍官來到門外，她透過鎖眼看到他正坐在外面的凳子上哭泣。」

紅帽軍官追逐女人，女人氣喘吁吁跑上樓的事情顯然代表性行為。實際上，做夢者將追逐者關在門外，是夢常用的倒裝手法。因為，性行為完成後抽身而退的是男人。她又用同樣的方式把自己的悲傷轉移到了伴侶身上，讓對方在夢裡哭泣。這裡的哭泣又代表了射精。

你們一定常聽別人說，精神分析認為所有的夢都有性的意義。現在你們應該知道這種批判是不準確的了。你們已經了解夢是願望的達成，夢滿足的往往是最直白的願望，比如飢渴、自由，也有安樂的夢、焦慮的夢、貪慾的夢和自私的夢等。偽裝程度深的夢一定與性慾有關，但也有例外。

6. 我懷著特殊的動機講了許多運用象徵機制的夢。在第一講裡，我曾經說過，向你們證明精神分析的發現很困難。現在你們很可能會同意這一點。不過，精神分析的各個觀點是相互連結的，所以相信這一點便會更容

易贊同其他部分。對於精神分析，我們可能會說，你們若肯舉起一根手指表示贊成，很快便會變成舉手贊成了。任何相信過失分析的人，從邏輯上很難不相信精神分析的其他理論。夢的象徵作用也經歷了這樣的過程。我現在會講述一個已經發表的夢，這是一個農婦做的夢，她的丈夫是一個敲鐘人。她從未聽說過夢的象徵機制和任何精神分析理論。你們可以自行判斷我們由性象徵得出的解釋是否是胡扯。

「有人破門而入闖入她的房間，她驚恐地喊著丈夫。但丈夫此時已和兩個美女去了教堂。前往教堂途中有很多樓梯。教堂後面有一座小山，山頂上覆蓋著茂密的樹林。敲鐘人全副武裝、滿臉棕色鬍鬚。那兩個美人靜靜地和他同行，她們腰下穿著圍裙，形狀像是袋子。從教堂到山上有一條小路，道路兩旁長滿了草木，小路越深，草木越見濃密，到了山頂則變成了濃密的樹林。」

你們一定能輕易辨認出其中的象徵。三個人代表男性生殖器；教堂、小山和樹林的風景代表女性生殖器；沿著樓梯攀登代表性交；夢中所謂的「高山」也就是解剖學上的陰部。

7. 還有一個夢也可以用象徵解釋。做夢的人自己解釋了夢中的全部象徵，即便他毫無解夢的知識，這點令人留意。夢境很離奇，我們也不了解引發夢的情境。

「他正和父親在維也納的大街上散步。他們看見一個圓形大廳，大廳前有一個很小的建築，上面綁著一顆氣球，不過氣球看起來扁扁的，大概沒什麼氣了。父親問他氣球有什麼用，他雖然也覺得很奇怪，但還是跟父親解釋。然後他們走入一個天井，天井內鋪了一大張金屬薄片。他的父親先撕下一大片，然後向四周張望，看看有沒有被人看到。他告訴兒子，只需要告訴管理員，便可以直接撕取更多。下去天井後，走過幾個石階，便到了一個洞穴。洞穴的牆上裝了軟墊，好像是皮座椅。洞穴的盡頭有一個

長長的臺子，之後又有一個洞穴……」

做夢的人自己這樣解釋：「那圓形大廳是我的生殖器，前面那個沒什麼氣的氣球就是我的陰莖，因為我嫌它太軟了。」更詳細的解釋如下：圓形大廳代表臀部（小孩子常以為臀部也是生殖器），前面很小的建築便是陰囊。夢裡，他的父親問氣球有什麼用，也就是在問他的生殖器有什麼用。這個情境，顯然應該倒過來，發問的應該是兒子。實際上，現實生活中他並沒有問過這個問題，我們一定得將這個夢視為一種願望或者一種假設，「如果我詢問父親一些性啟蒙的問題……」我們很快便會在另一個地方繼續探討這個觀點。

鋪有金屬片的天井不是主要象徵，它指的是父親的營業場所。因為我有所顧忌，所以用「金屬片」替代他父親販賣的一種材料，同時不修改夢中的任何措辭。做夢者曾經子承父業，並對父親用不正當的手段賺錢的行為很反感。因為這點，夢裡的意思應該被表述為「如果我問他，他也會向欺騙顧客那樣騙我」。至於撕取金屬片，做夢者提出了另一種解釋，用以代表商業上的不誠實行為。這便是手淫。我們不僅早已熟悉這個象徵，也有共識。我們用相反的方法表達了手淫。「可以安全地公開進行。」我們的期望再次透過手淫被滿足，即把此事歸為他父親所為，正如夢中第一個場景裡的問題。在被問到時，他立即將地穴解釋為陰道，因為它的四壁有軟墊。還有另一個模稜兩可之處，「上上下下」既可指入穴，又可指陰道性交。

天井下去得走過幾個石階，又有一個小洞穴，做夢者都根據自己的經驗加以解釋。他曾和女子性交，但因陰莖太軟而中斷，現在希望能治癒。

8. 下面兩個夢是一個外國人做的，他非常偏好一夫多妻。我用這個例子證明做夢者本人會出現在每一個夢中，即便是那些以顯性夢境偽裝的夢。夢中的皮箱都是女性的象徵。

第二章　關於夢

（1）「他要去旅行，他的行李被放在馬車上，準備被送到車站。馬車上疊放著許多箱子，其中有兩個黑色的大箱子，像是商人旅行用的。他對某人寬慰地說：『你知道那些箱子只要送到車站就好。』」

在現實中，他確實曾攜帶許多行李旅行。但他又告訴了我許多關於女人的故事。那兩個黑皮箱代表兩個黑皮膚女人。這兩個黑膚女人在他的生活中非常重要。其中一個想要跟他去維也納，但他在聽了我的建議之後，發電報勸阻了她。

（2）在海關中的一幕：「一名旅行者打開皮箱，一邊吸菸，一邊滿不在乎地說：『裡面沒有違禁品。』海關似乎相信了他的話，但再次搜查時卻發現一些嚴令禁止的物品。旅行者只好說：『我也沒辦法。』」

在這個例子中，做夢者本人是這個旅行者，我是海關。他儘管在其他地方很坦白，但卻試圖向我隱瞞他和一位女士最近的關係，他認為我一定認識這位女士。他將被人識破的羞恥場景推到一個陌生人身上，這樣他自己便不會出現在夢中了。

9. 我第一次提出下面這個夢裡的象徵。

「他和妹妹及另兩個人相見，那兩人也是姊妹。他和她們倆握手，但沒有和自己的妹妹握手。」

夢裡的幻想並沒有真正發生過。他透過聯想，提起自己曾一度觀察某個女孩的乳房，並驚訝於為何發育如此遲緩。所以那兩個姊妹代表兩個乳房。如果這不是他的妹妹，他大概就會伸手摸一摸了。

10. 下面我要講一個出現死亡象徵的夢：「他和兩個人同行，他原本記得這兩個人的名字，但現在忘了。醒來後，他發現自己在一座高且陡的鐵橋上。突然間那兩個人消失了。他看見一個戴著小帽、身穿白衣的男子，就像鬼一樣。他問這名男子是不是送電報的人，那人說不是。他又問是不

第十二講　案例分析

是馬車伕，那人也說不是。夢者便繼續做夢了。」即便在夢裡，這個人也非常害怕。醒來之後，他幻想夢裡那座鐵橋突然斷了，自己跌入了深淵之中。

做夢的人強調不認識夢裡的那個人，或者忘記了那人的名字，一般來說這個人與做夢者的關係非常親密。這個做夢的人有兩個妹妹，如果這是真的，那麼他的夢表示他希望她們死去。如果是這樣的話，只有他一直怕死，事情才能說得通。關於送電報的人，他說電報一般會帶來壞消息。從那人身穿的制服來看，也可能是點燈人。他能熄燈，就像死神能夠熄滅生命之火一樣。關於馬車伕，他想到了烏蘭德[09]詠唱卡爾王航行的詩作，又想起了湖上波濤洶湧。他說自己是卡爾王，身邊的兩個人伴他一起航行。他由鐵橋想起最近的一起意外和俗語「生命是一座吊橋」。

11. 下面的夢也象徵死亡：「一位陌生的先生留給他一張黑色的卡片。」

12. 下面這個夢可能會引起你們興趣，但這個夢的起因是做夢者有精神官能症：

「他搭火車去旅行。火車停在一片開闊的空地上，他認為這意味著發生了事故，他必須自救。於是他穿過各個車廂，見人便殺，包括車掌、司機等。」

關於這個夢，他告訴我他的朋友說的一則故事：在義大利某地，一個瘋子被囚禁在一輛私密的小車裡，但另一個旅行者也被誤放進這個車廂。這個瘋子殺死了那個人。因此，做夢者以這個瘋子自居，因為他常被一種「強迫觀念」折磨，即他必須「殺死所有知道他過錯的人」。不過他又發現了一個更好的做夢動機。前一天，他在戲院看到了一位女孩，他本想娶她，但因為嫉妒心，又將她拋棄了。如果他帶著這種強烈的嫉妒結婚，一定會真的發瘋。換句話說，他認為她很不可靠，他的嫉妒也許會使他殺死

---

[09]　烏蘭德（Johann Ludwig Uhland），德國詩人及歷史家，以敘事謠曲和浪漫曲聞名。

一切與自己競爭的人。至於穿過車廂，也就是夢中的車廂，我們已經知道是結婚的象徵（與一夫一妻制相反）。

至於火車停在曠野及怕有意外發生，他告訴我下面的故事：一次他搭火車去旅行時，火車突然在車站外停了下來，車廂裡一個年輕女士說可能會撞車，所以最好把雙腿抬起來。「雙腿抬起」使他想到了上面那個女人，他們最初相愛的時候曾到郊外旅遊多次。所以現在又有了一個新論據來支持他的觀點，即他現在要娶她的話，簡直就是瘋了。但據我所知，我可以肯定地推斷他現在還是瘋狂想要娶這位女士為妻。

第十三講　古老以及幼稚的特點

在夢的審查機制下，夢工作將隱性夢境以其他形式表達出來。我們清醒時的有意識思考正是隱性夢境。這種新的表達形式紛繁多樣，所以無法被理解。如前文所述，其中涉及智力發展的漫長階段、圖片語言和符號表徵，也許還有語言思考產生前的種種狀態。所以，我們將這種表達模式稱為「古老的」或「退行的」。

你們或許會得出這樣的結論：我們在更深入研究夢工作之後，已經得到了關於智力發展最初未知階段的有價值的資訊。我相信確實如此，但目前我們的工作仍未完成。夢工作將我們帶回了具有雙重意義的古代：第一，個體意義的古代，即童年；第二，種系意義的古代，因為個體在童年時都簡短地重新經歷了人類種系的整個發展歷程。我們應區分出隱性夢境的哪個部分源於個體，才能辨別出古代種系意義的哪個部分可能真實發生過。例如，在我看來，我們有理由相信，從未被個體理解的符號關係，應被視為種系的遺傳特徵。

第十三講　古老以及幼稚的特點

然而，夢的古代特徵不止於此。可能各位都曾聽說過奇怪的童年失憶症，即喪失童年記憶。我指的是從一歲到五六歲、甚至到八歲的經歷，都遠不如後來的記憶印象深刻。的確，也有一些人聲稱自己記得誕生至今的事情，但記憶出現空缺的情況更為常見。我認為，這個事實遠沒有受到足夠的重視。孩子在兩歲時便能流利說話，他們看起來已可以適應最複雜的精神狀態。成人常提起孩子早年說過的話，但孩子自己卻完全不記得。我們也沒有理由將記憶視為特別困難或特別高超的精神技能。實際情況恰恰相反，記憶力好的人可能智商更低。

第二個特徵與第一個特徵密切相關。我必須指出，在大部分發展經歷中，在童年早期的記憶空白中，某些特別清晰的記憶尤為深刻。但是，這也不能證明我們的假設。記憶會選擇性地處理之後的素材，以及我們後來在生活中獲得的印象。重要的部分會被記住，不重要的部分則會被刪去。與之不同的是，留下來的童年記憶並不一定承載了重要的童年經歷，即便是從孩子的角度看顯然十分重要的經歷。留下來的童年記憶總十分平淡乏味，本質上毫無意義，以至於連我們自己也奇怪，不懂為什麼沒有忘記這些細節。我曾致力於運用精神分析破解童年失憶症。我斷定，兒童也只保留了記憶的重要部分，只不過這些重要部分透過大家已經了解的凝縮、特別是變形，藉助某些看似不重要的東西表現出來。出於這個原因，我將這些童年記憶叫做「偽裝的記憶」，即常常被掩蓋的記憶。透過仔細分析，我們可以從中挖掘出所有被遺忘的訊息。

在精神分析治療中，我們常常透過回憶填補童年記憶的空缺，如果治療能夠奏效，我們便能夠重新喚回封存已久的童年記憶。這些印象實際上從未被忘記，它們只不過變得難以觸及而已，成了潛意識的一部分。但有時這些記憶又能自然而然地顯露於潛意識之外，於是便形成了夢境。可見夢的生活知道如何發現、並觸及這些隱形且藏有童年回憶的入口。精神分

第二章 關於夢

析文獻中有很多這樣的絕佳例子，我自己也做過一些。我有一次夢見一個人，他似乎有恩於我，我清楚看見了他。他只有一隻眼睛、身材矮胖、縮著脖頸。透過情境，我推測他是醫生。幸好我的母親那時仍然在世，我詢問她之後，得知那個人是我出生地的醫生，我三歲時便離開了那裡。她說那個醫生只有一隻眼睛、身材矮胖並駝背。至於這位醫生替我治過什麼病，她已經不記得了。這個已經被遺忘的童年記憶，表明夢有一種「原始特點」。

相同訊息可能對我們遇到的另一個問題也有幫助。你們應該還記得，當人們得知夢乃是由極度的惡劣和過度的性慾等刺激引起時，有多麼震驚。正是因為夢是由此種刺激引起，才使夢的審查機制和偽裝作用必須存在。我們向做夢者解釋了他的夢之後，最理想的情況是他不反駁解釋，但總會詢問這種願望是怎麼侵入內心，因為他對此一無所知，且他意識中的願望又恰好相反。對於願望的根源，我們不必懷疑。這些邪惡的願望衝動來自過去——常常是沒有很遙遠的過去。我們曾經一度能了解和意識到這種願望，只不過後來無法。有一個婦人的夢，被解釋為她希望七歲的女兒死去，在我們的引導下，她發現實際上自己曾經真的這樣想過。這個孩子是一段不幸婚姻的產物，她和丈夫很早便分居了。在孩子還在她肚子裡的時候，她曾和丈夫發生過一次激烈的爭吵，她一怒之下用拳頭捶了腹部，想要殺死肚子裡的孩子。究竟有多少十分喜愛、甚至溺愛孩子的母親，其實是在不情願的情況下懷上孩子的？她們曾經希望腹中胎兒不要再長大、甚至付諸過行動，只是沒有產生嚴重的後果罷了。希望親愛之人死去的願望，雖然看似奇怪，但也起源於兩者的早期關聯。

透過解析，我們發現一個父親的夢，被解釋為他希望最受寵的長子死去。他一定曉得，這並不是個陌生的願望。這個男子不滿意自己的妻子，在幼子嗷嗷待哺時，他曾希望孩子夭折，這樣自己便可以重獲自由。在大

量類似的不良衝動中，我們都可以找到相似的起源。它們起源於過去的記憶，這些衝動曾占據了他們的精神生活。因此，你們可能會得出這樣的結論：如果兩者的關係沒有改變，便不會有這種夢了。我承認你們的想法，但仍要警告你們，解析時不要僅依據夢的表象，還要根據解析得到的意義。可能顯性夢境中希望親愛的人死去只不過是嚇人的偽裝，真實的意義卻截然不同，或者親愛的人是其他人的替代。

但這一情景可引發一個更重大的問題。你們會說：「即便的確想過『死』這個願望、回憶後也可以被證實，但這也不能成為解釋夢的依據。因為這種願望早就被克制了，現在僅存在於潛意識中，只是一種空洞而不帶感情的記憶，而不是強烈的衝動。為什麼夢會讓人回憶起這樣的願望呢？」你們確實有理由提出這個問題。回答這個問題不免牽連廣泛，而且迫使我們必須決定對夢的研究中最重要的問題採取什麼態度。但我必須限制討論的範圍，所以我們暫時不涉及這個問題，請你們見諒。現在如果能夠證明這種克制的願望確實是夢境的刺激源頭，我們就可以滿足了。讓我們繼續研究其他邪惡的慾望是否同樣可以追溯到過去吧。

讓我們繼續研究「除掉」或「死亡」的夢，這些夢常可以追溯到做夢者不受約束的自我主義。這種願望常常是夢的起因。假設誰阻礙了我們的生活——生活中的人際關係非常複雜，總不免發生這種事情——我們便會立刻準備在夢裡除掉他們，不管這個人是母親、父親、兄弟還是姊妹。我們很奇怪，人類的本性竟然如此邪惡。所以如果沒有進一步的證據，我們一定不願接受權威這樣解釋夢。我建議各位從過去來尋找這種願望的起源。我們立刻能在過去發現個人的自我主義和這種願望衝動，且目標不是陌生人，而是最親密的人。一個人在兒童時最初的經驗常常被遺忘，而自我主義常常極端地展現出來，真實的「古代殘存物」以這種形式展現出規律而清晰的傾向。因為一個孩子總是先愛自己，才開始學會愛別人、

第二章　關於夢

學會為他人犧牲自我。即便孩子愛別人，也僅僅是因為要滿足自己的需求——所以也起源於自私的動機。只是到了後來，愛人的衝動才變為獨立的自我。簡單來說，自我教會了孩子如何愛人。

我們最好將孩子對兄弟姊妹的態度，與對父母的態度比較一番。孩子不一定愛自己的兄弟姊妹，顯然常常厭惡他們。毫無疑問，孩子討厭兄弟姊妹之間的競爭，這種競爭經常持續多年，到成年才消失，甚至一直到成年之後還對立著。這種態度常被一種比較溫柔的感情代替、或者說掩蓋，但敵視的情感似乎總是更早就表現出來了。最引人注目的是，兩歲半到四五歲的孩子常常不歡迎弟弟妹妹的到來。他們會說：「我不想要他！讓白鸛把他叼走吧。」他們會盡可能詆毀新生的弟妹。他們甚至會傷害弟弟妹妹，這種事例也屢見不鮮。假使年齡相差不大，當孩子的心理較為充分地發展之後，這時他已經擁有弟弟妹妹了，他也只能自己適應環境。如果兩個孩子相差的年齡較大，新生的孩子可能會喚起年長孩子的同情心，把他當成某種活的玩具。如果年齡差距大於八歲，年長的孩子可能會出現母愛衝動，在女孩身上尤為明顯。所以老實說，如果我們在夢裡發現自己有希望母親或姊姊死去的願望，大可不必驚奇，因為我們總是能在童年初期或接下來的幾年中找到根源。

在孩子的成長過程中不免會發生衝突，也許是想爭奪父母的愛，也許是爭奪資源或者空間。這種敵對目標可以是哥哥姊姊、也可以是弟弟妹妹。蕭伯納曾說：「一個年輕的英國小姐若怨恨一個人更勝於母親，那這個人一定是她的姊姊。」這句警句令我們非常驚訝。我們能勉強理解一個人對兄弟姊妹的怨恨，但母女、父子之間的怨恨究竟從何而來？這很令人費解。

母女、父子之間的關係顯然更加有愛，即便從孩子的角度看也是如此。這一點與我們的期望相符，如果說父母和孩子之間的愛要少於兄弟姊

妹之間，就未免會觸怒我們。後者的愛是世俗的，前者的愛則是被奉為神聖的。但是，透過日常觀察，我們能夠發現父母和孩子之間的感情，往往不像社會期望的理想狀態那樣。父母與子女之間多少有一些敵意，假如一方不受制於孝、一方不受制於慈，那麼總會爆發衝突。我們知道，同性之間，比如女兒和母親，兒子與父親，常有相互疏遠的傾向。女兒怨恨母親限制她的自由，因為母親常常出於社會禮節限制女兒的性自由；在一些例子中，母女之間也相互爭寵。父子之間也有同樣的衝突，而且更為顯著。兒子將父親視為社會制約的象徵，天生對父親有著反抗的情感；父親阻礙了他表達自由意志和滿足性需求，也使他不能揮霍家庭財產。如果是繼承王位，兒子常迫不及待希望父親死去，這可能會化為悲劇。父親與女兒、母親與兒子之間的關係則要緩和得多。這當中只有無盡的慈愛，而不會受自我主義的干擾。

　　為什麼我要說這些人盡皆知、無關緊要的事情呢？因為人們總是無視這些事實的重要性，過分誇張社會理想。但心理學只說實話，而不是讓說風涼話的人來揭露事實。

　　許多人的夢都透露出除掉父母的願望，特別是同性的父或母，對於這一點我們大可不必驚奇。我們可以推斷，即便在白天，這種願望也會浮現，即便它們有時會隱藏在其他動機背後，如隱藏在例3中做夢者對父親病痛的同情背後。父母和子女之間的關係很少只存在敵意，敵意也常常隱藏在溫情之後，被溫情所壓抑，只有在夢中才單獨顯露。夢以擴大的形式向我們展示了敵意不受控的結果，我們透過解析，可以得出它和生活的關係。但我們也會發現，夢裡的一些願望和生活毫無關聯，成年人在清醒狀態下完全無法辨認。究其原因，對父母，尤其是同性的父或母的敵意最為深刻，這種一致性動機，在早期童年便已開始產生影響了。

　　我指的是愛的競爭，尤其是同性之間。即便是很小的男孩也會對母親

第二章　關於夢

產生一種特別的情愫，他把母親當作自己的私有財產，認為父親是競爭者，質疑這份財產是否屬於個人。同樣，小女孩會認為母親阻礙了自己與父親的關係，占據了屬於自己的位置。我們觀察後，得知這種感情起源極早，並將其稱為伊底帕斯情結（Oedipus Complex），因為在神話裡，伊底帕斯有兩種極端的願望——弒父和娶母——只是呈現的方式稍微有所變化而已。我不主張伊底帕斯情結涵蓋了父母與孩子之間的全部關係，兩者之間的關係更加複雜。此外，伊底帕斯情結有時發展得很充分，有時發展卻很不充分、甚至會倒退，但卻是兒童精神生活中非常重要和常見的因素。人們傾向於低估、而非高估這一情結的影響。父母本身也常刺激子女，使其產生伊底帕斯情結。因為父母往往偏愛異性的孩子，父親偏愛女兒，母親偏愛兒子。或者，如果婚姻之愛已經淡去，那麼子女正好可以被視為失去了性吸引力的愛人的替身。

　　精神分析發現了伊底帕斯情結，但並不認為世界都應該感激我們。相反，成人總是強烈駁斥這個理論。有些人並不否認這種禁忌之情的存在，但卻透過虛假的解析，否認了其中的所有價值。我始終相信，這不用否認、也不用掩飾。希臘神話已經揭示了這一點，我們應該承認這是人類的宿命。從另一方面看，伊底帕斯情結雖然被實際生活排斥、不被接納，卻在神話和詩歌中得到了最自由的表達，這一點很耐人尋味。蘭克經過細心研究後，發現伊底帕斯情結為詩歌和戲劇提供了許多靈感，經過無限變化、改造和偽裝，以及諸如之前我們了解的審查機制造成的扭曲後，造就了許多藝術作品。有些成年後的夢雖然沒有與父母發生衝突，但也表現出了伊底帕斯情結。因此我們將與之相關的情結稱作「閹割情結」（castration complex），即父親恫嚇早年幼稚的性生活後所引發的反應。

　　我們將之前的研究應用於兒童心理活動研究，期待發現其他的禁忌之夢的起源，即過度的性慾，也可以透過同樣的方式得到解釋。所以我們將

第十三講　古老以及幼稚的特點

進而研究兒童性生活的發展，並且從不同方面，發現了下面的多種來源：第一，否認兒童有性生活是錯誤的，我們不應該想當然地認為初次性慾在青春期性成熟時才出現。相反，兒童從一開始就有豐富的性生活，只不過和成人認為的常態不同。成人生活中所謂「變態」的非正常性生活和常態有許多不同：(1) 不管物種的界限（如人獸之別）；(2) 對傳統的偽裝感情毫無知覺；(3) 打破親屬的界限（即禁止從有血緣的近親身上獲得性滿足）；(4) 同性戀；(5) 將生殖器的功能轉移到身體其他器官上。在一開始，這些限制都是不存在的，是由於之後的發展和教育，才逐漸形成約束。小孩子不受這些限制約束。人本不知道人獸之間的區別，只是隨著成長，才逐漸自恃高於其他動物。一開始，小孩子不會厭惡糞便，只是受教育後才逐漸開始厭惡。孩子最初對於性別沒有特殊的看法，而是認為男女都有相同的生理構造。他對親近的人和親愛的人產生了性慾和好奇心，比如父母、兄弟姊妹、保母等。最後我們可以觀察到，在戀愛的吸引力高漲時，這種現象又會再次產生。也就是說，他不僅僅從性器官獲得性滿足，身體的其他部位也同樣敏感，因此身體的其他部分和生殖器有相同的功能。我們可以把孩子稱為「多相變態」(polymorphic perverse)，如果他只是稍稍利用這些衝動，那也是由於，一方面這些刺激不如後來的性生活那麼強烈，另一方面教育強烈壓抑了所有性表達。這種壓抑進而發展為一種理論，也就是說，成人小心控制著孩子似的性表達，又透過錯誤的解釋來偽裝性本能，全盤否認。他們通常也是那些在幼稚園痛罵兒童在「頑皮的」性相關舉動，坐在書桌前又開始辯護兒童的純潔性的人。兒童獨自一人、或在不良誘導下時，常會表現出極為變態的性行為。老實說，成人有理由把這些事情視為「小孩子的把戲」或者「玩鬧」，因為無論從習俗還是從法律上看，兒童都不成熟，但這些事情的確存在，而且非常重要。它們一方面可以作為先天傾向的證據，另一方面又可以接續後來的發展。我們也可

第二章　關於夢

以由此洞悉兒童的性生活和人類性生活的祕密。當我們在偽裝的夢中再次發現這些變態的願望時，僅僅能表示夢恢復到了嬰兒的階段。

禁忌之夢中最值得一提的是關於亂倫的夢，即想和父母、兄弟、姊妹性交的願望。你們知道社會對此類性慾有多麼反感，或者至少裝作反感的樣子，禁止近親亂倫是非常嚴肅的事。我們做了一番努力，希望能夠解釋人類為何對亂倫如此恐懼。有些人認為這是源自人類演化發展的本性。近親交配會造成種族退行，故而成為禁忌；另一些人則認為，這是因為早年與父母一同生活，性慾已經被導向了其他人。兩種解釋都認為亂倫禁忌是自然而然的，這種禁止如此嚴格，足以證明存在著這種強烈的願望。精神分析研究顯示，兒童必先以親屬為性愛對象，才懂得壓抑這種傾向。我們也許可以在個體心理學中找到訊息。

我們現在可以將兒童心理學如何解釋夢的相關知識總結如下。我們不僅發現被遺忘的童年經歷會出現在夢中，而且還了解了兒童的心理生活及其特點，包括自我主義、亂倫等，都在夢中被無意識地表達出來；同時，夜間的夢將我們帶回了幼年。因此，我們更加確定人類的無意識生活有幼稚的特點。人類身上諸多邪惡的古怪表達，在夢中被弱化了。駭人的邪惡，只是人類精神生活中原始的幼稚狀態。我們雖然可以在兒童的行為中窺見這種惡，但部分因為時間不長、部分由於我們對兒童的道德水準要求不高，所以沒有仔細考量。由於夢退回到了幼稚狀態，所以我們身上的惡便顯露了出來。但這種駭人的表象也會誤導，我們並沒有如夢的解析中所假定的那樣邪惡。

夢讓我們再次像小孩子那樣思考和感受，夢中的邪惡衝動僅僅是一種幼稚的傾向，讓我們退回到道德觀念發展的最初階段。如果是這樣的話，只要我們理性一點，便不必對夢中的惡念感到羞愧。但人的精神生活中只有一部分是理性的，還有許多方面是非理性的，所以我們常常羞愧於做這

第十三講　古老以及幼稚的特點

樣的夢，而這種羞愧是非理性的。我們讓這些夢接受審查，假如有個夢不慎侵入了意識、未經偽裝，被我們發現的話，那我們一定會羞憤不已。實際上，對於經過偽裝的夢，如果我們理解了其中的真實含義，同樣也會感到羞愧。試想那位老婦人的「愛役之夢」，雖然未被分析，但她卻怒斥夢的荒謬。問題仍沒有解決，若深入研究夢中之惡，我們很可能得重新論斷人性。

我們的研究得出了兩個事實，但這只是揭開了新謎題、新疑問的開始。第一，夢工作的退行性不僅是形式的，而且是真實的。它不僅將我們的思考轉化為一種原始的表達，而且重新喚醒了原始精神生活的特點——自我的古老支配權和性生活的原始衝動，甚至使我們獲得了古人的理智，如果象徵可以視為理智的所有物的話。第二，這些古老的幼稚特點，從前雖然獨占優勢，但現在只得退回到潛意識內，我們現在對它的認知已有所不同。潛意識已經不再是「隱性」的代名詞，而是一個特別的領域，有著特殊的願望衝動、表達方式和獨特的心理機制，但它們通常都不會運作。不過我們透過解夢得到的隱性思考並不屬於這個領域。它們和我們清醒時的思考幾乎相同。不過它們又的確屬於潛意識。我們該如何解決這個矛盾呢？我們開始發現必須要區分。觀念源自意識生活、且有意識生活的特點——我將其稱為白天的「遺念」——和某些來自潛意識的觀念集合而成的夢。夢工作便完成於這兩個區域之間。潛意識施加在遺念之上，導致出現了退行的特徵。在未進一步探索心理領域之前，這可視為我們對夢的本質最深刻的理解。不過我們很快會用另一個名詞來描述隱性夢境的無意識特徵，使其有別於幼稚方面的潛意識。

當然，我們還可以發問：是什麼力量在睡眠中促使精神活動發生了這種退行性變化？為什麼沒有這個倒退作用，便不能處理干擾睡眠的心理刺激？心理刺激由於審查機制的關係，透過現在仍無法理解的古老表達方式

第二章　關於夢

偽裝自己，那麼現在已經被克服的古老衝動、慾望和特徵為什麼會重新運用呢？本質上和形式上的退行性特徵究竟有什麼影響呢？唯一令人滿意的答案是，這是形成夢的刺激的唯一方法。不過到目前為止，我們還無權回答。

第十四講　慾望

請注意，我要再次討論已經講過的內容。在解夢時難免遇到夢的偽裝，但我們決定暫時擱置這個問題，先研究兒童的夢，以期獲得關於夢的本質的決定性線索。依據研究結果，我們直接研究夢的偽裝。我相信，我們已經藉助某種方式克服了這個問題。但我們必須提醒自己，透過兩種方式發現的結果並不相互契合。我們現在的任務便是將這兩種結果融合，從而得出連貫的結論。

從兩種來源看，我們可以看出，夢工作主要是將思想變為幻覺。這個過程究竟是如何發生，可以說非常令人驚奇，但這是普通心理學的任務，我們不必過問。從兒童的夢中，我們得知夢工作的目的是求得慾望的滿足，以此克服干擾睡眠的刺激。關於夢的偽裝，我們在不知道如何解讀之前，不能提出同樣的論斷。不過，我們一開始就希望能夠將夢的偽裝與兒童的夢銜接。我們相信實際上所有的夢都和兒童的夢一樣利用了幼稚的素材，而且都是以兒童的心理刺激和機制為基礎。因為我們已經了解了夢的偽裝，那麼就必須繼續研究，以釐清「夢的慾望的滿足」這個假設是否也同樣適用於偽裝的夢。

我們剛才已經解釋過許多夢，但完全沒有討論「夢是慾望的滿足」這個問題。這個問題一定曾一次又一次地出現在你們的腦海中：「你憑什麼假

第十四講 慾望

定夢工作的目的是滿足慾望？」這個問題很重要。實際上這就是一般批評家常常提出的問題。人類生來就很排斥新知，總會立刻將這個創新縮小到不能再小的範圍，如果可以的話還要冠以一個普通的名字，那就是「滿足慾望」，人們用它來概括這個關於夢的新科學。普通人一聽到夢是為了滿足慾望，便會問：「哪裡看得出夢是滿足慾望呢？」這便是否認這個觀點了。他們立刻想起自己的無數個夢，這又引起了他們大大的厭惡，因此認為精神分析關於夢的學說似乎很不可靠。不過這個問題很容易就能答覆，在偽裝的夢中，因為無法一眼看出夢是在滿足慾望，必須去追尋，直到我們解析夢之後才能辨識出來。你們也知道，在偽裝的夢中，慾望是被封禁的。這些慾望為審查機制所不容，它們的存在正是引起偽裝和審查的原因。但是，要讓一般批評者懂得以下事實並不容易，即：解夢之前，不要問這個夢滿足了哪種願望。人們總是遺忘這一點。批評家對「夢是為了滿足慾望」的懷疑態度只不過是審查機制作用的結果，是因為他們不願承認替代物表達了夢的慾望。

當然，我們發現有必要解釋一下為什麼許多夢的內容令我們感到痛苦，特別是恐懼的夢。在這裡，我們第一次看到了夢中的情感問題，這個問題值得單獨研究，但我們沒有要在此討論。如果夢是滿足慾望，那麼夢中就不應該出現痛苦的經歷。在這一點上，一般批評家顯然是對的。但這個問題之所以複雜，是因為人們往往忽略了下面的三點。

第一，夢工作可能無法成功滿足慾望，所以顯性夢境中便出現了部分痛苦的思考。分析表明，這種感情甚至比引起夢的感情還要令人痛苦。每個例子都可以證明這一點。我們承認夢工作並不能真正滿足慾望，比如夢見喝水並不能止渴。人必須醒來，然後真的去喝水，才不會口渴。不過夢見喝水也是真正的夢，仍體現出了夢的本質。我們會說：「雖然缺乏力量，但仍滿足了慾望。」其中清晰可見的意圖至少是值得讚許的。夢工作

第二章　關於夢

失敗的例子不在少數，失敗的原因部分在於夢工作很難將感情具象化。情感常常強烈抵抗，所以夢工作進行時，不愉快的夢的思考轉化為了慾望的滿足，而不舒服的感情則始終不變。所以在這種夢中，感情和內容是不一致的，批判者會說夢根本沒有滿足願望，甚至無害的內容也伴有不快的感情。對於這種不高明的批評，我們可以說，夢工作中滿足慾望的傾向十分明顯，因為這種傾向在夢裡才會分離。批判之所以錯誤，是因為他們沒有意識到精神官能症患者總把內容和感情的關係想像得過分緊密，而無法理解內容很可能會變化，與之相伴的感情表達卻可以維持不變。

　　第二點更加重要，也同樣被一般人忽視。滿足慾望足可以使人產生快感，但究竟會使什麼人產生快感呢？自然是有此慾望的人。但我們知道做夢者與他的慾望之間有著十分特別的關係。他將慾望置於一旁、審查慾望，直到慾望消失。經驗表明，事實正好相反，這種慾望以焦慮的形式呈現，尚待解釋。做夢者與夢裡慾望的關係，就像因某些共同特質而組合而成的兩個人。關於這個問題，我不想進一步解釋，只想告訴你們一個家喻戶曉的故事，從這個故事中你們可以看到我之前提到的關係：一名善良的神仙向一對貧窮的夫妻許諾滿足他們的三個願望。他們非常高興，決定小心選擇三個願望。但妻子嗅到了隔壁傳來的烤香腸香味，便說希望有兩條香腸，於是香腸一下就到了他們眼前。第一個願望用掉了，丈夫很生氣，說但願這兩根香腸掛在妻子的鼻尖上。第二個願望也實現了，香腸長在妻子的鼻尖上，怎麼也拿不掉。不過這是丈夫的願望，妻子只能叫苦連天。你們應該能猜到故事會如何發展。他倆畢竟是夫妻，所以他們的第三個願望，就是使香腸離開妻子的鼻尖。我們也許常用這則故事來比喻其他事情，不過這裡僅用來說明，一個人滿足願望也可以使另一個人深感不快，除非這兩個人的心意一致。

　　現在我們不難理解焦慮的夢。我們應該還要做更多觀察，以得出其他

方面的共同結論。這一點就是，焦慮的夢的內容往往完全沒有偽裝，像是已經躲開了審查機制。焦慮的夢常常毫無隱藏地表達了想要滿足慾望，但這個慾望當然是不為做夢者所接受的，它是被摒棄的慾望。焦慮的夢便乘虛而入，代替了審查機制。兒童的夢是做夢者承認的對慾望的滿足，普通偽裝的夢是對被壓抑慾望的隱祕滿足。我們必須說，焦慮的夢是被壓抑的慾望偽裝後的滿足。焦慮表明被壓抑的慾望比審查機制更強，儘管有審查，仍舊滿足了慾望，或者大致得到了滿足。因為我們站在審查者的立場上，所以滿足被壓抑的慾望只會產生不快的情緒，進而讓我們抵抗。所以夢裡的焦慮，是由無法壓抑的願望所引起的。我們不僅可以從夢的研究中發現，這種抵抗為何會以焦慮的形式表達，還可以在其中找到研究焦慮的素材。

　　未經偽裝的夢所建立的假說，也可以解釋那些只有稍稍偽裝的夢，以及其他使人不快或焦慮的夢。焦慮的夢常常使我們驚醒。由於審查機制的關係，我們總會在被壓抑的慾望被滿足之前醒來。這種情況下，並未達到夢的初始目的，但其主要性質卻從未改變。我們喜歡把夢比喻為夜的守護者或夢的監護人，保護我們的睡眠不被打擾。守夜人在覺得自己不足以單獨抵禦干擾或危險時，也會叫醒睡覺的人。不過，我們在因夢變得可疑而感到不安時，往往仍能繼續沉睡。我們邊睡邊對自己說：「這只不過是一個夢。」

　　夢的慾望在何時才能戰勝審查機制呢？這由夢的慾望和審查機制兩方面決定。慾望可能會出於未知原因變得異常強大，但根據我們的印象，兩者的力量平衡，發生變化的話，大部分應歸咎於夢的審查機制。我們已經知道，審查機制在不同的夢裡強度也不同，對不同元素審查的嚴格程度也不同。現在我們想再加上一點，審查機制極易變化，對同一情境也會有不同的審查力度。如果審查機制對某個夢的慾望感到無力，便會拋開偽裝，

第二章　關於夢

而採取最後的應對手段，使做夢的人因焦慮而驚醒。

這些邪惡、被排斥的慾望，為何總在晚上打擾我們的睡眠呢？我們現在還不得而知。我只能基於睡眠的本質提出一個假設。在白天，審查作用對這些慾望施加了很大的壓力，完全壓抑慾望。到了晚上，審查機制也許像精神生活的其他方面一樣，因為睡眠而鬆緩，或者至少變得不那麼重要了。審查機制放鬆了下來，被封禁的慾望才得以再次抬頭。有一些焦慮的人會失眠，他們最初認為失眠是自動的。他們不敢入睡是因為害怕做夢，也就是說，害怕審查作用鬆懈而引發夢。你們會發現審查機制的鬆懈本身並無害。因此，即便我們的邪惡意圖開始蠢動，也只能產生一個夢境，並無實際的壞處。因此，做夢者可以在夜裡對自己說：「這只是一個夢而已。」然後繼續睡覺。

第三，你們可還記得，抵抗慾望的做夢者，被比喻為兩個人的綜合體，他們在某些方面緊密相連，你們便知道滿足慾望會透過一種方式讓人覺得不快，這種方式就是懲罰。前面那三個願望的故事，可以幫助我們說明問題：盤子裡的烤香腸是第一個人（即妻子）的願望得到滿足；鼻尖上的烤香腸是第二個人（即丈夫）的願望被滿足，卻是對妻子愚蠢願望的懲罰。我們會發現精神官能症和這則故事裡的第三個願望類似。人類的精神官能症中有許多諸如此類的懲罰傾向，它們十分強大，可視為我們某些痛苦夢境的主要原因。也許你們現在會說慾望滿足的根據所剩不多了，但仔細思考之後，你們便會承認自己錯了。與稍後即將討論的夢的內容不同的是，解決方案（慾望、焦慮和懲罰的滿足）的範圍都十分狹窄。這就是為什麼焦慮是慾望的絕對反面，而反面又很容易與正面相連，如我們所知，它們在潛意識中一起出現。這也是為什麼懲罰不失為另一種慾望的滿足，它滿足的是審查者的慾望。

整體而言，雖然你們反對慾望滿足理論，但我也不願意讓步。無論夢

偽裝得多深，我們注定會在每一個夢中滿足慾望，當然也不願意放棄這項研究。讓我們回到之前解讀過的夢，即關於一個半弗羅林購買三張票的夢。我們已經從中得出了許多夢的知識，希望你們還記得。白天，那個女士聽到丈夫說只比她小三個月的朋友愛麗絲訂婚了。晚上，她夢見自己和丈夫去戲院看戲。劇場的座位有一半是空的。丈夫告訴她：「愛麗絲和她的未婚夫本來也要來，但因為只買到三張位置不好的票，所以就不來了。」她覺得這還便宜他們了。我們發現夢裡的思考源於她不滿於過早結婚，而且實際上她對丈夫也不太滿意。我們也許會覺得奇怪，這種悔恨的想法是如何轉化為慾望的滿足，它們的痕跡是如何在顯性夢境中被發現的。現在我們了解到「太早、太趕」的元素由於審查機制，已經在顯性夢境中消失了。空的座位即為這個元素的暗喻。我們了解了象徵機制之後，「購買三張票」就不那麼令人困惑了。「三」指的是丈夫，顯性夢境很容易被翻譯為：「以嫁妝買一個丈夫」（我的嫁妝本來可以得到優秀十倍的丈夫）。看戲顯然代替的是結婚。「太早買票」直接代替了這段倉促的婚姻。這個代替便算是慾望的滿足。做夢者對於過早結婚雖然一直不太滿意，但直到聽到朋友訂婚的消息後，這種不滿才越來越強烈。她也曾誇耀過自己的婚姻，覺得比朋友更幸福。天真的女孩經常向朋友吐露，訂婚後就能觀賞之前被禁止的許多戲劇。好奇心的表現和看戲的慾望當然起源於性的「偷窺慾」，尤其是偷窺父母的性事，後來這種慾望成為促使年輕女孩想趕快結婚的動機。所以去戲院顯然成了結婚的替代物。她現在因結婚太早深感後悔，於是想到了因這種「偷窺慾」而結婚的時候。現在她在古老慾望衝動的支配下，便以看戲代替了結婚。

我們可以說剛才的例子太簡單了，不能證明夢是慾望的滿足。其實就任何其他偽裝的夢而言，我們都不得不如此曲折地解釋。我不能在此細談，只能告訴各位這種觀念在其他任何地方同樣適用。我願意依據這個理

第二章　關於夢

論繼續研究。透過經驗得知,這是整個夢理論最容易引起矛盾和誤解的地方。此外,你們也許覺得我撤回了之前提出的一些學說和觀點。我曾說過夢既可以是慾望的滿足,也可以是慾望滿足的反面,如焦慮和懲罰。你們也許認為這是強迫我讓步的好機會。我還聽過這樣的抱怨,說我將自己明白的事情陳述得太簡單了,所以不太具有說服力。

你們雖然已經在解夢研究上有所了解,已經勉強接受了我全部的論斷,但對於滿足慾望這一塊,仍會忍不住停下來問:「即便承認每個夢都有意義,運用精神分析技術可以發現其中的意義,那為什麼要否認一切反面的證據,將意義限制在慾望滿足的公式裡呢?為什麼夜間的思考不能像白天那樣具有多面性呢?為什麼夢不能在一種情況下表達慾望的滿足,在另一種情況下表達慾望滿足的反面,比如驚懼、決心、警告、利弊、譴責,或是對一項預期任務的準備呢?為什麼只能是一種慾望,最多不過是慾望的反面呢?」

我們也可以說,意見稍微分歧也無妨,只要我們在其他方面有共識就可以了。我們可以說發現夢的意義和了解意義的方法已經足夠了,如果我們把意義限制得太死,未免本末倒置。我們容易誤解夢的本質,而結果就會危及該項研究對精神官能症的理解和價值。上述方法在為人處世上也許會受到推崇,但在科學上是有害的。

夢的意義為什麼不是多方面的?我的答案通常是:我不知道為什麼夢的意義會是多方面的。如果夢的意義真的是多方面的,我也不反對。據我所知,這也可能是真的。不過要得到這個更為廣泛和舒服的解釋,只有一個小小的障礙——實際上事情並非如此。我的第二個答案將強調下面這個假設,即夢可代表思考和理智運作的多種形式。這個觀念對我來說並不陌生。根據我的記錄,一位患者連續三天做了同一個夢,然後就不再做這個夢了。我這樣解釋:夢與某個決定相符,他執行這個決定以後,便沒有

第十四講　慾望

理由重現了。最近我又做了一個夢，與懺悔有關。現在我為什麼要自相矛盾，說夢是慾望的滿足呢？

我寧願自相矛盾，也不願意承認一個愚蠢的誤解，因為這樣會毀掉我們關於夢的全部成果。這種誤解將夢和隱性思考混為一談，以為夢的隱性思考如此，夢也必然如此。夢的確可以代表我們剛才講過的種種思考方式，比如決心、警告、反省、準備、解決問題的嘗試等。但你們若仔細觀察，便可以發現上述全部事情都是變成夢境的隱性思考。你們從夢的解釋中，便可以發現人的潛意識思考是由決心、準備、反思等占據，夢工作是將它們變成夢。如果你們的興趣不在於夢工作，而在於人們的潛意識思考，那麼就可以略過夢工作，而稱夢本身可代表一種警告、決心或其他，這實際上也未嘗不對。精神分析研究也常這樣做。人們最多只是消滅夢的表面形式，代之以構成夢的隱性思考。

從隱性思考的評估中，我得知列舉的所有複雜的心理活動，都是在潛意識中運作，這個結論相當驚人，同樣也相當令人困惑。

不過話說回來，你們說夢可以代表各種思考方式，假如你們承認利用了簡潔的說話方式，卻不將這些思考方式作為夢的本質，那當然非常正確。當你們提到夢的時候，一定要麼指顯性夢境，即夢工作的產物，要麼指夢工作本身，即夢的隱性思考轉化為顯性思考的心理過程。你們使用概念含糊的詞只會有麻煩。假使你們的話是用來指夢的隱性思考，那麼請你們講清楚，不要使用有缺陷的表達使問題更加晦澀。夢工作將隱性夢境思考的素材重新加工成顯性夢境。你們為什麼將素材和製造的過程混為一談呢？有些人僅知道夢工作的產物，而無法解釋其來源和產生過程。如果你們分不清楚顯性夢境和隱性思考，又能比這些人好到哪裡呢？

夢的理論中，最重要的就是影響思考素材的夢工作。即便在某些實際情況中我們可能會沒有考慮到夢工作，但也無權拋棄這個理論。觀察和分

第二章　關於夢

析表明，夢工作從來不只局限於將這些思考轉化為古老或退行性的表達方式。反之，總有一個不屬於白天的隱性思考，但卻能附加形成夢的本質動機。這是一種不可分割的元素，同時也是潛意識中的慾望，夢的內容的改造，目的就是滿足這個慾望。如果你們僅考慮夢所代表的思考，那麼夢就可以是能夠想像得到的所有事情，比如警告、決心、準備等。夢是對未知慾望的滿足，如果你們將夢視為夢工作的結果，事情便總是如此。夢本身從來不能作為一種決定、警告，但在潛意識慾望的幫助下，必然會將一種決心轉化為古老的表達方式，轉化的目的在於滿足這種慾望。慾望滿足的特點是恆定不變的，其他的特點可能會有所變化。夢本身有時就是一種慾望，因此在潛意識慾望的幫助下，夢表達了白天清醒時沒有完成的潛在慾望。

　　我十分清楚這點，但我不確定你們是否也理解了，向你們證明也非常困難。一方面來看，若不仔細分析大量的夢，便無法證明這點；另一方面來看，不涉及以下問題，也無法使你們相信關於夢的重要概念。所有事物之間都有密切的關聯。難道你們相信不仔細研究與之本質相近的事物，就可以洞悉一種事物的本質嗎？由於我們對與夢緊密相關的另一現象——精神官能症的症狀——一無所知，所以對於現在的研究成果，總該感到滿意了。我想舉另一個例子來說明新的觀點。

　　讓我們再一次研究之前多次提到的夢——買三張票的夢。請你們別緊張，我舉這個例子並沒有其他意思。你們已經十分熟悉隱性夢境思考了：做夢者在聽到她的朋友訂婚後十分懊惱，認為自己太早結婚了。她也看不起自己的丈夫，覺得再等等的話，可能會找到一個更好的老公。我還知道是「偷窺慾」讓這些慾望構成了夢。做夢者想看戲，也可能對婚後生活有古老的好奇心。我們都知道，小孩時不時會想窺探父母的性生活。這是兒童的一種衝動，成年人才被允許有性生活，而這種衝動可以追溯到嬰

兒時期。但做夢者前一天得到的消息並沒有喚起她的好奇心，僅僅使她懊惱和悔恨。這個衝動最初和隱性思考無關，所以分析時不牽扯到窺探慾也可以得到結果。不過，懊惱本身並不會產生夢。夢不可與思考割裂，「太早結婚真是愚蠢」這種想法並不能產生夢，除非因為這個思考激起了從前想看看婚後生活的慾望。因而這個慾望才構成了夢，用去劇院看戲代替了結婚，這是一種早期慾望滿足的形式：「現在我可以觀看之前不能看的戲劇，妳卻不能。我已經結婚了，而妳得再等一下。」實際情況透過這種方式被轉化成反面，以前的勝利被懊悔取代了。好奇心和自誇感的同時也得到了滿足，這種滿足感決定了顯性夢境的內容，這使她夢見自己坐在戲院內，而她的朋友買不到票。夢的其餘部分則表現為這個滿足情景背後難以理解的變動，其背後隱藏著隱性思維。解夢時必須將所有關於慾望滿足的表現考慮在內，同時必須基於不快的隱性夢境思維重新建構。

上面的論述無非是想引起你們對隱性夢境思維的注意。我懇請各位不要忘記：第一，做夢者對於隱性思考一無所知；第二，隱性思考是連貫且完全符合邏輯的，所以我們可將其視為對夢境應有的反應；第三，它們的價值與任何心理衝動或理智活動不相上下。我將替隱性思維冠以更清楚的名稱「白天的遺念」。做夢者可能認可，也可能不認可。因為我可以就此區別隱性思考和「遺念」，凡是由解夢者發現的都可稱為隱性思考，而遺念僅是隱性思考的一部分。在遺念之外，還有一種強而有力的、被壓抑的潛意識衝動，正是這個衝動促成了夢。夢的衝動對遺念的影響也參與了夢的隱性思考，產生了清醒時無法理解的非理性夢境。

在解釋遺念和潛意識慾望之間的關係時，我曾做過一個比較，現重述如下：任何企業都需要資本家的投資，也需要一個懂得規劃與執行的企業家。在夢的形成中，潛意識慾望承擔了資本家的角色，替造夢提供了精神動力的必要資源。真正實施造夢計畫的是遺念，它決定了如何支出。資本

第二章　關於夢

家也有計畫和專業知識，或者企業家也可能有一定的資本。這個比喻簡化了實際情況，卻使理論更加難以理解了。在經濟學中，即便同是一個人，我們也會區別資本家和企業家的功能。有此區分，我們的比喻才有相當的依據。夢的形成也有相同的變化。這留給你們自行思考。

我們可以更進一步研究，你們或許早就有了一些疑問。你們會問，白天的遺念真的和構成夢不可或缺的潛意識思維一樣屬於潛意識嗎？這是個好問題，也是整個研究的重點。兩者都屬於潛意識，但含義不同。夢的慾望屬於不同的潛意識，我們已經知道它的幼稚起源和其中的特殊機制。我們以兩種不同的名稱來分別稱呼它們完全恰當，但請等到我們熟悉了精神官能症症狀之後再這樣做。潛意識的概念已經非常令人驚訝了，現在又推斷出潛意識能夠分為兩種，人們會怎麼想呢？

讓我們在此告一段落。你們又聽到了一些不完整的知識，但這其中難道沒有蘊藏著透過我們的努力或旁人的研究推動科學進步的希望嗎？我們不也發現了許多令人驚訝的新知識嗎？

第十五講　關於疑問與批評

精神分析的研究出現了許多新觀點和新概念，也相應出現了許多最普遍的疑問和不確定之處，在尚未觸及它們之前，我們必須繼續探索夢。你們在留心聽了幾次演講之後，未免有如下批評：

1. 你們可能會建立起這樣的印象：夢的解析工作留下了許多不確定的因素。即便我們堅持使用解夢技術，也不可能真正將顯性夢境翻譯為夢的隱性思考。為了支持這種觀點，你們首先會指出，無法確定該從字面意義還是從象徵意義來分析一個特定的元素。因為事物被作為象徵之後，仍不

失為原來的事物。斷定這個問題如果沒有客觀依據，那麼夢的解析便可以由解夢者任意決定了。此外，更重要的是，由於夢工作總包含正反兩面，所以總是無法確定應該從正面還是從反面來看夢裡的一個特定元素。這又讓解夢者留下了一個可以任意取捨的機會。最後，夢中存在許多倒置現象，解夢者可以根據自己的理解假設出現了倒置。最後，你們會說無法確定解夢者得到的是對夢的唯一解釋。誰都有可能忽視了其他可能的解釋。根據以上幾點，你們可以推斷出，解夢有很大的自由心證餘地，其結果在客觀上難以被信賴。或者你們認為錯不在夢，而是我們根據自己的概念和假設從過失研究中得出的解夢技術不太成熟。

你們依循的素材無可指責，但我認為這不能證明你們推導出的兩點結論：第一，我們的解夢工作是由解夢者任意決定的；第二，因為結果不確定，讓人們對採取的方法有所疑問。如果你們將任意性歸咎為解夢者的技術、經驗和理解力，我會同意你們的觀點。這種個人因素自然是無法避免的，尤其是面對較困難的任務時。科學研究中也有這種情況，我們無法保證某個人會比另一個人更熟練、更充分運用某一技術。例如，象徵的解釋看似武斷，但只要想一想夢的思考之間的彼此關係、夢境與做夢者生活的關係、引發夢的整個心理狀態，便能了解不能因其對實現目的無益而無視其他解釋，而只選擇某種有可能的解釋。你們認為解釋不充分是因為假設很荒謬，但你們若知道兩歧性或不確定性是夢的常態特徵，便會發現這樣推斷實在站不住腳。

你們應該還記得，我曾說過夢工作是將夢的思考轉化為和象形文字類似的原始表達。不過整個原始表達系統都具有不確定性和兩歧性，但我們並不能因此否認它的用途。你們知道可以把夢工作的正反兩面，類比為古老語言中「原始語言的兩歧對立性」。我們必須感謝語言學家 R·艾布（R. Abel）在西元 1884 年提出了這一觀點。他認為古人使用這種雙關語交談，

第二章　關於夢

彼此卻不會產生誤會，因為伴隨使用的語調和手勢，讓雙方能夠正確地理解。書寫中沒有手勢，代之以圖畫符號加以補充說明文字的意義。比如象形文字的「ken」，附以屈膝跪地的小人，表示「弱」；附以垂直站立的小人，表示「強」。

我們可以在古老的表達系統中發現許多不確定因素，比如最古老語言的書寫方式，而現代的書寫則無法忍受這些不確定因素。許多閃米特語族的文字只會寫下詞彙的子音，讀者必需根據知識和上下文推斷出省略的母音。象形文字的書寫方式和閃米特族語的文字並不完全相同，但也大致類似，所以我們現在無法知曉古埃及語的讀音。在埃及的聖卷中還有種種不確定的其他因素，例如，圖畫究竟是自左向右讀、還是自右向左讀，都由作者自行決定。若要閱讀文字，則必須參考規則，依靠人臉、鳥等圖案。不過作者在較小的物體上書寫時，也可以出於美觀和比例的考慮，直向書寫文字，或者進一步改變符號的順序。也許象形文字最令人困惑的一點是文字之間沒有間隔，圖畫以相等的距離排在一頁紙上，所以讀者往往不清楚一個字母應該算這個詞彙的開頭，還是那個詞彙的結尾。反之，波斯的楔形文字在兩個詞語之間會有一條斜槓。

中國擁有最古老的語言和文字，別以為我完全不懂中文。我是因為想從中文裡找到一些類似的不確定性例子，才學習了一些中文。令我高興的是，中文裡有許多不確定性，非常令人震驚。中文有許多表示音節的音，或為單音、或為複音。有一種方言共有四百個音，卻有約四千個字，可見每個音平均可以表達十種不同的意思。某些音表達的意思比較多，某些音表達的意思比較少。所以中文有許多避免產生歧義的方法，因為單憑上下文，人們無法猜出這個音到底表達的是十個意義中的哪一個。其中的一個方法是將兩個音合成一個詞，加上四種不同的聲調來發音。出於比較的目的，更有趣的一點是，這種語言實際上沒有語法。我們無法確定一個詞是

名詞、動詞還是形容詞，漢語的詞彙也不隨性、數、格、時、式而變化。因此，可以說這種語言包含了原始的素材，這些素材省略的關係與夢工作分割我們思考語言的方式大致相同。在漢語中，聽者會根據上下文決定話語的意思。舉個例子，有個中國成語叫「少見多怪」，字面上能翻為「一個人所見越少，越容易感到奇怪」，也可以翻譯為「一個人見識少的話，難免會有許多令他驚奇的事情」。我們自然沒有必要爭論哪一種解釋才正確，因為兩者只是在語法上有所不同。儘管有種種不確定性，我們仍認為漢語是表達思考的最佳管道。所以，模糊不見得會產生歧義。

現在我們必須承認，夢的表達體系比古代的語言文字還要模糊。畢竟語言文字是為了交流，也就是說，語言設計出來就是為了讓人理解，無論以何種方式、或藉助何種幫助。夢正好缺乏這一特點。夢不想向任何人透露資訊，夢不是為了交流，相反，它的初衷並不是讓人理解。出於這個原因，如果我們在夢裡發現歧義和模糊之處，也沒有必要吃驚或不解了。透過比較研究，我們深信這一不確定性應該被視為原始語言文字的通性，而人們往往以其反駁解夢的正確性。

只有透過經驗和實踐，才能確定夢能夠被解讀到何種程度。我的想法是，夢確實能被深入解讀。受過正規訓練的精神分析師在經過比較研究之後，也證實了我的看法。一般人即便是對科學感興趣，也會被研究中會遇到的困難和不確定勸退，並強烈質疑我的研究工作。你們也許不知道，古巴比倫和亞述的碑文被譯為現代文字時也有這種問題。有一陣子，大眾普遍認為楔形文字的研究者都是憑幻想判斷，整個研究都是「騙人的」。但在西元 1857 年，皇家亞洲學會（Royal Asiatic Society）做了一項決定性測試。該測試測驗了四位最著名的楔形文字研究者，分別是羅林森（Rawlinson）、辛克斯（Hincks）、福克斯・塔爾博特（Fox Talbot）和奧佩爾（Oppert）。每位研究者獨立翻譯了最近發現的碑文，然後將譯文密封在信

第二章　關於夢

封裡遞送給學會。學會比較了四份譯文，發現內容一致，這足以充分證明已有研究的可信性，未來的進展也大有希望了。大眾的嘲笑逐漸平息，人們終於對解讀楔形文字燃起希望。

2. 有些人覺得精神分析的結果大多是硬湊出來的，有些滑稽可笑，所以強烈駁斥，想來你們大概不會這樣。這種評價很普遍，我隨便說一些最近的例子。瑞士號稱是自由的國度，但最近某寄宿學校的校長因為對精神分析感興趣而被迫辭職。雖然他有抗議，但伯恩的某報刊登了校董事會對此事的決議案。我在此摘抄幾句有關精神分析的內容：「蘇黎世大學費斯特爾教授書中所舉的例子強詞奪理，令人震驚……一個師範大學的校長竟然對這種理論和這種理論依據深信不疑，真是出人意料。」

報導說校董事會「冷靜地」裁決，我倒認為這種冷靜是「裝出來的」。現在讓我們仔細研究這個問題，加上一點思考和知識，總不至於有損這種「冷靜」吧。

有些人只憑第一印象，就能非常迅速和準確地總結這個微妙的問題，這令我振奮。這些解釋在他們看來牽強附會，令他們不悅，他們便說這個解釋有問題，整個精神分析研究都無足輕重。

批評的原因主要和移置作用的結果有關，你們已經了解移置作用是夢的審查機制最有利的手段。在移置作用的協助下，夢的審查機制創造了替代物。辨識出替代物並不容易，也不太容易由此追溯到背後的隱性思考本身，因為兩者之間的關聯非常奇怪。整個問題在於隱藏了隱性思考，這才是審查機制的目的。我們不能期待能在隱性思考平時出現的場所找到它。在這一方面，邊境官比瑞士的校董事會更狡猾。他們在搜查文件和地圖時，不僅會檢查資料夾，還認為間諜或走私犯可能會把文件藏在一些隱密的地方，比如雙層靴底之間。如果在這些地方發現文件，當然也是一種「硬湊」，卻不失精巧。

第十五講　關於疑問與批評

　　如果我們承認隱性夢境的元素和其顯性替代物之間可能有最遙遠、最不可思議的關聯，甚至是滑稽可笑的關聯，便可根據經驗從例子中發現許多意義。要解釋這些意義，僅靠我們自己的努力是無法辦到的。神志清醒的人絕對猜不出必然關聯，做夢的人自己也無法立即透過聯想解釋——由於替代物是在他的頭腦裡產生的，所以實際上他能辦到——或者由他提供素材，讓我們可以輕鬆解決問題。如果做夢者無法透過這兩種方法幫助我們，那我們便永遠不可能知道問題中的顯性夢境元素了。請允許我再講一個最近發生的例子。在近期的治療中，我的一位患者的父親突然離世了。她在夢裡想盡辦法試圖讓父親復活。有一次，她夢見父親說：「十一點十五分了，十一點半了，十二點十五分了。」她聯想到父親喜歡孩子們準時吃午餐。那件事很有可能和夢的元素有一些關聯，但我們無法據此得出任何結論。從當時的治療情形來看，我們懷疑她在夢裡批判了父親，但她平時非常敬重父親。她繼續聯想，想得越來越遠，提到了前一天聽到的心理學問題討論：「穴居人（原始人，Urmensch）在我們心裡復活。」現在我懂了，她因此才會想像去世的父親復活了，所以夢裡的父親成了一個報時者（Uhrmensch），在中午的時候不斷報時。

　　我們不可以輕易放過這種雙關語，做夢者的雙關語常常能幫助解夢。此外，還有許多例子，我們也不能輕易斷定它是笑話還是夢。你們應該還記得，在研究口誤時，我們也有過類似的疑問。某人夢見自己和叔叔坐在同一臺汽車（auto）內，叔叔吻了他一下。他很快地解釋，汽車意味著「自體情慾」（autoeroticism）（這個詞源自原慾或愛的衝動，表示不借助外物滿足情慾）。這個人難道是在開玩笑，才把雙關語假託為夢嗎？我認為不是，他真的做了這樣的夢。夢為什麼和笑話之間有如此驚人的相似之處呢？這個疑問曾一度讓我碰壁，所以現在我必須徹底研究幽默這件事。研究之後，我得知幽默源於一連串潛意識思考，進而營造出幽默的效果。

第二章　關於夢

因為受潛意識的影響，所以也受凝縮和移置作用的影響，這與我們在夢中發現的過程相同。夢和幽默有時出現的相似性便在這裡，不過無意的「夢的笑話」不像普通笑話那麼有趣。為什麼呢？深入研究幽默，你們便會懂得。「夢的笑話」是一個糟糕的笑話，它無法逗我們笑，一點也不有趣。

在這一點上，我們在追溯古人解夢的腳步。他們除了留給我們一些無用的例子之外，也留下了一些難以超越的絕佳夢例。下面我將講述一個具有歷史意義的夢。普魯塔克（Plutarch）和阿特米多魯斯（Artemidorous）的記載略有不同，做夢的人是亞歷山大。亞歷山大大帝圍攻泰爾城的時候（西元前322年），城內軍民拚死抵抗。亞歷山大夢見了正在跳舞的半人半羊之神薩提爾（satyros）。隨軍的解夢者阿里斯坦德（Aristandros）認為「satyros」可以分解為「sa Turos」，意味「泰爾是你的」，據此預言圍城戰會取得勝利。亞歷山大大帝在解夢者的指引下繼續圍攻，最終征服了泰爾城。解夢者的解釋看似牽強，但最後證明是正確的。

3. 對解夢感興趣的精神分析學家也駁斥過夢的概念。一方面是因為夢中模糊的地方尚未被理解，一方面是由於不當的過度概括，提出的論斷便和醫學上定義的夢的概念一樣有瑕疵。其中的一點你們已經了解了：他們認為做夢者有意使夢適應當前的環境，並試圖在夢裡解決未來的問題。換句話說，他們認為夢具有「預知的傾向」（A·米爾德）。我們已經知道這個錯誤，是由於他們將夢和夢的隱性思考混淆了，同時忽視了「夢工作存在」這個前提。假如他們用「預知的傾向」指夢的隱性思考所屬的潛意識精神活動，那麼由於潛意識除了為未來做準備之外，還有進行許多其他活動，所以他們的假設既無創新之處、也非全面詳盡。另一個更嚴重的混淆，是將「死亡原因」或「死亡慾望」當作每個夢的基礎。我們不確定這種假設想表明什麼，但我認為在這個誤解背後，夢和做夢者的個性混淆了。

還有人基於很少的例子不當地概括，認為解夢只有兩種方法，其一

第十五講　關於疑問與批評

是我們說的精神分析法，其二是所謂的寓意式神祕法。後者忽視了本能衝動，專注於解讀深層的精神〔V·西貝爾（V. Silberer）〕。這樣的夢的確存在，但大肆推廣就不對了。聽了這麼多之後，還有人認為所有夢都有兩性的解釋，即可以解讀為男性和女性兩種傾向的混合〔A·阿德勒（A. Adler）〕。的確有這樣的夢，但稍後你們會了解到這些夢都建立在歇斯底里的基礎上。我提到了種種對解夢的不當概括，是為了警告你們不要誤入歧途，或者至少明確我對這些概括的看法。

　　4. 有人認為，患者會故意在夢的內容上迎合精神分析師，來支持精神分析理論，所以有些夢主要體現了性衝動，有些夢體現了權力慾，還有一些夢表達了重生的主題〔W·史德克爾（W. Stekel）〕。這些人以此反對夢的研究的客觀價值，這種反對意見其實不堪一擊。這是因為：第一，在很久以前，人們還沒有建立精神分析療法的時候，就一直會做夢；第二，現在的患者在尚未接受治療之前也做夢。很快就能不證自明這種新發現的意義，但在理論上毫無影響力。如果在精神分析中，分析師白天的評論和刺激大大影響了患者，那麼這也可被視為是與夢形成有關的心理刺激，它反映了白天的情緒變化、未滿足的興趣和思緒。這些刺激在晚上睡覺時產生心理衝動，它們的影響也和干擾睡眠的身體刺激類似。正和引起夢的其他因素一樣，由精神分析師所激發的思考，也會出現在顯性夢境中，或者可以追溯到隱性夢境裡。我們知道實驗可以引發夢，或者更確切地說，夢的素材可以透過實驗植入夢中。精神分析家對患者的影響正如實驗者的影響一樣。

　　我們可以影響夢的素材，但無法影響人們會夢見什麼。夢工作和隱藏在夢中的潛意識思考絕非外界影響可及。我們在討論由身體引起的刺激時已經知道了夢的特點和獨立性，也可以在做夢者所受的身體刺激和精神刺激中看見。所以，如果你們還對夢的客觀性有疑問，可能又是因為把夢和

第二章　關於夢

夢的素材混為一談了。

女士們、先生們，關於夢的問題我已經說得夠多了。你們可能懷疑我省略了很多內容，也會發現幾乎所有問題都暫無定論，這是因為夢的現象和精神官能症之間有所關聯。我希望透過夢的研究引入精神官能症研究，這一定比反過來操作更加適當。但是，正如夢的研究可以作為精神官能症研究的前導一樣，反過來我們只能在掌握了一定的精神官能症領域的知識後，才能對夢提出正確的評價。

我不知道你們究竟是怎麼想的，不過我確信花這麼長時間討論夢是值得的。想要如此迅速地確定精神分析研究假設的正確性，除此之外別無他法。我們需要花費數月、甚至數年的時間辛苦研究，才能證明精神崩潰等病症有意義和目的，並且是源於患者自己的經驗。從另一方面來看，只要研究內容相同的夢境產物幾個小時，就可以證明精神分析的所有假設、潛意識心理過程、執行的特殊機制及動機的力量。假如我們記得夢的構造和精神官能症的構造有多麼相似，又推想做夢者是如何迅速變成一個既警覺又理性的人，便可以確定精神官能症的發病基礎來自於各種精神生活力量的失衡。

第三章
精神官能症通論

第三章　精神官能症通論

第十六講　精神分析

　　非常歡迎各位回來參與討論。在上次的講座中，我談到了過失和夢的精神分析療法。今天我將向你們介紹精神官能症，你們很快就會發現它和過失及夢之間有很多相似之處。但我必須先告訴你們，不要以像之前的態度來聽講。此前，我每進一步討論，總要先獲得你們的認可。我經常和你們討論、聽取你們的反對意見，簡單來說，我非常尊重你們和你們的「常識」。但現在我不能繼續這樣做了，原因很簡單，過失和夢這對你們來說並不陌生，你們的經驗可能和我一樣豐富，你們也可以輕易獲得許多資料。但你們對精神官能症很陌生，你們不是醫生，所以只能由我來帶領你們了解精神官能症。如果對於討論的問題一無所知，即便你們非常聰明，又有什麼用呢？

　　不過，不要以為這樣宣告以後，我就把自己當作權威，強迫你們無條件接受我的觀點，這樣誤會就大了。我並不想說服你們，只是想激起你們的興趣，讓你們擺脫偏見。由於你們不了解真實情況，所以不能判斷，那當然也無法相信或譴責。人無法被輕易地說服，如果一個人不費吹灰之力便相信了某種說法，那這些說法一定不能自證，很快就會被證明毫無價值。我研究了精神官能症許多年，得到了一些新發現。但你們不像我，所以沒有權力相信這些。做學問時，我們不能輕信事物，也不能妄加批判。你們難道不知道所謂的「一見鍾情」起源於一個迥然不同的領域——感情領域嗎？我也不需要患者支持精神分析，因為如果他們真的堅信精神分析，反而看起來很可疑。我們希望他們帶著善意的懷疑。你們不也會試著在腦中建立精神分析的觀念，努力讓它能和常識或精神病學的概念共存嗎？它們會彼此影響、相互比較，逐漸在你們的腦中深根發芽。

　　從另一方面來看，你們千萬不要認為我講授的精神分析是一套完全依

靠推測的理論。實際上,精神分析建立在經驗和觀察的基礎上,要麼是經驗的總結,要麼是直接從觀察中獲得。科學進一步發展後,將能夠驗證結論是否恰當、所用的方法是否合理。我已經研究了二十五年,已經年紀大了。我可以說,這些觀察都十分艱難、緊張且費時費力。我常常覺得,反對者不願考慮我們陳述的客觀起源,好似他們覺得精神分析研究只是一時興起的主觀想法,所以大家可以任意指摘,恕我無法理解這種敵對態度。也許醫生已經習慣忽略精神官能症病人的敘述,不是很認真傾聽他們說的話。他們覺得自己完全無法從與精神官能症患者的交流中得到任何有用的資訊,所以不願意去觀察他們的言行。我就趁機告訴你們吧,我不會在演講時批評任何人。我一直不相信「雄辯是真理之父」這句話。我認為這句話源自希臘的詭辯學派,該學派的錯誤在於過分強調辯證法的價值。相反,對我來說,科學批判除了帶有個人彩色之外,幾乎毫無建樹。從我個人的角度來說,幾年前我甚至可以誇耀和一位學者〔慕尼黑的洛溫菲爾德(Lowenfeld)〕有一場常規的科學辯論。辯論後我們成了朋友,一直到現在也是。不過我已經很久沒有辯論了,因為我不確定結果總會如此圓滿。

你們一定覺得,我拒絕討論顯然是太固執和太自滿的緣故,或者是像科學界常說的「完全出於個人偏見」。對此我想說,在經過了艱苦的研究之後,你們也會認為自己有權堅持自己的主張。進一步來說,我想要強調,在研究過程中,我修改了一些重要的問題,以新觀點取代了舊觀點,並且每次都會公開發表。但坦誠的結果是什麼呢?有些人完全沒有注意到我修正了理論,直到今天還在批評那些早已過時的假設。另外一些人一直指責我研究中的誤差,據此斷定我的研究不可靠。屢次改變主張的人固然不可信,因為他最後的主張也可能有問題。與此同時,有人卻把堅持己見、不願放棄自己觀點的人說成是固執和有偏見。面對這些自相矛盾的批判,除了堅持自我、堅持自己的觀點之外,我還能怎麼做呢?這就是我如此決定的原因,我會隨著實驗調整和修正我的理論。但我現在還不覺得有

第三章　精神官能症通論

改變基本觀點的必要，希望將來也是如此。

　　現在我要介紹精神分析中，關於精神官能症的症狀的理論。為了方便類比和比較，我自然要提到之前介紹過的現象。我會選一種常見的精神官能症作為例子。當然，精神分析師無法在十五分鐘內給予訴說多年病痛的患者太大的幫助。他淵博的知識讓他無法像其他醫生一樣倉促診斷——「你沒什麼問題」——並提出建議，「去水岸療養一段時間就好了」。有人問我同事如何處理那些來看病的患者，他聳聳肩說，要「罰他們多一點錢來賠償我們損失的時間」。因此，如果你們聽說即便最忙的精神分析師也少有病人時，便不會感到奇怪了。我在候診室和診療室之間設有一道門，在診療室內又有一道門，還鋪了地毯。這種布置的意圖顯而易見，很多患者從候診室進來後都會忘記關門。實際上，他們幾乎都忘了關這兩扇門。一旦我注意到沒關門，便會毫不客氣地要求他們回去把門關上，不管對方是高雅的紳士，還是時髦的女子。這當然會給患者留下傲慢的印象。實際上，這樣的要求也常常令我名譽受損，因為連門把都不願意碰的人常常習慣等著僕人來關門。我懇請你們在還沒聽完我的話之前，不要誤會我的意思。因為只有當患者獨自一人在候診室的時候，他才會忘記關門。假如還有人在候診室等，他為了維護自己的利益、防止談話被別人聽到，都會小心翼翼地把門關好。

　　患者忘記關門不是偶然，也不是無意的，更不是無關緊要，因為這正表露了患者對醫生的態度。他像是去面見權威人士一樣小心翼翼，有些怯場。也許他會事先在電話裡約好時間，同時又渴望看到很多患者。現在他走進診療室後，卻發現裡面的布置非常樸素，所以很失望。他認為醫生太失禮了，所以要用不關門作為報復。他是想對醫生說：「好吧，這裡沒有別人，恐怕除了我，沒有人會來吧。」如果我沒有立即尖銳地提醒他，恐怕他在談話時也會流露出這種傲慢無禮的態度。

第十六講　精神分析

　　我假設這個動作不是偶然發生，而是有動機、意義和目的的；可以知道這個動作的心理背景；這種小動作透露了更為重要的心理。最重要的一點是，做這個動作的人並沒有意識到自己的心理狀態，因為沒有患者會承認他們不關門是為了表達對我的蔑視。有些人可能會回想起進門時微微失望的情緒，但他當然意識不到這個印象和動作之間的關聯。

　　現在，我們將這個小動作的分析和對某位患者的觀察一項一項比較。我想舉一個最近的例子，它比較簡短。然而在敘述中，許多細節還是必不可少。

　　一位請短假回家的年輕軍官要我去治療他的岳母。這位老太太的家庭非常幸福，但總抱著一種無聊的想法，讓她和家人很煩惱。我去見她，她已經五十三歲了，保養得很好，待人友善。她毫不猶豫地說，她婚姻幸福，和丈夫一起住在鄉下，丈夫是一家大工廠的廠長。她說丈夫和她非常恩愛。他們從戀愛到結婚至今已經三十年了，從來沒有芥蒂、嫉妒或爭吵。現在她的兩個孩子都成家了，但丈夫出於責任還沒有退休。一年前，忽然發生了一件她自己也不能理解的事情。她收到了一封匿名信，說她的丈夫和一個年輕女子有染。她立刻相信了，從此婚姻生活劇變。更詳細的情況如下：她有一個女僕，她經常把私事告訴這位女僕。另一個年輕女子，出身與這個女僕差不多，但生活比較順遂，因此女僕對這名女子懷有強烈的惡意。這個女子沒有成為家政婦，而是接受了培訓後，進了這家工廠工作。後來，因為男人都去當兵了，這個女子升到了更高的職位。她住在工廠裡，所有男性員工都認識她並尊稱她為「女士」。這位失意的女僕當然會竭盡全力地講這名女子的壞話。一天，那位老太太和女僕正在評論一位來訪的老先生。據說他沒有和妻子同住，而是金屋藏嬌了一個情婦。那老太太不明白他的妻子怎麼會不知道，接著突然說：「要是我聽說自己的丈夫也有情婦的話，那就太可怕了。」第二天，她就收到了一封匿名信，筆

163

第三章　精神官能症通論

跡是偽造的，但信裡的內容正是她認為最可怕的事情。她斷定——或許有道理——這信出自不懷好意的女僕之手，因為信內說丈夫的情婦就是女僕痛恨的那個女人。我們的這位患者雖然立刻看穿了其中的陰謀，也知道在她住的小鎮裡，這種匿名檢舉行為是不可信的，卻仍因這封信而生病了。她非常激動地把丈夫叫來大罵一頓。她的丈夫覺得這件事很可笑，否認之後便妥善處理了。他找了家庭醫生和工廠裡的醫生，又盡力安慰他的妻子。他們的第二個舉動也很合理。被辭退的是那個女僕，而不是女僕記恨的那個工廠裡的女子。此後，那位老太太儘管一再安慰自己匿名信不可信，但卻一直不能釋懷。只要聽到那個女子的名字，或者在路上遇見她，都會立刻引起這位老太太的懷疑、憂慮和指責。

那位老太太的病症就是這樣。我不必掌握許多精神官能症學的知識也可以發現：她敘述這段經歷時太平靜了，與其他精神病患者完全不同，所以我們說她的情況不太一樣。實際上，她一直懷疑那封匿名信的內容。

那麼，一個精神病學家要對這種病症抱持什麼態度呢？從他對不關候診室門的患者的態度，我們不難推測，他認為這件事是偶然的，不必從心理學的角度分析，所以大可不必研究。但對這位心存嫉妒的老太太，我們不能採取同樣的態度。這件事似乎沒什麼，卻要注意引發的症狀。它引發了患者的痛苦，也可能會破壞家庭，因此我們不能不聞不問。精神病學家做的第一件事，便是透過一些特點來概括該病症的主要屬性。折磨那位老太太的觀念不能說毫無根據，因為年老的已婚男人確實可能和年輕女子發生曖昧，但這個觀念仍有些無意義和不可解的地方。除了那封匿名信，那位老太太沒有別的證據證明她溫柔忠誠的丈夫也是那種人，養情婦也不是很常見的情況。她知道這封信沒有依據，也能合理解釋它的來源，因此理應可以說服自己沒有理由嫉妒。她確實也想要這樣，但儘管如此，她仍像真有其事一樣深感痛苦。這種不合邏輯和現實的觀念，我們稱之為「妄

想」。這位老太太患上的是「嫉妒的偏執狂」，這顯然是此病症的主要特點。

如果第一個結論成立，那麼我們對精神病的研究興趣就會越來越濃厚。如果不能在得知事實後放下妄想，那麼這種妄想必定與現實無關。但妄想的起源是什麼呢？妄想的內容可謂千變萬化。為什麼上面例子中的妄想是嫉妒的妄想呢？哪種類型的人更容易患上嫉妒的偏執狂？我們求教於精神病學家，但他們無法提出滿意的答案。我們有許多問題，但他們只關心其中的一個。精神病學家會調查這位老太太的家族史，也許會這樣回答：「偏執狂患者的家族裡也常出現類似或其他種類的精神錯亂。」換句話說，如果這位老太太得了偏執狂，那是因為她有引發這一偏執狂的基因。這當然有一定的道理，但我只想知道這些嗎？能夠引發精神崩潰的原因僅止於此嗎？我們難道可以假定患者得到偏執狂是因為這些不成熟、意外且費解的理由，而不是其他原因嗎？所謂基因的負面因素真的可以支配一切嗎？無論她一生經歷了什麼，都注定會患上偏執狂嗎？你們想要知道為什麼科學的精神病學不能給我們進一步解釋。以這個例子來說，精神病學家完全不知道還有其他進一步解釋的方法。儘管精神病學家有豐富的經驗，但他卻只滿足於診斷和預測患者的病症。

精神分析能做到更多嗎？當然可以！我想告訴你們，即便再隱晦的病症，精神分析也能發掘出一些事實，讓我們能進一步理解。我方便請各位先注意一些表面看上去無關緊要的事實嗎？實際上，患者把匿名信當成了支持妄想的證據。就在前一天，她在與女僕談話時就說，如果自己的丈夫也與年輕女子私通，那該有多麼不幸。就是這麼說，才讓女僕有了寫匿名信的惡念。所以那位老太太的妄想並不是因為有匿名信才存在的，她心裡早就有此妄想，才會如此恐懼。除此之外，在僅僅兩小時的分析中發現的種種細節值得我們仔細思考。患者非常樂意敘述病情，但之後我要求她繼續說一說自己的想法和回憶，她便不願意開口了。她說什麼也想不起來，

第三章　精神官能症通論

該說的已經都說了。兩個小時之後，只得停止分析，因為她自稱不會再繼續妄想了。這次分析啟發了她回想起自己嫉妒妄想的病因，原來她迷戀一名年輕男子，也就是催促她去看醫生的女婿。她自己沒有意識到這種迷戀，或者只是隱隱約約知道。因為他們之間的關係，這種迷戀很容易會被偽裝成無害的慈愛。我們根據進一步的經驗，不難理解她想當好太太和好母親的心理。這種迷戀、這種可怕的畸戀，自然不允許入侵她的意識。但這種感情一直存在，造成了她巨大的壓力。壓力既然存在，就不得不尋找抒發的管道。最即時的緩解方法便是依靠嫉妒妄想的移置作用。假如不只有她迷戀年輕男子，老先生也與年輕女子有曖昧，那麼她便不需要因不忠而受良心譴責了。幻想丈夫不忠便成了對自己傷痕的安慰。她從未意識到自己的感情，但妄想和有意識反應卻因這種感情而起。對妄想的所有反駁自然沒用，因為它們未觸及深埋在潛意識中的、強而有力的原始力量。

讓我們將這些碎片拼湊起來，看看簡短的精神分析能對解釋這個例子有什麼貢獻。我們自然假設收集到的素材是真實的，這一點你們無須反駁。首先，妄想不再是無意義和不可理解的。妄想充滿意義、有目的和動機，而且是患者感情經歷中不可分割的一部分。其次，妄想是對另一種潛意識心理活動的必要反應，至於到底是哪種潛意識心理活動，可以由其他推測得知。妄想的本質是抗拒基於邏輯或事實的觀點，抗拒包含了一種希望——渴望獲得慰藉的希望。最後，上面這個例子的經歷決定，這種妄想是嫉妒妄想而非其他妄想。你們也會發現我們所分析的動作有兩個重要的相似之處：症狀的意義和目的、和潛意識因素的關係。

我們當然還沒回答基於上述例子的所有問題。實際上，裡面涉及的其他問題，我們當前無法用任何方法解答，因為條件的局限性，我也無法回答一些其他問題。例如，為什麼這位幸福的老太太會迷戀女婿？而且即便愛上了，也可以找各種藉口，為什麼不採用其他方法，非要推給自己心愛

的丈夫呢？我相信你們不會覺得我提出這些問題是不懷好意。這位老太太到了一個關鍵的年齡，這讓她的性慾忽然變得強烈，這一點便足以說明問題了。此外，她忠誠善良的伴侶多年以來一直能力不足，無法滿足這位保養得當的老太太。根據經驗，我們知道只有這種丈夫才會對妻子特別忠誠，才會特別溫柔地對待妻子，忍受她焦慮的抱怨。這種變態的迷戀竟以女兒的丈夫為目標，也是值得注意的一點。最後分析顯示，這個男子對女兒的性慾轉移到了她的母親身上。這種性慾隱藏在偽裝之下。我想要提醒你們的是，岳母與女婿的關係一直非常微妙，原始人為這種關係設下了強而有力的禁忌。無論從哪個方面來說，這種關係都超越了我們文化的限制。我當然無法告訴你們，在這個例子中是上述三點中的哪一點有所影響，是其中兩點、還是三點共同影響。因為我之前說過了，在兩個小時的分析結束後，我無法進一步得知其他資訊了。

女士們、先生們，說到這點，我意識到你們可能還沒準備好結束上面的論述。

我這樣做是為了將精神病學和精神分析一同比較。現在我可以問你們一個問題嗎？你們是否注意到兩者之間存在矛盾？精神病學不採用精神分析法，同時忽視妄想內容的意義。首先，精神病學探究的不是具體的病因，而是最直接的病因，將原因歸結到遙遠而普遍的因素——遺傳上。這是否表明兩者之間有矛盾和衝突呢？它們是不是相互補充的呢？遺傳的因素有沒有否認經驗的重要性？是不是兩者相互作用才是最有效的方法？你們必須承認，精神病學不需要牴觸精神分析研究。因此，反對精神分析的是精神分析學家本身，而非精神病學家。精神分析與精神病學的關係，就像細胞組織學和解剖學的關係類似。解剖學研究器官的外部形態，細胞組織學研究組織和細胞的精細結構。這兩種研究互為始終，很難看出兩者之間有什麼矛盾。你們都知道解剖學構成了現代醫學的基礎，但解剖人

體、研究其內部構造，曾經也像研究人類靈魂內部構造的精神分析一樣，為社會所譴責。

精神分析屢受抨擊，但我現在也許找到了一些志同道合的朋友。你們也許想看看精神分析如何在治療方面自圓其說。你們知道精神病療法對妄想無效，那你們覺得，精神分析可以藉助發現症狀的運作機制來治療妄想嗎？女士們、先生們，沒辦法。至少到目前為止，精神分析療法和其他治療方法一樣，對妄想無能為力。我們可以了解患者身上發生了什麼，卻無法使患者自己明白。實際上，我曾告訴過各位，對妄想的分析無法拓展到其他方面。你們能因為精神分析還沒得到結果就斷定其中有異議嗎？我認為不能。在有效的方法出現之前，繼續堅持科學研究是我的權利，實際上更是我的義務。也許有一天，我們取得的所有零碎知識都將轉為治療技術。雖然我們現在還不知道這一天何時到來。即便精神分析無法治癒諸如妄想等精神官能症和精神病，也不失為科學研究中不可或缺的方法。我們尚未應用這一項技術，這是毋庸置疑的。因為我們必須了解，人類有按照自己的意願生活的權利。他們若想協助研究，就必須提出動機，然而他們並沒有這個動機。因此，請允許我以下面的話作為本講的結尾：就大多數精神官能症來說，我們的知識的確已經轉化為了治療的能力，而且過去這些病症難以被治療。現在，我們取得的成果在精神治療領域可以算首屈一指了。

第十七講　症狀的意義

上一講中，我向你們解釋了臨床精神病學很少關注的症狀的形態和內容，而精神分析學所涉足的正是這個領域，精神分析還認為症狀是有意義的，且與患者的經歷相關。精神官能症症狀的意義，最早是由 J・布羅伊

第十七講　症狀的意義

爾（J. Breuer）在治療一位歇斯底里（hysteria）患者時發現的，之後此病便引起了關注（西元 1880～1882 年）。P・讓內（P. Janet）的獨立研究也得出了相同結果。實際上，是後面這位法國學者先發表了相關論文，十幾年之後（西元 1893～1895 年）布羅伊爾才在與我的合作中發表了相關文章。不過，整體而言，發現應該歸功於誰並不重要，因為沒有任何一個成果是僅憑藉某一次的研究取得的，成果也不一定和勞動成正比，譬如美洲不以哥倫布命名。我可以坦白地說，在很長一段時間裡，我對 P・讓內在解釋精神官能症病症上的貢獻給予了很高的評價，因為他將患者的妄想稱為「無意識觀念」（法語：idées inconscientes）是由他提出的。但後來讓內的發言變得十分審慎，好像僅把「無意識」作為一種說法、一種權宜的稱呼，並不指代他腦海中任何確定的概念。現在我已不懂讓內的想法了，但我認為他已經無緣無故丟掉了自己的名聲。

　　精神官能症病症和過失與夢一樣是有意義的，其意義與主體的生活有關。下面我將透過例子來解釋關於這些病症的本質。由於目前還不能證明，所以我只能說無論何種精神官能症都是如此，親身經歷過的人自會明瞭。不過，出於某些原因，我不以歇斯底里，而以其他一些具有本質關聯、且非常有趣的精神官能症為例。我希望能夠帶領你們了解精神官能症症狀的意義。所謂的「強迫性精神官能症」（即強迫症）不如歇斯底里這麼廣為人知。或許可以說它沒那麼嘈雜，患者會隱藏心事，幾乎沒有外在表現，只是引發心理問題。強迫症和歇斯底里都屬於精神分析研究中精神疾病，我們的技術也能治療這兩種病症。強迫症的精神感受沒有透過某種神祕的過程轉化為外在表現，所以比起歇斯底里更容易透過精神分析被人們理解。

　　強迫症的主要表現如下：患者的思考被現實中並不感興趣的想法占據，覺得有某種奇怪的衝動，只能被迫做一些無聊的動作卻無法抗拒，常常顯

第三章　精神官能症通論

得很孩子氣，可以說總是精神緊張。患者因此筋疲力盡，不情願地屈服。他被迫焦慮不已、日思夜想，好像那是一個生死攸關的問題。患者感覺體內的衝動看起來既幼稚又可笑，但卻散發著可怕的誘惑，比如誘導人犯下重罪。所以患者不僅會否認、膽顫心驚地逃避，還會透過克己或限制個人自由等種種方式預防這些。實際上，他不會真正實踐這些衝動。預防和擺脫毫無用處。患者僅會做一些無害的小動作，也就是所謂的強迫行為——全都是重複一些日常動作，致使那些普通的必要動作，比如上床、盥洗、穿衣、走路等都變成了異常艱難而難以克服的困難了。不過，不同的強迫症之間有許多共同點，這點不可否認。

強迫症當然伴隨著強烈的痛苦。我相信如果患者不是真的每天都有這種想法，他們是絕不會說出這種最瘋狂的精神幻想。沒有親身經歷過的人可能很難相信。不過，你別以為讓患者轉移注意力、放棄這種愚蠢的想法，或者去做一些正經的事情就能幫助他們。他自己何嘗不想這樣！他未嘗不知道自己的情況，也未嘗不認同你們對強迫症的見解。他自己也會這麼說，但卻無法做到，好像強迫行為的背後有一股強大的力量一樣，非常態精神生活中的力量能夠違抗。他只有一個辦法——轉移和改變。為了取代這種愚蠢的想法，他努力去想另一個稍微比較不荒謬的想法。他可以用一種預防的方法代替原本的那種，可以用一種動作代替原來的儀式性動作。他可以轉換強迫，但無法終止。這種疾病的主要特點之一，便是病症的不穩定性，病症可以透過轉換，脫離原本的形式。更加值得注意的是，所有精神生活中的「極值[10]」都分化得更明顯。除了積極和消極的強迫內容，理智方面也開始懷疑，甚至連最普通的事物也不相信。一切都越來越不確定，能力退行、個人自由受到限制。雖然患有強迫症的人一般都精力充沛、意志力強大、智力超乎常人。他們通常具有很高的道德水準，過分

---

[10] 極值：相反的觀念。

第十七講　症狀的意義

誠實且清白無罪。你們可以想像，在這些充滿矛盾的特點和病症中求得病因有多麼困難。我們目前的唯一目標就是理解和解釋這種疾病的病徵。

關於之前的討論，你們也許想知道當前的精神病學對強迫症的作法。短短幾句話即可概括：精神病學區分出各種強迫症，就沒有做任何進一步闡釋了。相反，精神病學強調，比起其他精神官能症患者，比如焦慮症患者、歇斯底里患者或其他精神疾病患者，強迫症患者展現出了更多的「退行性」。這種概括顯然太廣泛了。當我們知道天才也會患上強迫症之後，甚至會懷疑精神病學家的主張是否合理。一般來說，我們對偉人的本性所知甚少，這是由於本人的審慎，加上傳記的誇大。然而其中也不免有狂熱的真理愛好者，比如埃米爾・左拉（Emile Zola），我們知道他終身擁有許多古怪的強迫症習慣[11]。

精神病學家將他們稱為「退行的偉人」，作為權宜的名字。這非常恰當，但由精神分析學家看來，這些古怪的強迫症也能被永久治癒。我也取得過這種成績。

下面我舉兩個例子來分析強迫性的病症。第一個是舊例，但我還沒有發現更完整的例子，第二個是最近的例子。因為敘述既要簡明又要詳細，所以我只能以這兩個例子為限。

一個大約三十歲的女士得了嚴重的強迫症。如果不是命運無常阻礙了我的工作，我本來可以幫助她，其中的原因或許以後可以告訴你們。她每天都重複奇怪的強迫動作：從自己的房間跑到隔壁，在室內一張桌子旁邊的固定位置站好，搖鈴召喚女僕過來做一件小事，若無事就趕走她，然後又跑回自己的房間。這當然不算是一種嚴重的強迫行為，但也能引起我們的興趣。在完全沒有任何醫生的幫助下，我用最簡單的方法找到了原因，這個解釋沒有人會反對。我單憑猜測，絕對無法獲知這個強迫動作的

---

[11]　參見 E・陶拉斯（E. Toulouse）的《醫學心理學研究》，巴黎，1896 年。

第三章　精神官能症通論

意義，也絕不能解釋。我曾多次問患者：「為什麼要這樣做？這樣有什麼用？」她都回答：「不知道。」直到有一天，我不再懷疑她的行為有什麼道德問題之後，她突然靈光一閃，提出了強迫動作的原因。十幾年前她嫁給了一個比她大很多的男人，新婚之夜卻發現那個人不舉。那一夜，男人多次從自己的房間跑進她的房間，想試一試自己的本領，但每次都失敗。第二天早晨，他羞憤地說：「這未免讓鋪床的女僕太瞧不起我了。」於是順手拿來房間裡的一瓶紅墨水潑在床單上，但弄出斑跡的位置不對。我起初不懂這種回憶和強迫動作有什麼關聯，因為兩者之間的相同點只有從一個房間跑到另一個房間，也許女僕的出現也算是另一個共同點。然後患者領我去看第二個房間裡的桌子，並且指著桌巾上的一個大紅點給我看。她還說明自己站在桌子旁邊，是想讓女僕一進來就能看到上面的大紅點。現在，我們終於不再懷疑新婚之夜的情景和強迫動作之間的密切關聯了，但需要進一步探究的問題仍有不少。

首先，患者顯然把自己當作丈夫，她從一個房間跑到另一個房間是在模仿丈夫的動作。我們必須承認——她為了繼續扮演丈夫的角色，還以桌和桌巾代替了床和床單。這一點似乎太牽強附會，但我們沒有白白學習夢的象徵機制。在夢裡，桌子也可以被解釋為床。「床和桌」合在一起代表婚姻生活，所以床和桌兩者之間可以互為代表。

這些例子可以證明強迫動作是有意義的，強迫動作是對重要情景的表示和重複。不過，我們也不必被迫停留在這一點的相似性上。更仔細審視兩者之間的關係後，我們應該能發現一些更重要的事情，那便是強迫動作的目的。顯然，她的目的是召喚女僕。她向女僕展示紅色斑點，恰好駁斥了丈夫的話：「這未免讓鋪床的女僕太瞧不起我了。」因此她扮演的角色在女僕面前就沒什麼好羞恥的了，斑點還必須在正確的位置上。我們可以看出她不僅在重複場景，而且還放大了場景並修正，使這個場景變得很完

第十七講　症狀的意義

美。不過，她同時也修正了其他事情——必須用紅墨水來掩飾那夜令人尷尬的事情——性無能。因此強迫行為其實是在表達：「他在女僕面前沒什麼好羞恥的，他又不是性無能。」她透過夢將慾望的滿足表現在外在行動上，目的是幫助丈夫掩蓋那不幸的事實。

　　我可以從這個例子的其他方面找到更加具體的線索，以支持上面的論斷，關於這名患者的所有其他事實，都足以強化我們對上述強迫行為的解釋。這名女子已經和丈夫分居多年，正在努力打離婚官司。但她仍沒有脫離丈夫的控制，仍然強迫自己對丈夫忠貞。她不願接觸外界，以此來抵抗誘惑。她透過想像替丈夫找藉口，把丈夫理想化。疾病中隱藏得最深的祕密，就是讓丈夫不會被惡意誹謗，讓自己和丈夫的分居變得合理，保證彼此分開後仍可以舒適地生活。我們透過分析無害的強迫行為理解了事件的核心，同時又推測出了一般性強迫症的特徵。我希望你們可以多多研究這個例子，因為它同時囊括了其他例子無法涵蓋的種種情形。患者靈光一閃，發現了病症的原因，分析師並沒有提出建議或干預。病因是基於過往的經歷，不同的是，這段經歷不屬於已被淡忘的童年，而是屬於熟齡的回憶。批評家通常是基於這一點反對這個解釋。當然，我們的運氣總會變好的。

　　還有另外一件事！而這一種無害的強迫行為，竟直接牽涉到患者最隱祕的生活？對於一個女人來說，沒有什麼比初夜更隱私的事情了。難道是我們碰巧涉及了她性生活中的隱祕部分，沒有什麼更深的意義嗎？這當然和我所選擇的例子有關。請別這麼快判斷，將注意力轉移到第二個事例上吧。這個例子完全不同，是一個經常發生的普通例子——每天上床前的儀式。

　　一個十九歲的少女，發育良好、頭腦靈活，是家裡的獨生女。她的教育水準和智力發展都比父母更優秀。她小時候活潑好動、調皮搗蛋，但近

第三章　精神官能症通論

年來卻無緣無故地變得異常焦慮。她時常對母親動怒，又憂鬱不滿、懷疑猶豫，最後竟說不能單獨走過廣場和大街。關於她複雜的病症，我不想詳述，從她的病症來看，至少可以有兩種診斷——特定場所恐懼症（agoraphobia）和強迫症。還有一點值得注意的是，這名少女在上床前有許多特定的儀式，讓她的父母極為不適。我們都明白，一般人也可能會有某種睡前儀式，換句話說，有的人會堅持打造出某一種環境，否則就不能入睡。從清醒過渡到睡眠狀態往往有一種固定的模式，每天都要重複上演。但正常人入睡的條件是可以理解的。最重要的外部環境需要有必要的改變，才能使人快速入睡。但固定病態的儀式，往往要做出很大的犧牲以維持其無聊的形式。病態儀式還常以合理的動機偽裝，與正常的入睡條件不同的是，病態的儀式往往過分謹慎，其意圖也和合理的動機背道而馳。這位患者要求夜裡的環境一定要十分安靜才能入睡，因此她竭盡所能消除各種噪音。為了保持安靜，她做了兩件事：停掉了房內的大鬧鐘，挪走了所有鐘，甚至連床邊茶几上放置的小手錶也不例外。花盆和花瓶都謹慎地安放在床頭櫃上，保證它們晚上不會掉下來摔碎，打擾她睡覺。她自己也知道，大可不必為了保持安靜如此大費周章。小手錶即便放在床頭櫃上，晚上也聽不到它的滴答聲。此外，我們都知道鬧鐘有規律的聲響，與其說是干擾睡眠，不如說是一種誘導。她自己也承認，花盆和花瓶晚上不會無緣無故掉到地上。相反，她似乎故意想聽見噪音，進而堅決要求她的房間和父母臥室之間的門要半開。為了保證門是開著的，她還把各種物品放在門前防止門關上。關鍵在於床，床頭的大枕頭不能碰到床的木架，小枕頭必須疊在大枕頭上成一個菱形。她必須把頭準確地放在菱形對角線的交叉點上。蓋上被子之前，她必須抖動被子，又必須把被子壓平，重新調整被子的厚薄。

關於儀式的其他細節，請允許我略去不談。因為這些細節既不能提供

新的素材，又未免離題太遠。不過，請不要忽略，這些瑣事並非都進行得非常順利，這位少女總焦慮事情做得不恰當，於是不得不反覆檢查。她不斷懷疑這裡沒做好、那裡沒處理妥當。結果一兩個小時就這麼過去了，憂心的父母也只得等著。

這些痛苦不像之前患者的強迫行為那樣容易分析。在解釋時，我想建議這位少女，她卻以堅決否認，或訕笑、懷疑我。在第一次否認之後，她也頓了頓，思考了一下建議的可能性，注意了引發了什麼聯想、回憶了所有可能的關係。最後她努力接受了全部的解析。她放棄了所有的強迫性規則，甚至在整個治療結束前就停止了全部的儀式。你們一定曉得，在意義完全明瞭為止，我的分析工作絕不會集中於一個單獨的症狀。我們需要拋開正在研究的主題，之後在另外一個方面再拾起。我現在想告訴你們，症狀的解釋是由許多結果綜合而來的。因為被其他方面打斷，我注定需要幾週或幾個月才能解釋症狀。

我們的患者逐漸意識到，她之所以在晚上把掛鐘和鬧鐘都拿出房間，是因為鐘是女性生殖器的象徵。鐘具有週期性運動和規律間隔的特點，所以才被賦予了女性生殖器的意義。婦女可能會自誇月經像鬧鐘一樣準時，但這位患者的擔心之處，在於鐘的滴答聲會干擾睡眠。鐘的滴答聲可以被比作性興奮時的陰蒂勃起。實際上，她常常因性興奮而驚醒，進而擔心陰蒂勃起，所以才挪走了所有的掛鐘和鬧鐘。花盆和花瓶等器皿都是女性的象徵，她會擔心它們晚上摔碎也是有意義的。大家總喜歡在訂婚時打碎碗盤作為慶祝。在場賓客會各取一片碎片，表示放棄占有新娘。我們推斷這種宣告是基於一夫一妻制。關於這種睡前儀式，我們的患者又說了一些回憶和聯想。她小時候曾失手打碎過一個玻璃杯或瓷杯，碎片割傷了手指，血流不止。她長大後知道了一些性知識後，擔心自己在新婚之夜不會流血，被認為非處女之身。她擔心花盆、花瓶跌落摔碎，反映了她對處女情

第三章　精神官能症通論

結的抗拒，包括與第一次性交會流血相關的事情。她既抗拒對流血的恐懼，又抗拒對不流血的恐懼，顯得自相矛盾。實際上，她如此小心翼翼，和噪音完全沒有關係。

一天，她突然明白了不讓枕頭碰到床架的意義，然後猜出了睡前儀式的關鍵意義。她一直把枕頭想像成女性，把立著的床架想像成男性。她好像用一種魔術的形式，將男人和他的妻子隔開。其實她想隔開的是自己的父母，防止他們交媾。多年前尚未有這種儀式的時候，她也曾採用更直接的方法希望達到相同目的。她假裝膽怯害怕，以此讓父母或保母不要關臥室的房門。現在的這種儀式性動作重現了這個要求，這樣就讓她有機會偷聽父母的動靜，偷聽的過程讓她好幾個月都睡不著。她這樣打擾父母還不滿足，甚至有時還會睡在父親和母親之間。因此，「枕頭」和「木架」便真的不能接觸了。她長大之後，不能再睡在父母之間了，因此她假裝膽怯，和母親交換位置，好讓自己和父親同睡。毫無疑問該情境是幻想的起點，至於效果如何，我們可以從她的儀式中看出來。

如果枕頭代表女人的話，那麼抖動被子直到裡面的羽毛變得蓬鬆，也一定自有其意義——這個動作代表了妻子懷孕。不過，儀式還包含了把被子壓扁，這毫無疑問代表了停止懷孕。實際上，我們的患者多年來一直擔心父母會再生一個孩子，成為她的競爭者。既然大枕頭代表女人，那麼小枕頭肯定代表女兒。為什麼小枕頭要疊跨在大枕頭上形成一個菱形呢？為什麼這個少女一定要把頭不偏不倚地枕在菱形中央呢？患者很容易就想到了原因，菱形符號被用來代表張開的女性生殖器。她自己扮演了男人，即父親的角色，她的頭代替了男性生殖器（正如砍頭代表閹割一樣）。

一個處女的腦子裡竟有如此瘋狂的想法。我承認這種想法很瘋狂，但不要忘了，這些想法不是我創造的，而是由解析得出的。這種睡前儀式非常奇怪，你們無法否認儀式和我們解讀出的幻想之間有某種關聯。我認為

第十七講　症狀的意義

更重要的是，你們應該謹記，儀式不是一個單獨的幻想，而是若干種幻想的混合物——若干幻想總在某個點彙集。你們還要謹記，儀式的細節與性慾有正反兩種關係，一部分是表示性慾，一部分是反抗性慾。

再舉幾個患者的其他病症，也許能更容易分析儀式行為，但我們不能離題太遠。我有充分的理由認為這個少女在幼年時對父親產生了一種「性慾依戀」，這也許便是她對母親態度不友好的原因。我們也無法迴避這樣的事實——對病症的分析再次指向患者的性生活。我們越是探究精神官能症的意義和目的，便越會發現一切不足為怪。

透過上述兩個例子，我表明了精神官能症和過失、夢一樣也有意義，精神官能症同時還與患者的經歷密切相關。但我能期待你們因這兩個例子，就相信我話語的價值嗎？不能。不過，我可以繼續闡釋直到你們相信我的話嗎？這也不可能，因為考慮到我對個例研究的細緻程度，光解釋精神官能症理論的一個觀點，一個星期便要開五堂課，要一個學期才能講完。因此，我不得不以這兩個例子作為論述的證明。你們可以參閱與這個問題有關的文獻，比如布洛伊爾對於他的第一個歇斯底里的經典解釋，榮格（C.G.Jung）對於所謂早發性痴呆（按：原文為 dementia praecox，此為二十世紀的舊名，即今日所說的思覺失調症，早年又常稱為精神分裂症）病症的含混分類。那時，學者仍滿足於當一名精神分析家而非先知。你們還可以參考雜誌上刊出的許多論文，相關研究非常豐富。分析、解釋和精神官能症的翻譯對精神分析學家有著巨大的吸引力，於是精神官能症的其他問題便被暫時忽視了。

你們如果不怕麻煩，願意深入研究這個問題，那麼必定會發現證明素材極為豐富。但也會遇到一些困難。我們知道病症的意義與患者的經歷相關。病症越是個人化，我們便有望更快與患者的經歷建立連結。因此，我們的工作就是要為每一個無聊的觀念和每一個無用的動作找到合理的動機

第三章　精神官能症通論

和行動目的。我們的患者跑到桌子前召喚女僕，便是強迫症的一個絕佳例子，但與之完全不同的症狀也屢見不鮮。比如一些典型症狀，它們大致類似，以至於很難與患者的特殊經歷和過去的特定情境連結。讓我們再一次將注意力轉移到強迫症上。第二位患者的睡前儀式已經非常典型了，但是它也充分表現出了個人特點，可以被稱為一種「歷史性」解釋。然而所有強迫症患者都傾向於不斷重複動作，將儀式性行動和其他行動孤立，不斷規律地排演。大多數強迫症患者都會過分頻繁地洗手。特定場所恐懼症不再和強迫症歸為一類，現在被稱為焦慮性歇斯底里，並總是表現出同樣的病態特徵。它總是會重複同一個單調的特點，令患者筋疲力盡。患者恐懼被圍起來的空地、空曠的廣場、長而直的道路和林蔭大道。如果有熟人陪伴他們，或是驅車緊隨其後，他們便覺得好像受到了保護。但除了這些基本的共同點之外，患者之間的個人差異會開始疊加。我們可能會把這些差異歸結為情緒的起伏，在不同例子中能看出明顯不同的差異。有人只怕窄巷，有人只怕寬闊的大街；有人只敢在人少的時候出去，有人只敢在人多的時候去散步。歇斯底里除了豐富的個人特徵之外，還有一個明顯的典型共同症狀，看似與個人的病史無關。但別忘了，我們只有依靠這些症狀才能診斷。比如歇斯底里，我們可能會將一種典型的症狀歸結到一段經歷或一系列相似的經歷上。例如某一種歇斯底里引發的嘔吐，來源於一連串噁心的印象，現在如果發現另一種嘔吐的病症似乎起因於完全不同的經驗，那就不免令人困惑了。患者的嘔吐似乎必定來自某種未知的原因，分析師發現的經驗因素，也許只是患者為滿足內心深層需求的目的而捏造的託詞。

因此，我們很快就能得出令人有些沮喪的結論。儘管我們能夠以連結個人經驗較為圓滿地解釋個體的精神官能症的症狀，但精神分析作為一項科學無法解釋更為頻繁的典型症狀。此外，你們應該還記得，我不會詳細

說明當中遇到的所有困難。儘管我對你們毫無保留、希望能找出所有現象的本質，但也不想詳述細節。我們的研究才剛剛開始，我不想讓你們感到困惑或喪失信心。當然，我們才剛剛了解症狀的成因，但也希望堅持已有的知識，一步一步征服未知的困難。因此我想鼓勵你們：幾乎難以假定，這個症狀和其他症狀之間有根本的區別。個體的症狀明顯取決於患者的經歷，那麼典型症狀便有可能追溯到全體人類的共同經歷。精神官能症所有常見的特徵，比如強迫症的重複和懷疑，也許只是一些普遍的反應，由於患者病勢的變化而變本加厲而已。簡單來說，我們的確不用灰心喪氣，而更應該關注未來可能獲得的成果。

在夢的研究中，我們也遇到了類似的困難，但在之前對夢的討論中未能涉及。顯性夢境內容複雜、因人而異，我已經詳述了能夠分析得到的結果。但與此同時，還有一些典型的夢境是所有人共有的。其內容一致，所以分析起來也很困難。比如夢見跌落、飛行、漂浮、游泳、被圍住、裸露身體，以及其他焦慮的夢。這些夢在各個患者身上的解釋不盡相同，至於為何所有人都共有，還沒有任何解釋。在這些夢裡，我們注意到在基本元素之外，還點綴著一些個人特質。也許基於其他夢所建立的夢的理論也可以應用在這種夢上──不過不是透過曲解，而是透過逐漸深化我們原有的觀點。

第十八講　創傷的固著

我在上一講中已經說過，我們的研究工作會基於之前的結果繼續進行，而不會從疑問的視角出發。我們從上一講中的兩個例子推導出了兩個結論，雖然有趣，但尚未開始討論。

第三章　精神官能症通論

　　首先，我們發現這兩位患者都「執著」於過去一些非常具體的事件。她們不知道如何從過去解脫，進而完全脫離了現在和未來。她們好像藉著生病遁世似的，類似古代人出家，在寺院裡度過餘生。第一位患者實際上早已結束的婚姻決定了她的命運，但症狀導致她和丈夫繼續糾纏不清。我們似乎還能聽見她替前夫辯護的聲音，她寬恕他、讚美他、為他惋惜。儘管她還年輕，還可以吸引其他男人，但卻藉種種真實或想像的（富有魔術色彩的）理由為前夫守貞。於是她不見陌生人、不在乎容貌，甚至坐下後就不願站起來。最後在慾望的驅使下，她甚至不願餽贈東西給他人，從來不送別人禮物。

　　在第二個例子中，那位年輕女子在青春期前對父親產生了性依戀，此時這種依戀開始作祟。她自認為有病，不能和他人結婚。我們進而懷疑她是為了不結婚才患上此病，這樣就能一直和父親住在一起。

　　有一個無法迴避的問題：一個人究竟出於何種目的，才要如此怪異地過這種徒勞的生活呢？我們假設，這種態度是精神官能症的共通點，而不是這兩個患者所特有的。實際上，它的確是每例精神官能症極為重要的特徵。布洛伊爾的第一位歇斯底里患者，也是在照顧病父時表現出了同樣的「執著」。她雖然已經康復，但從那時起，她生活就出現了一些困難。儘管她健康能幹，卻不能盡一個女人的本分。分析後我們發現，每位患者的症狀和結果，總會使他執著於某一段過去。在大多數的例子中，患者都會回到過去，有時是童年，有時甚至是還要喝奶的時期。這聽起來有點可笑，對吧？

　　和精神官能症患者的狀況最為類似的，要數近來由戰爭所造成的頻發病症——所謂的「創傷後壓力症候群」。戰爭爆發前，有時也會見到這種病，比如在交通事故或其他一些危及生命的可怕事件中。從根本上說，創傷後壓力症候群與我們常分析和治療的偶發性精神官能症不同。此外，我

第十八講　創傷的固著

們還沒有成功將其納入假說中。我想說明研究的局限性。不過，我們可以在這裡強調，兩種精神官能症之間有一致的地方。創傷後壓力症候群顯然是固著於災難的當下，患者經常在夢中一遍一遍重複災難發生時的情景。就那些可分析的歇斯底里而言，重返這些創傷性情景似乎就會發病。患者似乎難以招架創傷性情景。我們要嚴肅看待這一點，因為我們可以由此明白精神過程中的經濟學含義。「創傷」這種表達方式不過是一種經濟學上的意義。一段經歷如果在很短的時間內不斷刺激心靈、再也無法正常地同化或加工這段記憶，我們便稱之為創傷性經歷。

根據這個類比，我們也可以把這些創傷性經歷歸類為執著的精神官能症。因此，我們可能已經發現了精神官能症的一個簡單的決定性因素。它可以與創傷性疾病類比，一個人如果不能承受某種情緒，便會患上精神官能症。在西元 1893 年至 1895 年間，布洛伊爾和我因為要把我們觀察的新事物歸結為理論，所以確立了第一個公式。我們的第一位患者，就是那位與丈夫分居的婦人，能夠準確解釋這一概念。她無法放下有名無實的婚姻，一直無法從創傷中走出來。但我們的第二個患者，那位依戀父親的少女，則表明了這一公式仍有瑕疵。從一方面來看，小女孩崇拜父親是極為平常的事，通常隨著年齡漸長，這種崇拜會逐漸減弱，所以「創傷性」一詞便失去了意義；從另一方面來看，從患者的個人經歷可看出，一開始的愛慾固著在那時完全是無害的。在她表現出強迫症症狀的多年前，這種愛慾的固著一直隱而不發，所以說精神官能症的成因非常複雜多變。但我認為不應放棄關於創傷性成因的觀點，相反，它在其他案例中仍能幫助我們解釋病因。

這裡我們又不得不放棄原先的方法。這種研究方法現在已經失效了，我們必須先去研究其他問題，然後再來尋找出路。但在離開「創傷的固著」這一問題之前，我們應該留意到，這種現象在精神官能症領域外也隨處可

第三章　精神官能症通論

見。每一種精神官能症都包含了這樣的固著,但並不是每種固著都會導致精神官能症,或與精神官能症歸為同一類,也並非精神官能症的發病條件。悲傷可被視為對過去的情緒固著,可以使人完全脫離現在和未來。但悲傷和精神官能症截然不同,雖然有些精神官能症可以被定義為病態的悲傷。

創傷性經歷的確可能使人走進死路,完全動搖其生活的基礎,讓他完全喪失對現在與未來的興趣、沉浸於過去。但這些不快樂的人,並不一定是精神官能症患者。我們絕不能高估這個特點在診斷精神官能症上的影響,雖然這是個常見的重要特色。

現在讓我們討論由分析引出的第二個結論,其實完全沒有限制這個結論的必要。我們已經探討了第一位患者身上無意義的強迫行為,以及由此引出的相應的私密回憶。後來,我們還研究了經驗和症狀之間的關聯,並從中發現了隱藏在強迫行為背後的目的。但我們完全忽視了一點:只要患者還在重複強迫行為,她便不會意識到強迫行為與經驗有關。兩者之間的關係隱藏在背後,她會真誠地說,她不知道是什麼衝動迫使她這樣做。後來因為治療的關係,她才能完全說出兩者之間的關聯,然後向我們坦承。但她仍不知道強迫行為的目的,在於減輕過去的痛苦,以抬高其親愛丈夫的身價。她花了很長一段時間、也做了很多的努力,才理解並承認這種動機正是強迫行為的原因。

不快的新婚之夜和患者對丈夫的柔情,兩者構成了我們所說的強迫行為的意義。但只要繼續強迫行為,她就不能理解「來源」和「原因」兩方面。她的內心一直有某種精神活動,強迫行為則是一種表達。她在正常的思考框架下可以觀察到結果,但對其中的精神歷程則一無所知。伯恩海姆曾做了一個催眠測試,命令被試者在醒來後的五分鐘內打開一把雨傘,被試者醒來後照做了,卻無法說出開傘的動機。這位患者的行為可與之類

第十八講　創傷的固著

比。我們所說的潛意識心理過程，指的正是這種狀態。如果有誰能夠用更精確的科學方法描述這一事實，我們會很樂意撤回全部的假設。不過，在這之前我們應該繼續採納這一假設。如果有人想要反駁潛意識，說它不過是科學上的一種權宜之計、有名無實，那麼我們就不得不遺憾地駁斥他這番難以理解的話。因為這些非實在的東西，居然能夠促成強迫行為這種顯而易見的舉動呢！

我們在第二位患者身上看到了根本上相同的東西。她定下了一條規定：枕頭不能觸碰床頭。但她不知道這條規定的緣由、意義和賦予其力量的動機。對於這個規定，無論她是泰然處之還是極力反抗，是決心克服還是大發雷霆，都不重要，因為無論如何她都會遵守這個規定並執行，儘管她會問自己為什麼，但也徒勞無益。我們必須承認，強迫症的症狀清楚證明了心理活動的特定領域，且該領域與其他領域界限清晰。強迫症的這些症狀、觀念和衝動，既無人知曉其來源，又大大干擾了正常的心理生活。患者感到自己像是來自異世界的超能客人，是一種混跡於平凡事物中的不朽存在。毫無疑問，精神官能症的症狀使我們相信潛意識心理的存在。臨床精神病學只承認意識心理，也正是出於這個原因，它將潛意識描述為一種特定的退行性病症。當然，強迫意象和衝動本身並不屬於潛意識——除非強迫行為沒有被意識觀察到。它們如果沒有入侵到意識中，便不會表現為症狀。但由分析得出的先行性心理、和透過解釋而發覺的聯想則屬於潛意識，至少在我讓患者知道分析結果之前的狀況是這樣。

此外，現在請大家考慮以下幾點：一、許多精神官能症的症狀都足以證明這兩個例子的所有事實；二、無論何時何地，患者都不知道症狀的意義；三、分析無一例外地表明，這些症狀源自潛意識經驗，在某些有利的條件下才會變為意識。你們會明白，我們在精神分析中無法不提潛意識，仍習慣於將潛意識當作實體的東西解讀。也許你也能理解，為何那些從未

第三章　精神官能症通論

了解過潛意識、從未分析和解讀夢、並且從未探究過精神官能症症狀的意義和目的的人們，完全沒有資格反駁這些問題。讓我再強調一次自己的觀點：我們可以藉助分析得出精神官能症症狀的意義，潛意識心理過程毫無疑問是存在的。

但還有另一層。多虧了布洛伊爾的第二個發現──這是他一個人的功勞，在我看來具有更深遠的意義──我們才能更深入了解潛意識和精神官能症症狀之間的關係。原來不僅症狀的意義總隱藏在潛意識中，症狀本身的存在也受其與潛意識關係的約束。你們很快就能理解我的話。我和布洛伊爾有相同的主張：我們每遇到一個症狀，便斷定患者心裡有某種潛意識活動，其中隱含了症狀的意義。反過來說，為了引發這個症狀，這個意義必須先於潛意識存在。意識不會引發症狀，潛意識的過程一旦成為意識，症狀就會消失。你們會立即知道這就是治療精神官能症和解除症狀的方法。布洛伊爾實際上已經使用這個方法治好了患者，他發明了一項技術，將帶有症狀意義的潛意識經歷引入意識後，症狀便消失了。

布洛伊爾的這個發現不是推測出來的結果，而是與患者通力合作，在恰當地觀察後得出的。所以，你們不要硬要將此事和你們的常識相提並論，而應當承認這是一個新的事實，且應用範圍更加廣泛。為此我還要以一種不同的方式仔細檢驗。

症狀實際上是仍處於壓抑狀態的他物的替代。在正常狀態下，某些精神經驗本可以發展到患者能在意識中清楚知道，但卻被干擾而沒有完成，這些心理經驗便被桎梏在潛意識當中，由此產生了症狀。也就是說，症狀就是一種替代物。假使我們能用精神療法成功還原這一替代過程，那麼便可以解決精神官能症症狀的問題。

因此，布洛伊爾的發現仍是精神分析療法的基礎。所有後續研究都支持這一假設，潛意識關聯變為意識之後，症狀就會消失。不過，在實作中，

第十八講　創傷的固著

我們會遇到許多更為複雜的奇特狀況。透過將潛意識內容變為意識內容，我們的療法開始發揮效用。只有產生這個變化之後，我們的努力才會奏效。

現在，我要再說幾句題外話，免得你們誤以為治療也太容易了。據我們目前所知，精神官能症是一種無知的結果，即患者沒有意識到我們應該要了解的心理過程，這很接近蘇格拉底所說的「罪惡源於無知」。經驗豐富的醫生能夠輕易發現患者潛意識中的衝動。相對地，醫生傳授給患者這個知識後，患者便被治癒了。這個方法至少適用於一部份的症狀的潛意識意義，雖然另一方面──患者的生活經驗與症狀的關係──不容易由此推測。當然，面對這些經驗，精神分析師一定無法完全了解，肯定會有疏漏，所以只能等患者的自白。但在許多例子中，能夠輕易克服這一困難。我們可以就這些經歷詢問患者的親戚，他們一般能夠提出患者的創傷性經歷。他們甚至可以告訴分析師患者自己都不知道的經歷，比如在患者很小的時候發生的事情。分析師將這些細節串連起來後，便能迅速解決患者的問題。

要是這樣就好了！但我們卻碰到了意料之外的問題。知與知是不同的，心理學的各種「知道」之間不能相互比較。正如莫里哀（Molière）所說「人各有不同」，醫生的知道和患者的知道是不同的，產生的結果也不同。醫生將自己知道的事情告訴患者，也不一定能取得效果。這樣說也許不對，因為儘管單純的告知不能使症狀消失，卻可以展開分析，患者首先往往會堅決否認。患者雖然已經知道了新知識，即症狀的意義，但他的所知仍非常有限。所以我們發現無知不止一種，還需要深化心理學知識，釐清多種無知之間的差異。但我們仍堅持之前的假設──了解症狀的意義便可使症狀消失。唯一的限制條件在於，這個知識必須以患者內心的改變為基礎，只有透過精神治療才能達成這種改變。我們再次遇到了許多問題，而這些問題將很快引導我們去仔細分析心理動力學。

我必須停下來問問各位，我剛才講的內容是不是太複雜、太模糊了？

第三章　精神官能症通論

我如此頻繁回顧說過的話，先引出一連串想法，然後又駁回，是不是讓你們感到無比困惑？假如果真如此，那我真的非常抱歉。不過，我不願意為求簡單而犧牲真理，我寧願讓你們感受到這個學科的多面和複雜。我認為，即使你們一時不能領會我的話也無妨。我知道每位聽眾和讀者都會思考這些，並加以簡化和濃縮，只留下可以接受的部分。的確，以這種特定的方式，我們聽得越多，收穫便越多。我希望除了一些題外話之外，你們已經清楚掌握了關於潛意識和症狀的意義，以及兩者關係等各個要點了。你們也許還知道，我們此後將朝著兩個方向進行：第一是臨床問題——發現患者如何患病，以及為何在生活上採取了精神官能症的態度；第二是心理動力學問題——從精神官能症出發，得到精神官能症症狀的演化。這兩個問題之間必定有一個交會點。

今天我不想再討論了，但還剩下一點時間，我希望你們將注意力轉移到上述兩個病例的另一個特點上，即記憶缺失，或者說是失憶。我們稍後才能完全明白其重要性。你們已經知道，精神分析治療的目的可以表達為如下公式：所有病態的潛意識經歷一定都能被轉化為意識。這個公式又可以用另外一個公式代替：患者的所有記憶缺失都必須被補充。你們聽到這些時，難免會感到奇怪。實際上這表達的意思是，我們必須承認症狀的發展和失憶症之間有某種重要的關聯。不過，第一個例子的分析很難說明失憶症的價值。患者並沒有忘記強迫症產生的情境，反而清楚記得。在症狀形成的過程中，也沒有受到其他被遺忘因素的影響。第二位患者的情境，相較而言可能不那麼清晰，但記憶也一樣清楚。那位有著強迫意識行為的少女並沒有真的忘記小時候的事情——她堅決要求父母臥室和自己臥室之間的門要虛掩著，還不讓母親睡在父親的床上。她能夠清楚回憶起這些事，儘管態度猶豫且不情願。在第一個例子中，只有一個因素引人注目。患者雖然做了無數次的強迫動作，但從未意識到它和新婚之夜的情景哪裡

相似；在探究動機時，她也難以想起這些記憶。同樣，第二個例子中的少女也是如此，她不僅每夜重複睡前儀式，還不斷上演引發儀式的情景。兩個例子實際上都與失憶症無關，也不是記憶缺失，只不過是理應存在、且可用於刺激記憶的線索都斷裂了。

這種紊亂足以引發強迫症。不過，歇斯底里的情況卻不大相同，因為它通常與失憶症關係頗深。一般來說，每一次單獨的歇斯底里分析，都是刺激印象的線索。這些印象在被想起來之前，可以說真的被遺忘了。從一方面來說，這條線索可以追溯到幼年的生活，因此歇斯底里中的失憶，可被視為嬰兒期失憶的直接延伸。我們之所以不知道最早的精神生活印象，就是由於嬰兒期的遺忘。從另一方面來說，我們驚訝地發現，患者近期的經歷也因為失憶而模糊了──尤其是致病或使病情加重的誘因，若不是完全被遺忘，至少也是部分變模糊了。重要的細節無一例外地在最近的記憶中缺失，或者被假象替換。一般來說，那些近期的回憶總會設法躲開分析者，而使患者的記憶留下顯著的缺口，直到分析結束之前，最近的回憶才會突然浮現出來。

我們已經指出，回憶能力的缺陷是歇斯底里的一大特點。歇斯底里的症狀雖已發生，卻不一定有在記憶中留下痕跡。如果強迫症沒有這些現象，你們便有理由斷定失憶症體現了歇斯底里患者心理特點的變化，並不是精神官能症的普遍特質。這種不同的重要性，可以被更嚴格限制在下列觀察中。我們將「來源」和「趨勢」或「原因」合併成為症狀的意義，這樣做是為了說明症狀產生的印象和經歷以及症狀的目的。症狀的「來源」可追溯至種種印象，這些印象都來自外界，當初一定是屬於意識，後來因為遺忘而變成了潛意識。症狀的「原因」或「趨勢」則常為內心的經歷，它們從一開始便停留在潛意識內，既可以屬於意識，也可以永遠不化為意識。所以症狀的來源、或它基於的回憶是否已被遺忘，並不那麼重要，就像

第三章　精神官能症通論

歇斯底里一樣，這也就是為什麼症狀的「趨勢」會基於潛意識存在。實際上，強迫症中的這種例子不比歇斯底里少。在兩種症狀中，「來源」都可以在一開始就屬於潛意識。

我們既然如此看重精神生活中的潛意識，便不免引起人們對精神分析最惡意的批判。請不要大驚失色，也別以為反對意見只把矛頭指向潛意識概念的困難，或表達潛意識相對不易觸及的經歷。我認為批判源自另一層面。人類的自尊心曾先後被科學重創兩次：第一次是人類發現地球不是宇宙的中心，而僅僅是無窮大的宇宙中一個不起眼的小斑點。這個發現歸功於哥白尼，雖然亞歷山大學派曾傳播過相同的觀點。第二次是生物學研究剝奪了人類異於萬物的創生特權，使人類淪為動物界的其中一個物種，而同時代的查爾斯・達爾文、華萊士及其前人的重新評估，也都遭到了強烈的反對。現在，人類的自尊心將受到現代心理學的第三次重創。現代心理學證明，「我」即便在自己的屋內也不能成為主宰，而只能依賴於心理學生活中潛意識的訊息。我們精神分析學家既不是第一個、也不是唯一告誡人類要觀察內心的一批人。但是，我們似乎注定是最堅定表達這一觀點的人，並且會透過對每個個體都極為重要的實證經驗來加以證實。這便是為什麼我們的科學會被如此廣泛的抨擊，甚至不惜對抗學術界的嚴謹態度與帶有偏見的邏輯。此外，我們也不得不擾亂了這寧靜的世界，你們之後就會知道我在說什麼了。

第十九講　抗拒和壓抑

為了深入理解精神官能症，我們需要更多素材。我將另舉兩例，這兩個例子都十分受人矚目，這個新發現令人驚訝。當然，經過上個學期的講座，我想你們已經做好了進一步討論的準備。

第十九講　抗拒和壓抑

首先，我們受命治療一位患者，但他在整個治療期間都不斷強烈、固執的抗拒。這種情形非常奇怪，簡直令人難以置信。最好不要跟患者的親戚提到這一點，因為他們總以為這是託詞，是我們想掩飾費時的治療和失敗的結果。此外，患者不斷抗拒，卻沒有意識到其本質：抗拒其實非常有利於引導患者理解我們的概念。試想，患者因病症而遭受了巨大痛苦，也使周圍的人飽受折磨。此外，他寧願在時間、金錢和精神上做出如此重大的犧牲，以求得解脫，卻抗拒幫助他的人。這個假設聽起來太不合理了！但事實卻是如此，假如你們責備我不近情理，那麼我只需舉一個類似的例子便可以回答：一個人因難以忍受的牙痛去求醫，卻在牙醫拿鉗子夾去他的壞牙時，用力推開了牙醫的手。

患者的抗拒方式各式各樣，無比微妙，常常難以辨識，醫生必須小心鑑別。我的意思是，醫生必須保持懷疑的態度，觀察患者的所作所為。正如你們所知，我們在精神分析中使用的技術和解夢類似。我們會告訴患者不要繼續反思，而應該設法使自己處於一種冷靜的自我觀察狀態，然後將內心所察覺到的一切，如感情、思想、記憶等，依照它們浮現在心中的順序一一吐露。與此同時，我們警告患者不要篩選念頭。無論覺得這個念頭「太討厭」或「太無聊」，還是「太不重要」、「無關」或「無意義」，都要一一回報。我們告訴他，只需注意浮現在意識表面上的念頭即可，放棄抵抗。我們最後會告訴他治療的結果，尤其是治療時間的長短，取決於他是否遵守分析技術的基本規則。實際上，我們在解夢技術中了解到，所有隨機產生的念頭和引起疑問的想法，無一例外都屬於可用來發掘潛意識的素材。

設定這個規則之後，發生的第一件事就是遭到患者全力抗拒。患者試圖用各種方法逃避這個規則，一開始會宣稱自己什麼也想不起來，然後會說想到的東西太多，以至無從選擇。我們發現他屈從於各種批判性的反對意見，因為他背棄了之前的承諾，在回報前停頓了很長一段時間。接著，

第三章　精神官能症通論

　　他才承認說不出那些讓自己羞愧的事情，這種動機使他打破規則。他可能會說，想到的東西與他人有關，出於隱私不便透露。或者他僅說想到的東西太瑣碎、愚蠢和荒謬了，以為我不至於要讓他講這種想法吧。他找了種種藉口不願吐露，我們則繼續勸他「說出一切」，表示他要把想到的所有東西都說出來。

　　無論哪一個患者，都會想方設法隱藏一部分的思考，不讓分析者入侵。有一位患者平時非常聰明，他一度向我隱瞞了一段親密的戀愛關係長達數週。當被問到為何沒有遵守規定時，他說這件事屬於個人隱私，所以不應該透露。精神分析療法自然不允許患者如此庇護，因為如果能夠這樣做的話，無異於一面設法逮捕罪犯，一面又允許在維也納市內設立一個特區，比如禁止在市場或史蒂芬廣場逮捕犯人，罪犯自然只會隱藏在這些庇護所內。我曾經允許過一位患者有此特權，他因為工作的關係不能透露某些內容。老實說，他對治療結果很滿意，但我卻不滿意。從此，我便決心不再在這樣的條件下治療了。

　　強迫症患者經常因為多慮或懷疑等原因，使這項技術的規則無用武之地。焦慮性歇斯底里患者有時會將規則變得荒謬，因為他們的聯想往往風馬牛不相及，對分析毫無助益。但我並不是想告訴你們精神分析治療將遇到哪些困難。我透過反覆解釋，的確成功勸說患者遵守治療技術的基本規則。你們只要知道這點便夠了。一面想要抗拒、一面又想嘗試，這種心理會以其他方式作祟，比如患者會辯駁，說普通人一定也會發現精神分析理論的困難與不可行。我們在科學文獻中也能聽到同樣的批評和反對之聲。因此，圈外人的批評並不能帶來新的洞見。就像茶壺裡的暴風雨一樣。但患者仍然可以辯解，他急切地希望我們能夠引導、教授他，甚至建議他一些參考書，使他能夠深入了解。只要分析不涉及他自己，患者便很樂意成為精神分析的擁護者。但我們將這種好奇心視為一種抗拒，偏離了我們的

特定目標，我們應該採取相應的應對策略。在強迫症患者中，我們會發現抗拒策略以不同的形式表現出來。患者常會順從分析，想要釐清問題。但我們最後覺得很奇怪，為什麼釐清問題並沒有帶來任何進展，症狀完全沒有減輕呢？接著我們就發現，抗拒讓強迫症患者更加懷疑了，這也成功抵消了我們的努力。

患者會對自己說類似的話：「這挺有趣的，我很樂意繼續接受治療。如果這是真的，一定能讓我康復。」所以，想改變他的觀點可能需要很長一段時間，接著才能開始真正的分析。

人們常聽說，理智的抵抗不是最糟糕的。但患者總會在分析時抵抗，所以克服這些抵抗乃是精神分析法中最艱苦的工作。患者不會回憶過往生活中的態度和感情，而是透過移情作用（transference）抗拒分析師的治療。如果患者是男性，他常藉助於和父親的關係，將分析師替代為自己的父親。他會力爭獨立以示反抗，或者出於野心想要與父親比肩、甚至超越父親，或者不願意再次知恩圖報而抗拒。有時，我們會覺得患者是想找醫生的茬，使醫生茫然無助，完全摧毀醫生希望治癒患者的美好願望。女性則擅長利用夾雜性慾的柔情對醫生施加移情作用，目的仍是抗拒。當這種傾向變得夠強烈時，醫生對治療的興趣和責任感就會消失殆盡。隨之而來的嫉妒、以及受到不可避免的拒絕所產生的尷尬，一定會破壞患者與醫生之間的互信。

我們不應該片面地譴責這種抗拒，因為這些抗拒包含了患者過往生活中許多最重要的素材，使其以一種使人信服的方式再現了。如果我們技術熟練，能夠將其導向正確方向的話，這些素材能夠大大幫助分析。值得注意的是，這種素材最初總是在抗拒時浮現，成了治療中的障礙。我們還可以說，從患者的反抗中，能看出他的性格和個人態度。我們因此可以得知，這些特徵是如何在精神官能症的條件和要求下出現的，也觀察到了一

第三章　精神官能症通論

些平常不會輕易顯露的素材。不要誤會，我們並沒有將這些抗拒視為是威脅治療的意外危險。相反，我們知道這些抗拒必然會出現。只有當我們不能充分向患者展現抗拒時，才會感到不滿。因此，我們最後明白，克服這些抗拒是分析的必要任務，也是治療初見成效的明證。

你們還必須考慮的一點是，治療過程中的任何意外，都會被患者視為一種干擾──如分散注意力的事物、朋友中的權威人士對精神分析的反對言論，以及任何使精神官能症複雜化的症狀改變或感受，他甚至會將病情的改善視為抗拒治療的動機。儘管你們現在還沒有掌握完整的狀況，但已經大致了解了抗拒的形式和方法，因為你們每次分析時都會遇到抗拒。我之所以如此詳盡地講述抗拒，是因為精神官能症的動力學概念，正是基於所有患者抗拒自己症狀的治療經驗。布洛伊爾和我首次共同以催眠療法作為心理治療的方法。布洛伊爾的第一例患者完全是在催眠狀態下接受治療的，我起初也仿效了他的方法。我承認治療工作當時進展得比較順利，花的時間也較少，但治療過程容易反覆，且效果不持久，因此最後我放棄了催眠療法。那時我才意識到，只要催眠療法仍被使用，我們便無法找到引發疾病的原因。催眠讓患者不再抗拒，為分析開闢了一些自由的空間，但與人們對強迫症的懷疑類似，催眠療法使抗拒聚集在兩個領域的分界線上，以致無法被攻破。這就是為什麼我說只有拋棄催眠療法，真正的精神分析才能開始。

但如果抗拒的成因變得這麼重要，我們當然必須萬分謹慎，不能輕易相信任何對假設存在的懷疑。也許真的有一些精神官能症因為其他原因，而使得聯想停滯，也許我們真的應該多考慮反對我們假設的論據，而不應該拒絕所有理智批評。的確，女士們，先生們，我們確實很難判斷。我們有機會從患者最初表現出抗拒的跡象入手，一直觀察到抗拒消失。在治療過程中，抗拒的強度不停起伏。我們每涉及一個新的主題，抗拒便更加激

第十九講　抗拒和壓抑

烈，且會在探究新的主題時達到巔峰，離開主題後又開始減弱。此外，除非我們犯了一些罕見的尷尬錯誤，不然永遠不會被患者全力抗拒。我們因此相信，患者在分析的過程中反覆重拾、又放棄他的批判態度。一旦我們將一些特別令他痛苦的潛意識素材引入其意識中，患者便會立刻拾起極端的批判態度。即使他之前接受了不少精神分析知識，但這些似乎一下子全被抹去了。如果我們協助他成功克服新的抗拒，患者又能重新建想起觀念、重拾理智。他們不能獨立批評，而只是情緒的奴隸。但凡針對不喜歡的事情，他便很巧妙地駁斥。若某個觀點符合他的口味，他便會輕易相信。也許我們莫不如此。一個受分析的人的理智顯然受其感情生活的支配，這是因為他在分析時會感受到非常強大的壓迫。

　　我們應該如何解釋，患者為何如此抗拒消除症狀、以及恢復正常的心理歷程呢？從布洛伊爾的觀察中，我們已經了解到引發症狀的前提，是經歷了某種反常的精神歷程。症狀就是這種未完成狀態下的代替物。我們現在知道我們懷疑的這些存在在哪裡。一定有一股強大的力量阻礙精神歷程進入意識，所以這些精神歷程才一直處在潛意識當中，而潛意識思考有可能引發病症。在精神分析治療的過程中，我們將潛意識思考引入意識當中時，也碰到了同樣的阻礙，我們將此過程稱為抗拒。抗拒將這種我們稱之為壓抑（repression）的病態過程展露無遺。我們現在已經準備好更加準確地敘述壓抑的過程。壓抑是引發症狀的第一個條件，但它與其他歷程不同。以衝動為例，即力圖轉化為行動的心理過程。我們知道它可能會屈服於所謂的「拒絕」和「譴責」，在這種拉鋸的過程中，所有力量因退縮而減弱，但仍能存留在記憶裡，自我能充分意識到整個決斷過程。假如同樣的衝動受到壓抑，情況便會大不相同。在這種情況下，衝動的力量仍然存在，記憶卻完全消失了。此外，即便沒有自我認知，仍可完成壓抑。不過，透過這個比較，我們對壓抑的本質理解更深了。

第三章　精神官能症通論

　　現在我要從理論上更準確敘述壓抑的概念。首先，我們有必要從「潛意識」的單純描述性意義出發，探究其系統性意義。也就是說，我們現在只描述了精神歷程中意識或潛意識的一個特徵，這個特徵也不一定是明確的。假如這種歷程屬於潛意識，那麼其不能入侵意識，也許僅僅是一個訊號，而不一定就是它最後的命運。為了更加清楚說明這點，讓我們先假設所有精神歷程──除一種之外，我稍後再講──一開始都處於潛意識狀態，之後才進入意識之中。這非常像照相的過程，一開始只是黑白底片，然後才被沖洗成照片。但正如每一張底片不一定都會被沖洗成照片一樣，每一種潛意識心理過程也不一定都會演變為意識過程。這種表述可能更容易理解：任何特定的精神歷程，一開始都屬於潛意識的精神系統。在某種條件下，它會發展進入意識系統。關於這個系統最粗略、最便捷的比喻就是空間。我們可以將潛意識系統比作一間大前廳，各種心理衝動擠在裡面，作為獨立的存在相互擠占。另一間較小的房間與前廳毗鄰，類似接待室，意識居於其中。但兩個房間相連的門口有一個看守人，他負責審查各種精神衝動，未經他的許可，任何衝動都無法進入接待室。你們能夠立刻明白，看守究竟是在門口驅逐衝動，還是等到衝動進入接待室之後再趕走它，並不重要。唯一值得關注的，是看守的嚴格程度和判斷所需的時間。我們依據這個比喻繼續闡釋該術語。前廳內的潛意識衝動無法被意識看到，因為意識在另一個房間，因此它們只能保持潛意識狀態。它們一旦靠近門口，就會被看守送回，理由是它們不適合出現在意識當中，這便是我們所說的「壓抑」。不過，被看守允許走過門口的衝動也不一定會變成意識，它們只能成功吸引意識的注意、被意識看到之後，才會變成意識。因此，我們將第二個房間裡的思維稱為「前意識」（Preconscious）。我們透過這種方式簡單地闡釋了衝動變為意識的歷程。壓抑意味著不讓個人衝動通過看守的檢查，進而從潛意識系統過渡到前意識系統。我們早已了解看守

第十九講 抗拒和壓抑

的概念,在試圖透過分析治療解放壓抑時,我們就已經遇到了這種阻抗。

現在,我知道你們會說,這些概念粗略不堪、奇異古怪,科學討論不會接受。我知道它們很粗略,也承認其中有些錯誤。但除非我錯了,否則我不知道可以用什麼更好的概念來代替它們。我不確定你們是否仍覺得這些概念非常古怪。就現在來說,它們至少是有用的概念,就像會在電流裡游泳的小矮人安培(Ampère)。只要它有助於理解觀察到的現象,就不應該被輕視。我可以向你們保證,這些粗略的假說大致反映了實際情況——兩個房間、門口的看守、第二個房間一端的旁觀者。我希望你們承認,我們的潛意識、前意識和意識的觀念,比起其他學者的概念更中立,也更容易自圓其說。

你們或許會警告我,譬如說我之前在解釋強迫症中假定的心理系統假說,要在被普遍應用和正常運作的情況下才能被學界接受。你們的警告當然沒錯,我也知道這非常重要。這一點我還不能保證,但假如病態心理學研究有望找到、並打開之前十分隱祕的普通心理世界的大門,那麼我們對精神官能症症狀發展的研究興趣也將大大提高。

你們也許已經意識到,是什麼支持我們提出兩套系統及其與意識關係的假設。潛意識和前意識之間的看守,無外乎是控制顯性夢境是否能夠顯露的審查者。白天經歷的殘餘物是刺激做夢的素材,它們在夜間變為前意識的素材,在睡眠時受潛意識影響並壓抑慾望。在慾望能量的推動下,這種衝動可以形成隱性夢境。這種素材在潛意識系統的控制下,經過正常精神生活或前意識系統中如凝縮和移置作用的加工,要麼完全不被察覺,要麼被患者否認。在我們看來,兩種系統功能的區別,背叛了它們各自的特點。前意識和意識之間的依存關係,對我們來說只表明了這種素材一定屬於其中一個系統。夢絕不是一種病態現象,每個健康的人在睡覺時都會做夢。同時涉及夢和精神官能症症狀發展方面心理機制的假設,也可應用於

第三章　精神官能症通論

常態的心理生活理論。

關於壓抑，我們已經說了很多了。但壓抑只是引發症狀的先決條件，我們知道症狀是被壓抑驅回的精神過程的代替物，然而填補壓抑和替代物發展之間的空隙並非易事。首先，我們需要針對壓抑和替代的其他方面提出一些問題：怎樣的精神衝動是以壓抑為基礎？其動力和目的又各是什麼？關於這些問題，我們只在一點上略有所知。研究發現，我們知道抗拒源自「自我」的力量，換句話說，源自明顯的或潛伏的性格特徵。壓抑也是從相同的特質中得到支持，只不過這些特質在壓抑發展時有所影響。但我們現在知道的僅此而已。

我要敘述的第二種觀察現在可以幫助我們。透過分析，我們可以發現精神官能症症狀背後的目的。這對你們來說當然並不陌生，在之前的兩例精神官能症例子中，我已經向你們展示了這點。但那兩個例子到底有什麼意義呢？你們有權要求我用無數個例子說明，但我不能這樣做。你們必須藉助自己的經驗或觀點去探究意義。至於這種觀點，則可以用精神分析學者的共同意見作為基礎。

你們應該還記得，我們在調查中發現，這兩個例子中的症狀都指向患者最隱祕的性生活。此外，在第一個例子中，我們調查後發現症狀的目的和趨勢非常明顯。也許第二個例子還涉及了一些其他方面的資訊 —— 我們稍後再考慮。我們在這兩個例子中看到的現象，在其他例子中也會出現。分析後，我們發現它們都與患者的性慾望和性經歷有關，我們都可以推斷出症狀有相同的目的 —— 滿足性慾。對患者來說，症狀能夠滿足性慾，彌補了他們在現實生活中缺失的滿足。

請回憶一下我們的第一位患者的強迫動作。這個女人不得不和心愛的丈夫分居，因為丈夫的缺陷所以不能與之共同生活。但她又感覺有義務對丈夫忠誠，不能以他人代替丈夫的位置。她的強迫症症狀正好滿足了她的

私慾，她可因此抬高丈夫、否認並糾正他的缺點——性無能。從本質上來說，症狀和夢相同，都是一種慾望的滿足，更確切地說，是一種性慾的滿足。在第二個病例中，你們已經了解患者儀式動作的主要目的是阻止父母性交，從而避免他們再生一個孩子。你們也許會猜測，她其實是想藉此儀式代替母親的角色。因此，這個症狀的目的也在於排除障礙，然後滿足個人性慾。我們很快便可以描述第二個病例的複雜之處。

上述論述並不普遍適用，所以我希望你們留意：我所說的壓抑、症狀的發展和症狀的闡釋，都是從三種精神官能症中引導出來的，包括焦慮性歇斯底里（anxiety hysteria）、轉變性歇斯底里（conversion hysteria）和強迫症，目前為止只與這些疾病有關。這三種疾病又可以歸結到「移情精神官能症」（transference neuroses）這一大類裡，同時也都屬於精神分析可治療的範圍。精神分析尚未充分研究其他類型的精神官能症——實際上，這是因為其他類別的精神官能症不可能被治療方法影響。但別忘了，精神分析是一門十分年輕的學科，尚需一些時間和準備才能取得進展，而且在不久之前，這門學科尚處在搖籃之中。不過我們將以不同角度深入分析非移情精神官能症的症狀。我希望能夠告訴你們，假說和結果如何因適應這種新素材而發展。同時向你們展示，進一步研究不但不會產生矛盾，反而會促成統一的結論。因此，前面說過的一切僅適用於這三種移情精神官能症，請允許我再加上一點關於症狀評估的新資訊。針對疾病成因的比較研究結果，可以被歸納為一個公式：當現實阻止患者滿足性慾時，他們會因為克己而發病。你們能看到這兩個結果是如何相互補充。我們必須將症狀理解為生活中缺失的替代性滿足。

當然，對於精神官能症症狀是性慾滿足的替代這個論斷，你們可以提出各種反對意見。今天我只準備討論其中的兩種。如果你們曾經分析過數量相當的精神官能症患者，可能會嚴肅告訴我這個論斷在某種情況下完全

第三章　精神官能症通論

不適用,症狀似乎有著截然相反的目的——去除性慾或阻礙性慾。我不會否定你們解釋正確的地方。精神分析的內容往往比我們設想的要更複雜,如果症狀如此簡單,那麼我們就不需要透過精神分析來理解它了。實際上,第二位患者的睡前儀式有著苦行僧般的禁慾特徵——阻止性慾的滿足。例如,她將時鐘移開以防止夜間陰蒂勃起,又如防止器皿摔碎,象徵保持自己的貞潔。關於床上的儀式,我可以分析出更加明顯、與性慾滿足相反的特點,整個儀式包含反對性聯想和性誘惑的保護性規則。從另一方面來看,我們常在精神分析中發現,相反並不意味著矛盾。我們可以拓展之前的假設:症狀的目的要麼是滿足性慾,要麼是禁止滿足性慾;歇斯底里以滿足慾望為要點,強迫症以禁慾為目的。我們還沒有談到症狀的機制層面,即它的兩面性,或稱兩極性。這種機制使得症狀能夠有雙重目的。正如我們所見,症狀乃是兩種相反傾向相融合的結果,它們不僅代表了被壓抑的力量,還代表壓抑其他傾向的力量,後者成為引發症狀的主要力量。這兩種力量必定有一個在症狀中占據優勢,而另一種力量也不會完全失去影響力。這兩種力量最常在歇斯底里的同一症狀種中相遇。在強迫症中,這兩個部分被分割得清清楚楚。症狀便有了雙重意義,包含兩種動作,一種動作緊隨另一種動作、一種動作釋放了另一種動作。

很難打消我們的顧慮。如果你們檢視過大量對症狀的解釋,便可能不假思索地判斷:替代性滿足的概念必須被大大拓展。你們會毫不遲疑地強調這些症狀無法提供任何實際性的滿足,它們只能再產生一個感官刺激、或由某種性情結引起的幻想。此外,你們還會說表面上的性滿足常展現出幼稚和無價值的特點,也許和自慰行為類似,或者讓人想起早在兒童時期就被禁止的惡習。關於這些觀點,我們只有在全面研究人類性生活、查明性慾的合理定義之後,才能達成共識。

第二十講　性生活

　　你們可能理所當然地認為自己理解「性」的意義。性當然是不雅的，絕對不能堂而皇之地談論。我聽說一位知名精神病學家的學生曾大費周章，才讓他的老師相信歇斯底里的症狀常表現出與性相關的問題。為了讓老師相信這一點，學生們帶他來到一名歇斯底里女患者的病床旁，這個女人的症狀顯然是在模仿生孩子的動作。但那位老師丟下一句評論：「生孩子不一定和性有關啊。」當然，生孩子不一定就是不雅的。

　　我知道你們不贊成以說笑的態度來談論這個嚴肅的問題，但這也不完全是笑話。嚴肅地說，「性」的概念很難定義。也許所有與兩性差異相關的事宜都可定義為「性」，但這個定義又是那麼空泛而不確定。如果你們將性行為作為中心因素，那麼可能會認為，從身體、尤其是異性的性器官獲得性快感可以統稱為「性」。狹義地說，性指生殖器的交合和性動作的完成。但照這麼說，你們幾乎把「性」等同於「下流」了，那麼生孩子便不屬於「性」。但如果你們把生殖功能作為性的要義，便可能排除許多目的不在生殖、但確實與性有關的概念，比如自慰，甚至接吻。但我們早有心理準備，下定義總是很困難，就不必再嘗試了。我們或許能懷疑「性」這個概念不一定有完善的定義。但整體而言，「性」的概念又是大家熟知的。

　　下面這些「性」的概念所包含的因素，足以代表普通人的理解：兩性的不同、獲得性快感、生殖功能、不雅觀而必須隱藏。但這些概念無法滿足科學家，因為艱苦研究後──當然這種研究只有被試者的犧牲和無私奉獻才能取得──我們發現了許多異常的性生活。其中一種被稱為「性慾倒錯」，這些人似乎跨越了兩性的差異，只有同性才能引發他們的性慾。異性、甚至是他們的性器官，無法引起他們的性慾。甚至在極端的例子中，反而變成了噁心的東西。他們當然也不會有生殖活動。我們將這種人稱

第三章　精神官能症通論

為同性戀或性慾倒錯者。他們在其他方面的心理發展，無論是理智還是倫理，往往具備無可指摘的高標準，只因有此特點而異於常人。科學家稱他們是特殊的人群，即「第三性」，呼籲他們應享有和其他兩性平等的權利。也許我們有機會批判性地審視他們的言論。當然，他們並非總如宣稱的那樣，是人類的「菁英」。他們可能僅僅像擁有不同性結構的人群一樣，只是無價值的次等人類群體。

不管怎樣，這類性慾倒錯人群也和普通人一樣想滿足性慾。但他們當中有許多種變態的人，其性行為和一般人感興趣的方式相去甚遠。他們人數眾多、行為怪異，也許只能以 P・布勒哲爾（P. Breughel）所畫的《聖安東尼的誘惑》（the Temptation of St. Anthony），或福樓拜（Flaubert）所描寫的在虔誠的懺悔者面前經過的一長列衰老神像和崇拜者作比。如果我們沒有被這一大堆亂七八糟的東西迷惑，便應該稍作分類。一方面我們先按照性慾對象來劃分，正如同性戀；另一方面，我們可以按照性目的來劃分。第一種人放棄了兩性生殖器的交合，而以對方的其他器官或部位代替生殖器。他們以這種方式克服了器官的限制，並且不會讓人感到噁心。第二種人雖然仍以生殖器為對象，但並不是因為它們的性功能，而是因為解剖學功能或其他相近的功能。兒童時期的教育將排泄視為不雅和不潔，而在這些個體身上，排泄仍完全具備引起性慾的能力。還有一些人完全不以生殖器為對象，但身體的其他部位，如女人的胸、足、毛髮等，都被當成了性慾對象。還有一些人有戀物癖，身體在他們眼中什麼也不是，卻對衣服、白色亞麻布或鞋子產生了性慾。最後還有一種人雖然也需要對象，但卻採取了一種特殊的方式，甚至求之於毫無反抗能力的死屍，不惜犯罪滿足性慾——真是太可怕了！

第二種性慾倒錯者最重要的行為，是僅將普通人的性目的當作一種前戲。他們透過眼和手來滿足性慾，觀看、或試圖觀看其他人最私密的事

情；有些人則會暴露隱私部位，模糊地希望對方也報之以類似的動作。還有一些令人費解的施虐狂，他們的性目的無外乎透過羞辱或用最嚴酷的虐待等方式引起對方的痛苦和憤怒。與之相對的還有受虐狂，他們只能透過遭受性對象施加的種種象徵性或真實的羞辱和折磨來獲得性滿足。還有一些人兼具這兩種病態心理。此外，在這兩種人當中，一部分人追求真實的性滿足，另一部分只需要在想像中獲得滿足便夠了。後者不需要有真實的對象，只需一個創造出的幻象。

毫無疑問，這些荒謬、怪異、駭人聽聞的行為確實存在。不僅他們自己認為這些行為能夠代替，我們也認為這些行為和普通的正常性行為有相同的功效，為此，他們付出了同等、甚至更大的犧牲。我們完全可以透過主線及細節來分析這些非正常性行為在哪些方面遵照了正常性行為的準則，又在哪些方面有所不同。你們還得知道，性活動所有不雅的性質在這些行為裡仍然存在，有時甚至強烈到令人厭惡。

女士們、先生們，我們對這些異常的性滿足方式應該採取什麼態度呢？僅僅嗤之以鼻、表達厭惡，或者保證我們自己沒有這些癖好？這顯然完全沒用，因為我們的關注點不在於此。這種現象和其他現象類似。如果你們以這些人很罕見和奇怪為由來迴避問題，那很容易就會被駁回，因為這些現象非常頻繁、非常廣泛。不過，如果有人說，因為這些性行為很怪，不應該讓它們影響到正常性生活，那我們就得嚴肅回答了。如果我們不能理解這些異常性行為的表徵，也無法將其歸納於正常性生活，那麼便無法理解它們。簡單來說，我們必須要做的任務，在於從理論上描述這些性慾倒錯行為的可能性，並且解釋它們與所謂的正常性行為之間的關係。

伊凡·布洛赫（Iwan Bloch）極具洞見的觀點及其兩項創新性實驗的結果將幫助我們完成這項任務。布洛赫認為，將性慾倒錯歸類為「一種退行性跡象」並不可靠；在各個時代，無論是原始人還是現代人，性本能的目

第三章　精神官能症通論

的及性慾對象的變態往往能被容忍。他在分析精神官能症時，得到了這兩項實驗結果。毫無疑問，這兩項結果對我們的性慾倒錯理論產生了決定性影響。

我們已經表明精神官能症症狀是一種替代性的性滿足，也說過要從分析症狀來證明這句話不免會遇到許多困難。只有我們將所謂的性慾倒錯目的也包括在「性滿足」術語中，上面的論述才合理。因為我們發現，只有根據這些人的活動才能解釋症狀，這種情況頻繁得令人驚訝。同性戀群體聲稱自身是稀有的。我們發現每一個精神官能症患者都有同性戀傾向，而大部分症狀都是這種潛在傾向的表現。知道這點之後，他們的言論便不攻自破了。那些公然自稱為同性戀的人意識到了自己身上明顯的同性戀傾向，而比起潛在的同性戀，他們的數量微乎其微。我們被迫將對同性的性慾視為一種普遍的偏差，從而低估了這一現象的重要性。當然，顯性同性戀和正常態度之間的區別無法被抹去。它們具備實際價值，但理論價值卻大打折扣。偏執狂（paranoia）是一種精神錯亂，不屬於移情精神官能症。我們假設它是由企圖抑制強大的同性戀傾向而引起的。也許你們還記得我們的一位患者因為強迫症的關係扮演了男性，即與她分居的丈夫的角色。模仿男性行為等症狀在患有精神官能症的女性身上很常見。儘管我們不能直接認定患者有同性戀傾向，但這與同性戀的起源有著極為密切的關係。

你們也許已經了解了，歇斯底里可能會擾亂人體功能，使其無法正常運轉。分析表明，這些症狀表達了各種被稱之為「倒錯」的傾向。患者以其他器官代替生殖器。如果我們過於重視其中的性因素，人體功能便會紊亂。歇斯底里的症狀包括無數次對顯然與性無關的感官刺激和神經興奮，進而透過移情作用，將性本能轉移至其他器官上來滿足變態的性慾。這些症狀讓我們在相當程度上了解了，為何進食和排泄的器官也可以引起性興奮。這裡不斷重現了性慾倒錯的錯誤印象。不過，解釋歇斯底里症狀卻得

第二十講　性生活

大費周章，因為其中性慾倒錯的傾向必須歸因於個人生活的意識而非潛意識部分。

在強迫症表現出的諸多症狀中，過於強大的施虐傾向所引發的症狀非常重要，即具有變態目的的性傾向。依據強迫症的結構，這些症狀的主要目的是要抵抗慾望，或表達滿足和拒絕之間的拉鋸。在拉鋸中，滿足從未被過分遏止，它以一種迂迴的方式透過患者的行為達到目的，使他寧願自討苦吃。其他以極度焦慮為特點的精神官能症表現出了過度性慾化的行為，而這些行為在一般人身上只是性滿足的準備，比如窺視、撫摸和探索的慾望。這就解釋了為什麼這種病以恐懼接觸和強迫洗手為重要的表徵。以重複和修正形式偽裝的強迫行為所占比例之大，可能令人難以置信。我們可以將這些強迫行為追溯到手淫上，手淫則可以被視為各種性幻想唯一的基本動作。

將性慾倒錯和精神官能症的關係緊密交織在一起並不困難，但我覺得目前所說的已經能夠達到目的了。在解釋症狀時，我們一定要避免過分高估性慾倒錯傾向的頻率和強度。你們曾經聽說過，否認正常的性滿足可能會引起精神官能症。實際上由於這種缺乏，性的需求被迫以不正常的性興奮發作。稍後你們會更清楚了解發生了什麼。你們一定明白，有了這樣「附屬的」阻礙，倒錯傾向一定會比沒有實際障礙阻礙、得到滿足的正常性慾更加強烈。實際上，我們可能會在顯性的性慾倒錯行為中看到類似的影響。在許多例子中，由於暫時的環境原因或長期的社會體制原因，正常的性滿足碰到了太多困難，以至於引發、或推動了性慾倒錯行為。當然，在另外的一些例子中，性慾倒錯傾向完全獨立於環境，因為在這些例子中，個人的性生活是完全正常的。

經過這番解釋，你們也許會覺得常態性生活和倒錯性生活的關係，不但沒有變得更加清晰，反而更加令人困惑了。精神分析研究有必要關注兒

第三章　精神官能症通論

童的性生活，因為在對症狀的分析中，我們發現回憶和觀念能夠追溯到童年早期。我們由此獲得的發現，近來都一一在對兒童的直接觀察內證實了。結果表明，一切倒錯傾向都起源於兒童期，兒童擁有一切倒錯的傾向。簡單來說，倒錯的性生活也就是嬰兒的性生活，只不過放大、並分割為獨立的傾向了而已。

現在你們一定明白，要如何從另一個角度來看待這些性慾倒錯了，也不會再忽視它們與人類性生活的關係。但我相信這些駭人聽聞的新發現一定會讓你們不快，讓你們震驚不已。你們一開始一定會否認這一切——否認兒童也有所謂的性生活、否認兒童的行為和後來被視為倒錯並加以批判的行為之間有任何關聯。讓我先來說明你們不情願的原因吧，然後再簡述我們觀察到的事實。從生物學上說，若假定兒童沒有性生活，不僅不可能、而且非常荒謬。兒童怎麼可能沒有性興奮、性慾和某種性滿足，而突然在十二到十四歲之間具備了這些特質呢？從生物學角度看，這和說兒童生來沒有生殖器、直到青春期才突然長出來一樣不可能。青春期產生的是生殖本能，這個本能出現之後，才用身體和精神中原有的素材達到其原有目的。你們犯下了將性和生殖混為一談的錯誤，進而難以理解性、倒錯及精神官能症。奇怪的是，這個錯誤的起因在於你們都曾經是孩子，而且兒時都受過教育的影響。教育的一大社會任務是控制，在性本能違背生殖目的時加以限制。性本能必須屈從於社會需求。相應地，社會為了自身利益，只能使兒童的發展暫時延緩，等到他理智成熟之後才繼續。如若不然，性本能會衝破一切束縛、苦心建設而成的文化組織將支離破碎。約束性本能絕非易事，有時非常成功，有時則非常糟糕。人類社會的基本動力源於經濟；社會上所有人如果不安守本分，社會便無法維持人們的基本生活，所以不能有太多遊手好閒的人，人們的精力也得從性活動轉移到勞動。這個從原始時代就存在的永久生存競爭仍可見於今日。

第二十講　性生活

教育家根據經驗得出，我們必須從兒童早期、即青春期開始之前，就影響新一代，才能引導他們的性意識，而不應該等到風暴般的青春期來臨之後。因此，所有嬰兒期的性活動都是被禁止的，這會使成人感到不快。教育的理想狀態就是使兒童的生活「無性化」，實際上連科學也堅信兒童沒有性生活。為了不違背我們的信念和意圖，我們忽視了兒童的性活動——這可不是件小事——或者滿意做他種解釋。孩子應該純潔而天真，誰敢說一個「不」字，誰就是人類柔情和神聖的無恥褻瀆者。

兒童順其自然地暴露自己的動物性，可見所謂的「純潔」實際上是習得的。奇怪的是，那些否認兒童有性生活的人們，在看到他們堅持認為不存在的現象出現時，卻用最嚴厲的教育措施懲罰孩子們，斥責他們太頑皮。從理論上看，五到六歲這一兒童時期提供了反駁兒童「無性論」這一偏見的最佳證據，這一點非常有趣。而五六歲時發生的事情常常會被遺忘，只有透過科學研究才能重現。我們之前說過，這段時期的經歷也有可能成為夢。

現在我要展示兒童性生活中最顯而易見的現象了。首先，為了方便解釋，讓我先向你們說說「原慾」的概念。原慾與飢餓類似，是一種力量，其本質是性本能（就像人在飢餓時本能要進食一樣）。其他概念，比如性的興奮和性的滿足，則不需要過多解釋。你們很容易就能理解，為何這個解釋對吸奶中的性意味很重要。實際上，你們可能會就這一點反對。分析研究可追溯至某一症狀，我們基於此研究提出解釋。吸奶解釋了與生活其他必要功能相關的第一個性衝動。正如你們所知，吸奶的主要興趣直接指向獲取食物。嬰兒伏在母親的胸脯上安然入睡，那舒服的神情和日後性高潮之後的滿足神情類似。當然，這一點實在不足以作為結論的依據。但我們觀察到嬰兒實際上在不需要獲得更多食物時，也會重複吸奶的動作，這時他並未受到飢餓的驅使。我們稱這種動作為吮吸的享樂，吸奶的動作本

第三章　精神官能症通論

身便會帶來滿足。而嬰兒不先吮吸一番乳頭，便無法入睡。布達佩斯的資深兒科醫生林德納（Lindner）最先主張這個動作帶有性意味。照顧孩子的人雖然不談理論，但對這種為吮吸而吮吸的動作也持類似的看法。他們毫不懷疑其目的就是為了獲得快感，認為它是一種「淘氣」的行為，還迫使孩子違背意願戒斷這種吸奶行為。如果發現他不能自己戒斷，便會懲罰孩子。因此，我們得知除了獲得感官愉悅，這種吸奶行為沒有別的目的。我們認為，這種快感最初是在進食中感受到的，但嬰兒很快發現不進食也能體會到這種快感。我們只能將這種快感歸因為口唇的興奮，因此將涉及的身體部位稱為「性敏感帶」（erogenous zones），源自吮吸的快感自然具有性意味。也許我們應該討論這個名詞的合理性。

如果嬰兒能表達自己的想法，他一定會承認在母親懷裡吮吸乳頭是生活中最重要的事情。他這麼認為沒錯，因為這個小動作滿足了生活中的兩大需求。從精神分析的研究中，我們又不無驚訝地了解，這種行為對身體的重要性是如何延續一生。吸奶是所有性生活的出發點，是後來性快感的雛形。在需要的時候，人們往往藉助想像自慰。母親的乳房是性本能的第一個對象，我幾乎無法詳述這對於選擇人生中的性對象有多麼重要，以及它透過發展和替代，對精神生活最遙遠的領域產生了怎樣的影響。不過，吸奶行為會很快消失，代之以吮吸自己身體的部位。孩子會吮吸自己的大拇指或舌頭。透過這種方式，他便能獨立於外部世界而獲得性快感了，此外還將興奮擴大到了身體的第二個區域，但性敏感帶的強度是不相等的。正如林德納醫生所說的，孩子透過撫觸自己的身體引起生殖器興奮是一種重要的經驗，孩子也正是透過這種吮吸的方式實現自慰。

透過對吸乳動作的評價，我們熟悉了嬰兒性生活的兩個決定性特徵。它的產生與強大的需求滿足、即自慰行為有關。也就是說，在自己的身體尋求並發現性對象。營養吸收可以最明顯看出這一點，排泄也不例外。我

第二十講　性生活

們斷定嬰兒能在大小便中感受到快感，他們不久便會故意這樣做，以保證性敏感帶能盡可能獲得興奮。露‧安德烈亞斯（Lou Andreas）敏銳地指出，外部世界最初像是一種阻礙，干涉嬰兒實現性滿足——於是嬰兒才第一次模糊地感受到了內外世界的衝突。他不能隨地排泄，只能聽成人安排。為了使兒童放棄以此方式獲得性滿足，所有與排泄相關的行為都被譴責為「不文雅的」、必須迴避。嬰兒這才第一次為了社會尊嚴放棄快感。他本人並不厭惡排泄，把排泄物看成自己身體的一部分而不願放棄，還將排泄物作為最初的禮物餽贈給尤其尊重的人。甚至在教育成功使其放棄這些傾向之後，他依舊視糞便為「禮物」和「黃金」。從另一方面來說，撒尿也似乎是一件特別值得驕傲的事情。

我知道你們早就想要打斷我，大聲說：「別再胡說八道了！排泄竟然能被喝奶的嬰兒作為滿足性快感的根源！糞便竟然能被視為有價值的東西！肛門竟然可以被當成生殖器！我們不敢相信，倒是能理解為什麼兒科醫生和幼兒園老師要如此堅定反對精神分析學家的研究結果。」不，你們只是忘記了，我告訴你們要將嬰兒的性生活和性慾倒錯連結在一起。你們難道沒有聽說過在許多成年人身上，無論是異性戀還是同性戀，性交的部位都會從正常器官轉移到肛門上嗎？難道沒有許多人坦言，他們終生都眷念著排泄的快感嗎？孩子長大一點、能夠表達自己的想法之後，會說他們對排泄和觀看他人排泄有興趣。當然，如果兒童以前一直遭到恐嚇，他們會懂得最明智的做法就是默不作聲。還有一些你們不願意相信的事情。從分析和直接觀察兒童的結果中，你們會意識到我們很難不注意到這一點，也很難對這一現象有他種解讀。我甚至不反對直接挑明嬰兒性生活和性慾倒錯之間的關係。如果嬰兒有性生活，那一定是倒錯的，因為除了一些模糊的幻想，他們根本不知道性會帶來生殖結果。從另一方面來說，所有性慾倒錯的共同特徵，就是背棄了生殖的目的。我們稱放棄了生殖這一目

第三章　精神官能症通論

的、而只追求快感的性活動為「性慾倒錯」。因此，我們意識到性生活發展的轉捩點是它壓抑了繁殖的目的。因為轉捩點之後的所有行為都放棄了生殖目的、僅追求快感，這就一定會被人們視為是「倒錯」並遭到蔑視。

因此，請允許我繼續簡單介紹嬰兒的性生活。我們也可以討論其他器官，來補充說明對前面器官的敘述。嬰兒的性生活全在於種種本能，其中一些能在自己身上求得滿足，另一些得從他人或外部對象身上求得滿足。在這些器官中，生殖器自然占據優勢。有些人不借助其他人的生殖器或器具的幫助，僅靠自身實現性滿足，比如吮吸自慰、青春期必要的自慰，甚至遠遠超過這些。

儘管我有意簡化主題，但仍不得不略加敘述兒童對性好奇一事。對性的好奇是兒童性生活的一大特點，對研究強迫症也非常重要。兒童很早就開始對性產生好奇心了，甚至在三歲以前就有了。性好奇與性別無關，在小孩子眼中男女沒有區別，小男孩以為男女都長著一樣的男性生殖器。小男孩第一次發現女性生殖器的結構時會難以置信，因為他無法想像和他一樣的人竟然沒有這個重要器官。後來，他知道了事情確是如此，但大為恐懼，之前感到的關於這個小器官的所有威脅，又隨之而來了。他受到閹割情結的主宰。閹割情結在一個健康男孩的性格發展過程中影響重大：他若生病了，這個情結便是禍首；如果他接受分析治療，這個情結就是他反抗的原因。我們知道，小女孩因為身體上缺少碩大可見的陰莖而感到受傷，嫉妒男孩，進而產生了想要成為男性的慾望。後來如果她不能合格地行使女性的職責，這個慾望便會發展為精神官能症。在兒童時期，女孩的陰蒂等同於男孩的陰莖。陰蒂也是一個特別容易興奮的區域，女孩可以透過刺激陰蒂自慰。在向成年女性過渡的過程中，最重要的步驟是感受是性器官由陰蒂轉變為陰道口。在患有所謂的「性冷感」的女性人群中，陰蒂仍然能夠感到性興奮。

第二十講　性生活

兒童的性興趣最初聚焦在生育的奧祕上——斯芬克斯（Sphinx）的謎語正是基於這個問題。由於自私而擔心小弟弟、小妹妹出生是產生這個好奇心的主要原因。保姆常常這樣回答這個問題：小孩是白鸛銜來的。但兒童對這個答案的懷疑程度常遠超過我們的想像。他們長大後知道了真相，常感覺受到了欺騙。這種受騙感大大催生了孤獨感，也促進了他們的獨立發展。但沒有外界幫助，兒童無法解決這個問題。兒童的性結構尚未發展完全，這阻礙了他們理解這個問題。起初，他們以為小孩子是由食物中某種特殊物質創造的，而並不知道只有女人才能生小孩。後來，他們知道這種觀點是不對的，於是便放棄了——雖然神話中仍然保留著這種假設。兒童長大之後很快發現父親也有參與生育，但究竟如何參與，他無從猜測。如果他偶然窺見父母性交，會以為這是男人試圖制服女人，或者認為這是一場打鬥，便會誤以為性交是虐待和被虐待，而不會明白性交與生孩子的關係。他在床單或母親的衣服上發現血跡後，便會將其視為父親傷害母親的證明。在童年後期，他透過想像，認為男性的性器官對生孩子很重要，但仍不知道這個器官還有排尿之外的其他功能。

他們一開始認為孩子是透過肛門生出來的，所以小孩本來是一團糞便。直到兒童在對肛門區的興趣完全消退之後，他們才放棄了這一理論，而代之以另一理論，認為肚臍或雙乳間是孩子出生的區域。兒童憑藉好奇心逐漸了解了性生活的一些方面，但由於自己的無知，還是無法了解事情的真相。在青春期之前，他逐漸獲得了一些零散、不完整的解釋，而這常發展為後來發病的創傷性原因。

你們可能會聽說，精神分析學家為了印證他們的假說，不適當地延展了「性」的概念——所有精神官能症的起因都與性有關，症狀的意義也與性有關。你們可以自行判斷這樣的拓展究竟有無道理。我們延伸性的概念，目的只是為了將嬰兒和性慾倒錯人群的性生活納入其中。也就是說，

第三章　精神官能症通論

我們重建了性的合理範圍。而在精神分析領域之外，性的範圍都非常有限：即以生殖為目的的正常性生活。

第二十一講　原慾與性

我覺得你們還不相信倒錯在性的概念中很重要，因此我希望盡可能地澄清和補充。

性慾倒錯引起了激烈反對，它的存在使我們的性概念有必要轉變。不僅如此，對嬰兒性生活的研究也推動了性概念的轉變，嬰兒性生活與性慾倒錯的密切關聯對我們的研究有決定性作用。在之後幾年的兒童期，嬰兒性生活的表現雖然仍很明顯，但起源卻逐漸模糊，無從尋找。假如你們沒有注意到演化和分析的連貫性，便會在性因素的影響力上與我各執一詞，並推斷它只有一些模糊不定的屬性。請別忘記，除了可以根據是否和生殖有關來定義性之外，我們現在還沒有確定性本質的公認標準。但我們又嫌與生殖有關的定義太狹隘了。W·佛利斯（W. Fliess）所提出的二十三天或二十八天的週期性，絕對不應該被設定為生物學標準。我們假定性行為具備的特殊化學本質尚有待證實。而從另一方面看，成年人的性慾倒錯行為卻明白無疑、切實可見。正如人們普遍能接受的術語所顯示的，這些行為毫無疑問具有性的本質。無論我們是否將其視為退行的跡象，都沒有人敢將其排除在性現象之外。僅僅這一點便證明了性絕不完全等同於生殖，因為性慾倒錯行為顯然都違背了生殖目的。

這提供了一個有趣的類比。儘管「意識」普遍認為就是「心理」，但我們必須延伸心理概念的範圍，將一些非意識部分也囊括其中。人們也普遍認為「性」完全等同於「與生殖相關」（或簡稱「生殖」），精神分析學家不

第二十一講　原慾與性

得不指出「性」不一定與「生殖」有關，性也可以完全與生殖無關。雖然這兩者之間只是形式上的類比，但也不無深刻的意義。但是，如果性慾倒錯的存在成為這一問題的有力理由，那為什麼以前沒有人來完成這個工作、解決問題呢？我實在無法回答。也許性慾倒錯研究已經成了一個特殊的禁區，甚至在理論研究中也是如此，進而阻礙了科學研究。似乎沒有人會忘記性慾倒錯不僅令人厭惡，而且被認為是不自然和危險的。性慾倒錯好似散發著一種誘惑力，人們普遍對那些樂在其中的人懷著一種隱祕的嫉妒感。正如著名歌劇《唐懷瑟》[12]（*Tannhäuser*）中伯爵的自供一樣：

在愛神山上，榮耀就這樣被淡忘！

奇怪，這種事情從來與我們無關。

坦白說，性慾倒錯者其實是可憐的魔鬼，他們痛苦地費盡心思尋求滿足。

雖然性慾倒錯的對象千奇百怪，但性慾倒錯行為毫無疑問屬於性行為，原因在於它通常伴隨著重複的性高潮，並終止於射精。當然，這只會發生在成年人身上，兒童幾乎不可能達到性高潮和射精。他們雖有一種類似的替代性動作，但這種替代性動作又不能被確定為性。

為了充分了解性慾倒錯，我還要補充幾點。儘管性慾倒錯行為與常態性行為對比鮮明，受到強烈譴責，但我們透過簡單的觀察，便可以發現常態性行為不可能完全不涉及倒錯。甚至連接吻也可以被視為一種性慾倒錯行為，因為口唇的接觸代替了生殖器的接觸。但沒有人認為接吻屬於性慾倒錯；相反，在戲劇表演中，接吻被視為一種經過美化的性行為。只有當接吻帶來異常強烈的性感受、並立即引起射精和性高潮反應時，我們才會將其視為一種性慾倒錯行為。因為接吻引起射精和性高潮實在太不正常

---

[12]《唐懷瑟》，全名為《唐懷瑟與瓦特堡歌唱大賽》（*Tannhäuser und der Sängerkrieg auf Wartburg*），是德國作曲家理查・華格納（Richard Wagner）譜寫的一部歌劇。

第三章　精神官能症通論

了。此外，我們都知道撫觸和凝視是獲得性快感的必要前戲。人們在性快感最強烈的時候還會抓、咬對方，可見最強的性快感不一定是由生殖器引發的，也可由身體的其他部位刺激產生。但憑藉單獨幾個非常態現象，我們完全沒有理由將這些人納入性慾倒錯的人群當中。相反，我們越來越確定，必要的倒錯行為既不會影響性目的的實現，也不會取代生殖器的功能。性慾倒錯的本質不在於對象的變換，而僅僅在於以變態現象為滿足，而完全排斥以生殖為目的的性交。如果倒錯行為的目的是為常態性行為做準備、或者用來推動常態性行為，那麼它們便不算真正的性慾倒錯。實際上，上述事實在正常和非常態性行為之間架起了一座橋梁。我們自然可以推斷出，正常性行為是由嬰兒性生活演化而來的，某些素材被刪減，其他部分則整合起來，最後實現了新的目標——生殖。

在將性慾倒錯的知識用在嬰兒性生活研究這一全新領域之前，我必須強調一下兩者之間的重要區別。性慾倒錯遵循高度集中的規則，其全部行為指向唯一一個目的。本能的一部分占據上風，這部分本能要麼能夠體現、要麼被導向其他目的。就這點而言，倒錯的性生活其實和正常的性生活一樣，只是占據優勢的部分本能和性目標不同而已。兩者各自構成了一個有組織的系統，只不過占統治地位的勢力不同而已。從另一方面來看，嬰兒的性生活則不具備這種集中性和組織性，但其構成的衝動一樣強烈，只不過每一個獨立衝動的唯一目標是追求快感。集中性和組織性的缺乏準確說明了倒錯性行為和正常性行為都源自嬰兒時期。還有一些性慾倒錯與嬰兒的性生活有更多的相似之處，嬰兒性生活的衝動是相互獨立的，當中有許多本能大行其道、堅決要求實現各自的目的，甚至試圖能夠永遠留下。不過就這些現象而言，與其稱之為性生活的倒錯，不如稱之為幼稚的性生活。

有了上述準備，我們便可以討論遲早要面對的問題了。人們會說：為

212

第二十一講　原慾與性

什麼你們一定要將兒童的種種表現歸為性生活？這些行為雖然會發展為性行為，但你們自己也承認其起源的不明確性。為什麼你們不滿足於單純的生理描述，而堅持認為即便是尚在吸奶的嬰兒，吮吸物體或捨不得糞便等行為，都表現了他在追求性快感呢？如果你們滿足於只描述生理現象，便可以避免異化嬰兒的性生活，就不會感到反感了。我並沒有對性快感提出任何反對意見，我知道最強烈的性快感只能來源於生殖器的結合。但你們能否告訴我，這種原本無足輕重的快感，是何時獲得後期發展中應有的性意味的呢？比起性，你們是不是對「身體快感」有更多了解？你們會回答，當生殖器開始發揮功用時，性意味便產生了；性意味著生殖器。你們可能會這樣反駁我：即便在最嚴重的性慾倒錯行為中，目的也都是達到生殖器高潮，即便採取的方式不是生殖器的交合。你們會以此來迴避性慾倒錯這個障礙。假如你們由於倒錯現象的存在，而否認生殖與性的關係，同時強調生殖的器官，可能會站在較為有利的立場上。這麼一來，我們的觀點便相去不遠了，生殖器不過取代了其他器官。實際上，可以代替生殖器以求得性滿足的行為很多，如正常的接吻、荒淫的享樂生活或某些歇斯底里的症狀。在這些精神官能症中，位於生殖器的刺激、感受和興奮常轉移到身體的其他器官上，因此你們眼中的性的主要特徵便都不存在了。你們不得不下決心依照我的例子，將「性」一詞拓展到童年早期對身體快感的追求上。

現在，輪到我為自己辯護了，希望再你們給我一點時間說說另外兩點。如你們所知，我們把童年早期可疑和未定性的快感活動稱為「性」，因為透過對症狀的分析可以得出，姑且假定這些材料本身不一定是「性」，但它們毫無疑問都與性有關。請讓我借用一個類比吧：假設有兩種雙子葉植物，比如蘋果樹和豆科植物，我們確實無法觀察到其種子的成熟過程。假設能夠由充分發育的植物逆溯得出這兩種植物的演化過程、一直

第三章　精神官能症通論

追溯到雙子葉植物的第一顆種子，那麼，那時這兩種植物的雙子葉看起來一定完全一樣、無法區分。既然如此，我可以從中推斷出它們其實是一種植物，蘋果樹和豆科植物是直到植物演化後期才分化嗎？或者，我們能否從生物學角度說明，這兩種植物在種子狀態就有區別，儘管它們種子中的雙子葉看起來毫無區別呢？我們將嬰兒尋求快感的行為稱之為「性」，也就是這個道理。是否每種生理快感都可以被稱為性，或者除了「性」的快感之外，還有其他不能稱之為「性」的快感，我在這裡無法討論。我對身體快感及其條件所知甚少，所以根據追溯分析的結果，只能匯整出概括性的因素，這不足為怪。

此外還有一點。即便你們能夠說服我，最好不要將嬰兒的活動稱為性生活，但你們急切主張的「嬰兒無性生活」之說毫無助益。從三歲起，兒童便毫無疑問地表現出性行為。生殖器開始變得活躍，換句話說，生殖器明顯變大。兒童也開始習得關於性生活的心理和社會表達方式。即便是沒有接觸過精神分析的普通人，如果能不帶偏見地仔細觀察，也會發現兒童會開始偏愛某人、或偏愛某一性別，同時表現出嫉妒之情。你們可能會說，這只不過是感情的早期覺醒而已，你卻只從性的角度解讀。三到八歲的兒童已經學會了隱藏這些感情，但如果你們細心觀察，總能找到足夠的證據來支持這些感情具有「性」目的。至於你們注意不到的各點，也可以透過研究獲得。這個階段的性目的與上面說過的性理論有著極為密切的關係。其中一些目的的倒錯本質源自兒童結構發育的不成熟，他們還沒有理解交配行為的目的是什麼。

兒童由六歲或八歲起，性的發展便呈現出一種壓抑或退行趨勢，可以被稱為潛伏期。潛伏期也可能完全沒有表現，而性活動和性興趣不一定會中止。潛伏期之前的大多數經驗和衝動都因嬰兒的失憶而被淡忘了。這種失憶我們之前已經討論過，它籠罩在我們早期童年，使得那段經歷變得陌

第二十一講　原慾與性

生而模糊。在精神分析中，我們總肩負著喚醒被遺忘記憶的責任。我們無法不假設童年早期涉及的性生活促使我們遺忘，也就是說遺忘是壓抑的結果。

三歲起，兒童的性生活便有許多和成人性生活的相似之處。我們已經知道，兩者之間的顯著差別，在於兒童總是呈現出倒錯的特點，同時衝動的強度遠低於成人。在這個階段之前，性發展，即原慾發展的各個階段，是理論上最有趣的部分。發展的各個階段一閃而過，也許我們永遠不可能直接觀察到這些稍縱即逝的片段。精神官能症的精神分析研究，讓人們首次能夠追溯到原慾發展的初期階段並明確其性質。這些推斷原來僅僅是理論上的，但如果你們採用精神分析法，便會發現它們自有其必要性和價值。你很快就能明白，為什麼症狀研究能夠協助我們發掘，那些正常對象身上被忽略的東西。

現在，我們可以表明在生殖器發育完全之前，兒童的性生活以何種形式呈現了。性生活的重要性首先體現在潛伏期之前的嬰兒階段，從青春期開始，性生活越來越重要。性生活在早期很鬆散，我們稱之為「前性期」（pre-genital）。此時占據優勢地位的性本能並非來自生殖器，而來自「虐待狂」和「肛門」的本能。雄性和雌性之間的差異還不明顯，只有主動和被動之分，我們可以稱之為「兩極性」的前身。後來，兩極相互融合。雄性在活動中表現出支配本能，且有時易轉化為施虐行為。具有被動目的的衝動則依賴於肛門的性敏感帶。這一時期最重要的特徵是強烈的性好奇和窺視欲。生殖器僅有排尿的功能。此時部分衝動也不無對象，但這些對象不必僅為一物。虐待──肛門屬於前一個階段。在原慾發展的肛門虐待期之後，我們還發現了一個更早、更原始的階段，由口部主導。你們可以猜出吮吸動作屬於這個時期。在古埃及人對兒童和荷魯斯神[13]的描述中，

---

[13]　荷魯斯（Horus）：古代埃及神話中法老的守護神，鷹頭人身。

第三章　精神官能症通論

他們的手指都放在嘴裡，這點也許會令你們感到奇怪。亞伯拉罕最近發表了資料，認為這種原始口唇階段的痕跡，在後來的性生活中依然保留著。

我可以推測，這些細節帶來的負擔大於資訊，或許我又太關注細節了。但請耐心一點，這些話非常重要。請記住，我們稱之為原慾的性生活並不是一個完整的系統，也不是按照最初形式發展而來的，其形成相繼經過了許多階段。實際上，性生活是一個發展序列，和毛毛蟲變成蝴蝶的過程類似。發展的轉捩點是原來占從屬地位的部分性本能發展為占主導地位的生殖本能，同時又讓性生活從屬於生殖。性生活原來很分散，其中包含了若干本能，這些部位的獨立活動各自追求快感。這種混亂狀態因受到前性期組織的調節而緩和，前性期首先經歷了虐待──肛門期，接著經歷了口唇期，後者也許是最原始的。除此之外還有多種不同的歷程，我們所知有限。原慾漫長的演化過程經歷了許多時期，了解這些對理解精神官能症非常重要，我們稍後再做討論。

今天我將從另一個視角看待這個發展，即部分本能與對象的關係。為了節約時間來研究等等要講述的內容，我們需要快速帶過這一發展過程。性本能的某些元素打從一開始就有對象，而且對象一直不變，比如支配本能（施虐狂）和窺視慾。有些衝動和身體的某一特殊部位密切相關。性本能口唇部分的第一個對象是母親的乳房，因為乳房可以滿足嬰兒的飢餓需求。在吸奶時，性愛的成分也可以得到滿足。但在為吮吸而吮吸的動作裡，性愛的成分獨立出來，放棄了體外的對象，代之以自身身體的某個部分。口唇的衝動成了一種自體情慾（auto-erotic），和肛門及其他性衝動開始時的狀態一樣。簡單來說，此後的發展有兩個目標：第一，放棄自體情慾，用自身身體的部分代替外部客體作為對象；第二，整合不同對象為單一衝動，以單一對象替代。當然，只有當單一對象本身完整，即和自身類似時，這個過程才可能實現。如果自體情慾的衝動不放棄其若干無用的部

分，這一過程也無法完成。

關於其中涉及的尋找對象的過程，我們還沒有完全了解。為了達到我們的目的，必須強調這一事實：當這個過程在童年潛伏期之前的某一階段暫停時，找到的對象似乎和從其與口唇快感衝動的關係中衍生出的第一個對象一模一樣。這個對象如果不是母親的乳房，便是母親本身。我們將母親視為第一個愛的對象。因為當我們強調性衝動的精神層面，並且不顧、或暫時希望忘記本能的身體或「感官」的基本需求時，實際上是在談論愛。母親成為愛的對象後，兒童開始受壓抑作用的影響，已經忘掉了自己性目標的某一部分。選擇母親為愛的對象被我們稱為「伊底帕斯情結」（Oedipus complex）。伊底帕斯情結對從精神分析視角解讀精神官能症非常重要，但也招致了許多人的批評。

第一次世界大戰時，有一經歷可附述於此。在波蘭境內的德國前線上，有一位信奉精神分析的勇敢醫生。他治療傷兵的療效頗佳，因而引起了同事的注意。被問及時，他承認自己採用了精神分析療法，最後被勸說將相關知識傳授給同事。每天晚上，軍醫、同事和軍官都會聚集過來，聆聽他講述最深刻的祕密。

一開始教學很順利，可在醫生把伊底帕斯情結告訴聽眾之後，一位長官起身表示他無法相信，並認為傳播這樣的知識是可恥的。這些為祖國而戰、為家庭而戰的英勇戰士怎麼可能有「伊底帕斯情結」呢？於是，他被禁止繼續演講。故事便就此終止了。

現在，請耐心聽我講述伊底帕斯情結的內容。正如其名所示，我們都知道希臘神話中的伊底帕斯王，先知說他命中注定弒父娶母。於是他極力避免神諭所言的命運，卻在不知不覺中犯下了這兩項罪行，自刺雙目以自罰。索福克里斯（Sophocles）根據這個故事創作了悲劇，我想你們一定深受感動。根據這位雅典詩人的描述，伊底帕斯犯罪許久後調查了很長一段

第三章　精神官能症通論

時間,一點一滴向觀眾揭露真相,這個過程類似精神分析研究。在臺詞中,其母約卡斯塔(Jocasta)迷戀上伊底帕斯,反對調查繼續。她說許多人都曾夢見娶母為妻,但夢是無關緊要的。在我們看來,夢非常重要,至少對那些許多男性所做的典型夢境而言很重要。我們也毫不懷疑約卡斯塔提到的夢,與神話古怪、駭人的內容有著密切的關係。

索福克里斯的悲劇並未引起觀眾的怒罵和強烈反對,這一點很令人驚訝。觀眾怒罵和反對這則悲劇的理由,甚至比不滿的軍醫更加合理。因為從根本上說,這是一齣不道德的戲劇,它描寫了某人注定會犯下某種罪,展現了人類道德衝動在原罪面前的無助。我們很容易會這樣推斷,作者藉這個神話故事控訴命運和神。在非難神的尤里比底斯(Euripides)手裡,可能確實會有這種控訴。但在虔誠的索福克里斯的作品中,絕不至於有控訴之意。這位虔誠的詭辯家認為最高的道德是屈從於神的旨意,即便神規定我們應犯某罪,但這樣我們才能學會克服困難。我認為道德教育並不是此劇的目的,而且也不足以削減劇本的影響。觀眾對道德教育無動於衷,而更在乎神話本身的隱義和內容。他們似乎自我分析後,發覺自己內心也有伊底帕斯情結,同時揭露了神的旨意和神諭都是自身潛意識的偽裝。他們像記起了自己弒父娶母的慾望,而又不得不憎惡這個念頭。他們同時又好像聽懂了詩人的話:「你縱然反抗命運,自稱曾抵制過這些念頭,都不免徒勞無功。儘管你費盡心力,仍不能無罪,因為你絕無法抵禦這些犯罪的念頭,它們一直存在於你的潛意識當中。」這確實是心理學的真理。一個人雖然已經把邪惡的衝動壓抑在潛意識中,自以為不再有這些邪念,但儘管他無法追溯其源頭,也仍有負罪感。

毫無疑問,常困擾精神官能症患者的負罪感,其重要來源之一便是伊底帕斯情結。此外,1913年,我在自己的《圖騰與禁忌》(Totem and Taboo)一書中,研究了人類宗教和道德的起源。那時我就懷疑人類作為一

個整體，自古以來一直因伊底帕斯情結而懷有一種負罪感，這種負罪感進而成為宗教和道德的起源。我本想多說一點，但也許最好點到為止。我已經開始講這個問題了，現在放下未免有些困難，但我們還是必須回歸到個體心理學上。

兒童在潛伏期之前選擇對象的時候，我們可以直接觀察到哪些能說明伊底帕斯情結的現象呢？我們很容易就能發現，小男孩想將母親占為己有，認為父親干擾了自己；在父親對母親表現出柔情時，小男孩會生氣；父親外出或旅行時，小男孩會覺得高興。小男孩常常用語言直接表達這一點，許諾將來會娶母親為妻。可能有人覺得這沒辦法和伊底帕斯情結相比，但實際上這些表現已經足夠了，兩種情況在本質上是相同的。有時同一個孩子也會對父親表現出好感，這常使我們迷惑不解。這種矛盾性，或稱兩極性（ambivalent）的感情在成人身上也會引發衝突，但在兒童時期卻可以長期並存，就像後來永留於潛意識中一樣。你們也許會抗議，說兒童的這種行為是受自我動機的驅動，不足以成為伊底帕斯情結的證據。母親提供了兒童所需的一切，因此兒童為了自己的利益，不允許母親分心。這麼說也對，但在類似的情境中，自我的興趣更是引發愛慾衝動的機會。如果小孩子毫無保留地表現出對性的好奇，比如晚上想和母親同睡，或者堅持要看母親換衣服，或者試圖撫摸母親，母親常常一笑而過，則其對母親的依戀便明顯表現出性愛的意味了。我們一定不能忘記，母親也同樣照顧女兒，但不會引起相同的效果。父親也常常一樣照顧兒子，卻無法贏得同樣的重要地位。簡言之，無論如何批判，都不足以打消這個情境中所有的性愛成分。由兒童的利益來看，他只允許一個人、而不許兩個人照顧自己，不是太愚蠢了嗎？

正如你們所見，我只描述了男孩與父母的關係。至於女孩，過程大致相同，只需有一些必要的調整。對父親的柔情、希望拋開母親、取代母親

第三章　精神官能症通論

位置的慾望在成年後可以演變為撒嬌。我們或許只是覺得可愛，卻忽略了這種情境可能產生的嚴重後果。我們還需補充一點，父母的某些做法也喚醒了孩子的伊底帕斯情結，比如有多個孩子時，他們會根據性別來寵愛孩子。父親毫無疑問會偏愛女兒，母親則對兒子最為關心。但連這個因素也無法完全決定孩子自發產生伊底帕斯情結。在弟弟妹妹出生後，伊底帕斯情結會擴大為家庭情結。個體的受傷感成為一種動力，導致孩子厭惡弟弟妹妹，希望除之而後快。大致上來說，這種怨恨的感情比起和父親情結有關的感情，更會無所隱藏地流露出來。如果這樣的慾望被滿足，那後來出生的孩子必然會死去，不久之後我們將透過分析，發現死亡對年長的孩子而言是一個重大事件，即便他們不記得。弟弟妹妹出生之後，年長的孩子被迫退居二線，第一次真正與母親分離，且不願意原諒母親。我們可以在成年人身上發現這段極為痛苦的回憶，這常演變為一種永遠的疏離感。我們已經提到，對性的好奇、及其所有後果，通常來自於兒童的這些經歷。隨著弟弟妹妹的長大，兒童與他們的關係會發生一種重要的變化。男孩可能將妹妹視為愛的對象，以代替那不忠實的母親。假使幾個哥哥爭奪一個小妹妹的愛，那麼在後來的生活中，占據重要地位的情敵之爭便會出現在育兒室內。當父親不再像之前那麼溫柔地對待女兒時，小女孩會把哥哥視為父親的替代。或者她會把小妹妹想像成自己和父親生的孩子。

上述情況的特點大致類似，我們可以透過對兒童的直接觀察或思索兒時記憶得出，而不受分析影響。你們可以推斷出一點，孩子的出生順序對此後的整個人生影響很大，凡寫傳記的時候都應該考慮這個因素。面對這樣隨手可得的解釋，我們想到科學中禁止亂倫的規定，不免啞然失笑了。多麼有創意啊！同一家庭的異性成員因為從小共同居住，他們之間不再有性吸引力，又因為反對近親交配的生物學傾向，所以在心理上才有了對亂倫的禁忌。真理卻恰恰相反！人類最初選擇的性對象往往是亂倫的，男

性會選擇母親或姊妹。所以人們才制定了最為嚴厲的法律，防止這種嬰兒時期的傾向變為現實。在原始民族當中，對亂倫的禁止最為嚴厲。芮克（Reik）最近發表了一篇睿智的文章，說野蠻人以青春期為「重生」的標誌，青春期舉行的儀式指男孩已經擺脫了對母親的依戀，恢復了對父親的正常感情。

神話傳說告訴我們，雖然人類如此恐懼亂倫，神卻總能這樣做。從古代歷史中，我們知道與妹妹結婚的亂倫婚娶乃是帝王們的神聖義務（例如埃及和秘魯國王），這是普通人所不能享受的權利。

伊底帕斯所犯的一大罪是娶母，另一大罪是弒父。人類的第一個社會——宗教制度便是圖騰制度，而圖騰制度極度憎惡此二罪。讓我們從對兒童的直接觀察轉移到對成年人精神官能症的分析研究上。分析的結果對伊底帕斯情結的知識有何貢獻呢？這很容易看出，從患者身上發現的情結與從神話中發現的情結一致。結果表明每個精神官能症患者面對這一情結時，本身就是伊底帕斯或哈姆雷特。他不再隱藏自己對父親的憎恨，以及對母親的關愛和娶母為妻的目的。我們真的敢把這些駭人的極端感情歸結到童年時期嗎？抑或分析引入了一些新元素，蒙蔽了我們？我們不難發現答案。

無論歷史學家記錄了怎樣的過去，我們必須考慮到他難免會竄改過去的事實，混入一些現代觀點，以至於整個歷史圖景變成了偽造的。在精神官能症的例子中，這種竄改是無意的還是有意為之尚不能確定，我們稍後將會講解它的動機，說明「追溯」遙遠過去的合理性。我們也能輕易發現，在之後的時間和環境中，還有無數其他動機強化了對父親的憎惡，而對母親的性慾望已經轉化為兒童陌生的形式了。而以「追溯」過去的方式解釋整個伊底帕斯情結只是徒勞無益。這個情結雖然後來難免加入了新的成分，但其嬰兒時期的根基仍然存在，這可透過對兒童的直接觀察加以證實。

第三章　精神官能症通論

　　由分析伊底帕斯情結所得的臨床事實，實際上變得極為重要。我們知道在青春期性本能一開始達到頂峰時，古老而熟悉的亂倫對象的性本能再一次因新的原慾而尋求滿足。嬰兒選擇對象似乎只是兒戲，然而卻奠定了青春期選擇對象的方向。在青春期時，非常強烈的感情經歷被導向伊底帕斯情結，或者被用在對其的反應上。然而，由於它們的前提已經坍塌，所以它們大部分處在意識之外。從此以後，人類個體必須獨立於父母而生活，只有當他脫離了父母的掌控之後，才不再是孩子，而成為社會的一分子。兒子面臨著兩個任務，其一是克服對母親的原慾慾望；其二是利用這一慾望在外部尋求愛的對象。同時，他必須與父親和解。否則，如果他繼續與父親保持孩子般的對立，繼續對父親存有敵意，便會受制於父親。因此，他必須釋放這種壓力。每個人都得面對這樣的任務。值得注意的是，這個問題鮮少能夠完滿解決，也就是說，很難顧全心理和社會兩個方面。然而，精神官能症患者完全無法解決這個問題。兒子一生都處在父親的權威之下，無法將原慾轉移到外界對象。女兒的命運也一樣，只不過在關係上略有差異。從這個意義上說，伊底帕斯情結確實可以被視為精神官能症的主因。

　　你們可以想像關於伊底帕斯情結，還有許多實際上和理論上的重要事實，我只能略作敘述。至於其他種種變式或可能的反轉，我就不再一一詳述了。關於其他與其關係較遠的方面，我只想說一說伊底帕斯情結對文學作品的影響。蘭克曾在一本重要的著作中說，各時代的劇作家都是從伊底帕斯情結和亂倫情結中獲得了創作素材，只是稍作改變和偽裝。此外，別忘了在精神分析學說出現前很久，我們便可以在不受約束的衝動中發現伊底帕斯的兩種罪惡慾望。在狄德羅（Diderot）的《拉摩的姪兒》（*The Nephew of Ramau*）中有一段著名的對話，只有大詩人歌德才能將其譯為恰當的德文。你們可以讀讀看下面這幾句話：「假如任小野蠻人胡作非為，

他就會像是個已屆而立的衝動男子、又像是個襁褓中嬰兒。他不免會扭斷父親的脖子，然後再和母親同睡。」

還有一點我不得不提。伊底帕斯的母親兼妻子的夢可用作為解夢的分析。你們還記得分析夢的結果嗎？入夢的願望常有倒錯或亂倫的本質，或者表達了對親愛的人意料之外的仇恨。那時我們並未追溯這些邪惡衝動的來源。現在你們總可以明白了吧？它們代表嬰兒早期的原慾傾向，其對象早在意識中被放棄了，而在晚上的夢中仍然在一定程度上活躍。但不止精神官能症患者，因為幾乎所有人都會做這種倒錯、亂倫和謀殺的夢，所以我們推斷即便正常人也經歷了同樣的發展過程，也一定有性慾倒錯傾向和伊底帕斯情結。這是正常的發展過程，只不過在精神官能症患者身上變本加厲了而已。其大致顯示了分析正常人夢的結果。這也是我們要把夢的研究作為精神官能症症狀研究線索的原因之一。

第二十二講　發展與退行

原慾只有被歸納於生殖，才會被視為正常。我們已經了解原慾要經過多方面的發展，才能達到這點。現在，我想指出這個事實對研究精神官能症起因的重要性。

我相信我們在普通病理學教學上已經有共識，這一發展涉及兩大危險：壓抑（inhibition）和退行（regression）。換句話說，某一功能也許會永遠停留在早期發展階段。

我們還可以用其他事實來比擬這些歷程。假如一個民族要尋找新的家園，必然不可能全部人都平安到達新目的地。除了因不可抗力而死亡的人口，這些移民總有一小部分會在途中定居下來，其他人則繼續前進。或者

第三章　精神官能症通論

舉一個更加恰當的例子：你們都知道在演化程度最高的哺乳動物中，前列腺原本深埋於腹部，在子宮發育的某一階段才轉移到盆骨頂端的皮膚下。在許多雄性哺乳動物個體身上，雙側前列腺中的一側仍可能會留在腹腔內，或者永久滯留於腹股溝管內，又或腹股溝管在前列腺通過之後本應閉塞但未閉塞。當我還是年輕學生的時候，在馮·布魯克（Von Brücke）的指導下首次開始科學研究，研究一種古老小魚脊柱的背部神經根的起源。我發現這些神經根的神經纖維由脊柱灰質的大細胞產生，這個情況已不可見於其他脊椎動物身上。但我很快發現整個後根的脊髓神經節上的灰質外都有類似的神經細胞。胚胎學研究也能得出同樣結果。不過，在小魚身上，我們能夠透過細胞追尋到整個過程的痕跡。透過更仔細的觀察，我們很容易解釋這些對比有哪些缺陷。可見每一種衝動都可被視為一條河流，由生命之初開始不停流動，我們可以把它設想為多個單獨向前的運動。你們認為這些概念需要被進一步澄清，此話不錯。不過，在繼續之前，我們先姑且將早期發展階段的部分衝動稱為本能的固著（fixation）。

這種分階段的發展中出現的第二種危險是退行。如果一個民族遷徙時，一大批人滯留在了某地，那麼那些繼續前進的人在被打敗或遭遇勁敵時，也自然會退回到該地點。並且前進時停在途中的人數越多，剩下的人越有可能戰敗。為了理解精神官能症，你們必須謹記固著與退行之間的關係，然後才有可能研究精神官能症的起因，即精神官能症的病理學。我們很快就會探討這一方面。

現在我們仍舊要來討論退行。你們已經了解了原慾功能發展的知識，可以推知退行分為兩種：一、退回到原慾的第一種對象，我們已知其常有亂倫的性質；二、整個性的組織退回到發展初期。這兩種情況都發生在移情精神官能症中，並且在它的機制中影響深遠，其中第一種情況在精神官能症人身上尤其常見。假如我們把另一種精神官能症——自戀型精神官

第二十二講 發展與退行

能症也考慮在內，那麼原慾退行將有更多值得討論之處。但我們暫時不這樣做。這些條件給我們研究原慾功能的其他發展階段提供了線索。此前我從未提及這些線索，但它們可向我們表明與這些發展階段相關的新的退行方式。我認為目前最重要的任務是分清退行和壓抑的區別，並且幫助你們看清這兩個歷程之間的關係。如你們所知，一種心理動作本可成為意識，也就是說，它本屬於前意識系統，但因壓抑而降到了潛意識系統。類似地，當潛意識心理動作從未進入相鄰的前意識系統，而因審查機制的作用被滯留在閾值門口時，我們便稱之為壓抑。所以，壓抑這個概念不一定和性有關。它只單純地表示一種心理歷程，甚至可以視為有位置性的歷程。所謂位置性，是指精神內部的位置關係。或者不用這種粗陋的隱喻，它指的是精神系統裡的一種心理裝置的結構。

剛才的這些比較表明，我們到目前為止採用的都是狹義而非廣義的退行。假如我們採用廣義的用法，用來指從較高階發展階段降低為較低階發展階段的歷程，你們一定會將退行的一種形式囊括進壓抑當中，因為壓抑也可以被描述為退回到心理動作發展的較早和較低的階段。壓抑不一定與退行的趨勢有關，因為當心理行為在無意識早期受阻時，我們也可以稱之為動態的壓抑作用。壓抑是一個具有位置性的動態概念，退行則是單純描述性質的。到目前為止，我們視為與固著有關的退行僅指原慾退回到之前的發展階段。後一個概念的本質十分獨特，完全獨立於壓抑。我們無法稱原慾的退行是一種單純的心理過程，也不了解退行作用在精神機制中的位置究竟如何。

這種討論肯定很枯燥乏味。為了講述得更加生動，更有吸引力，讓我們再來舉幾個臨床上的例子。在歇斯底里中，原慾通常會退回到最初的亂倫對象上，但退行很少返回到性的前一個階段。在歇斯底里的機制中，壓抑非常關鍵。在此，請允許我提出一個建設性意見，用以補充之前我們在

第三章　精神官能症通論

精神官能症上的既有知識，我的描述如下：在生殖器的主導下，部分本能完成了結合，結果卻遭遇了與意識相關聯的前意識系統的阻力。因此，生殖器組織可能能夠代表潛意識，但無法代表前意識。前意識抗拒生殖器，從而產生了類似於生殖器占優勢前的狀態。到目前為止，在這兩種原慾的退行中，退行至性組織的前一個階段更加引人注目。因為這一種退行作用不見於歇斯底里，而我們對精神官能症整個概念的理解又過分受當前關於歇斯底里研究的影響，所以我們在釐清壓抑的意義後的很長時間裡才對原慾退行的意義有了更清晰的了解。

與之形成鮮明對比的是，在強迫症中，原慾退行到較早的虐待——肛門組織階段，成為該症狀最重要的因素，這一點十分引人注目。愛的衝動在這種情況下一定會偽裝成虐待衝動。因此我們必須重新解讀強迫觀念。「我要殺了你」這個強迫思考在離開了某個並非偶然、不可或缺的附加因素後，變成了「我要享受你的愛」。與此同時，對象也發生了退行，衝動總是針對最親近和最重要的人。你們可以想像，患者本人會覺得強迫觀念是何等恐怖，而這些觀念又是那麼與意識格格不入。壓抑也在這些精神官能症的機制中獲得了重要地位，流於表面的討論不足以解釋這一現象。沒有壓抑，原慾的退行將永遠不會引發精神官能症，而會引發倒錯。由此，你們顯然可以看出，壓抑是精神官能症最具特色的過程，它最精準表達了其典型特質。也許未來我還有機會向你們介紹倒錯機制的相關知識，那時你們便會知道這些現象並沒有我們理解的那樣簡單。

如果你們將固著和退行視為精神官能症病理學研究的前期鋪陳，便可立即接受我們對固著和退行的說明。對於這一點，我只陳述一個簡單的事實：當滿足原慾的可能被剝奪之後，人們才會患上精神官能症。他們因「剝奪」而患病，其症狀乃是對失去的滿足的替代。當然，對原慾滿足的剝奪並非每次都會引起精神官能症，而在所有已知的精神官能症例中，都

可以追尋到剝奪的痕跡，因此這種推論不可倒置。我相信你們可以理解，以上陳述的目的不在於解開精神官能症病理學的全部祕密，而僅在於強調不可或缺的重要條件。

我們目前還不知道在未來的討論中，是否會強調剝奪的本質或受其影響的個體。剝奪很少包羅一切必定可致病的因素，若要致病，則被剝奪的必須恰好是那人所渴望的，並可能是唯一的滿足方式。總而言之，我們有許多方式承受原慾快感的剝奪而不至於患上精神官能症。畢竟我們認識這樣一些人，他們能夠承受剝奪而不使自身受傷。他們在這種情況下也會不開心，也會充滿渴求，但不會生病。此外，我們必須考慮到的是性本能衝動的可塑性極強，假使我們可以用可塑性這個詞的話。一種衝動可以替代另一種衝動；一種衝動可以設定另一種衝動的強度；如果現實無法滿足一種快感，另一種快感會獲得補償性的滿足。性衝動之間的關係好似一組裝滿水的水管，相互連通形成網狀，雖然它們都受生殖器的控制。我知道把這兩種觀點放在同一概念裡很困難。性衝動要麼放棄了以慾望的部分快感為目標，要麼放棄了生殖目的，轉而對準了其他目標。新目標與被放棄的目標存在遺傳關係，新目標不再被視為「性的」，而被視為「社會的」。這一歷程被稱為「昇華」(sublimation)，因為有了這一轉變的歷程，我們才將社會性目的置於自私的性慾之上，這成了一般標準。實際上，昇華只是性慾望與非性慾望之間關係的一個特例。關於兩者的關係，我們稍後再說。

現在，你們可能覺得既然有這麼多方法承受剝奪之苦，那剝奪一定是一種不重要的因素。但情況並非如此，它仍保有致病的能力。補救措施通常沒用，一般人所能承受的原慾不滿足的程度畢竟有限。個體之間的原慾運動在可塑性和自由度上絕不一致，更不必說許多人的昇華能力都微乎其微了，即使有昇華作用也只能發洩原慾的一部分。最重要的限制顯然在於原慾的可適應性，因為個人快感所求得的目標和對象的數量非常有限。

第三章　精神官能症通論

好好回憶一下，你們就會想起，原慾因發展不完全而在性組織和尋找對象的早期階段有大量的廣泛固著，原慾在這些階段通常無法獲得真正的滿足。由此，你們可以發現，原慾的固著可以算作第二大致病因素，它和禁慾共同構成了引起精神官能症的原因。我可以大致這樣概括，原慾的固著代表了內部致病因素，禁慾構成了精神官能症病理學的偶然性外部因素。

我藉此警告各位，不要急著在這場最沒有必要的衝突中選邊站。在科學研究中，經常有人只強調整個真理中的部分真理，以此反對其他觀點。而部分真理只是一種碎片，因而已經喪失了客觀真實性。各種不同的碎片以這種方式從精神分析研究中脫離，有的人只認可自我衝動而否認性慾，而有的人肯定了客觀生活的影響而忽略了個人過去生活的作用。關於類似的對立和爭論，我可舉一例：外源性和內源性精神官能症，它們是某種有害的（創傷性）印象所造成的難以避免的結果。具體地說，它們是由原慾固著（以及隨之而來的性的成分）引起，還是由克己的壓力引起的呢？在我看來，這個兩難問題並不比我要說的另一個例子高明多少：孩子是由父親的生殖動作還是由母親懷孕產生的呢？你們一定能提出恰當的答案，兩方面都一樣重要。精神官能症的致病過程即便不完全一致，也與之十分類似。為了研究精神官能症的病因，我們可以假設一些精神官能症案例，其中兩項重要因素此消彼長。這兩項因素可以是性的成分和經歷，或者如果你們願意的話，也可以是原慾的固著和克己。極端情況位於這一系列例子的一端，你們可以肯定地說，處在這個位置的人因為原慾發展的特殊性一定會患精神官能症，無論他們經歷了什麼，也無論他們的生活是多麼順遂。另一端情況相反，如果生活沒有發生特殊情況，他們一定不會患上精神官能症。在中間的過渡位置，性成分中的易感因素和生活的破壞性要求相互結合。如果當事人沒有遭遇某種經歷，它們的性成分便不會引發精神官能症。如果原慾沒有朝著致病的方向發展，那麼經歷便不會給當事人留

下創傷。在這一系列例子中，我想強調易感性因素的優勢地位，但這也取決於你們希望將焦慮設定在何種界限內。

請允許我將這一系列稱為互補（complementary series）。我們以後還有機會講述其他例子。

原慾執著於某個傾向或對象的韌性被稱為原慾的「附著性」（adhesiveness）。這種附著性似乎是一種獨立因素，因人而異，我們對它的決定因素一無所知，但其在精神官能症病理學中的地位卻不可低估。與此同時，我們絕不能高估兩者相互關係的密切程度。正常人在不同情形下，受未知因素的影響，其原慾會產生類似的附著性，進而成為倒錯的重要因素，某種程度上與焦慮症相反。在精神分析誕生之前，比奈（Binet）研究發現，性慾倒錯患者的回憶常會追溯至早期的印象——本能傾向或對象選擇上出現的反常性——後來原慾便附著於此，終生不能擺脫。我們總很難說出這種印象為何能夠如此強烈地吸引原慾。我來講一個觀察到的例子：有一名男子對女性生殖器和性刺激無感，只有以特定方式穿鞋子的腳才能讓他產生性慾。他回憶起一段六歲時的經歷。事實證明，這段經歷對他原慾的固著有著決定性作用。那時，他正坐在保母旁的椅子上，保母正在教他英文。保母是一個相貌平平的老婦人，滿臉皺紋，眼睛是水藍色，鼻梁塌陷。那天，保母因為腳受傷，穿了一雙絲絨拖鞋，把腳放在軟墊上，很端莊地將腳藏起來。在青春期時，他偷嘗了禁果，於是這一隻腳便成了他唯一的性慾對象。由於固著，該男子雖然未成為精神官能症患者，但卻出現了倒錯傾向，有了戀足癖。從中，你們可以看出，雖然原慾過早出現過度固著是引起精神官能症不可或缺的原因之一，但其行動的範圍大大超過了精神官能症的限制。就其本身而言，該情況並不比剝奪更具決定性。

精神官能症病因的問題似乎變得更複雜了。事實上，精神分析研究發現了一個新因素，該因素從未被我們考慮在病理學中。在一些病例中，恆

第三章　精神官能症通論

久的幸福感突然被精神官能症打斷。這些個體通常表現出慾望的矛盾，或者是我們常說的心理衝突。他們人格的一部分代表某種慾望，另一部分則反抗和抵制這種慾望。這點看上去或許顯得不那麼重要。因此某種條件一定會存在，進而造成病態衝突。我們想要知道這些條件是什麼，何種精神力量形成了這些病態衝突的背景，這些衝突與致病原因之間有什麼關係。

我希望能夠對這些問題提出滿意的答案，即便只能大致簡單說明。克己產生了衝突，因為原慾被剝奪了快感之後，被迫尋找其他發洩途徑和出口。在其他方式和出口引起部分人格厭惡時，病態衝突便產生了。人格行使否決權，導致滿足快感的新形式無法存在。症狀由此開始發展，我們稍後再研究症狀的發展過程。被拒絕的原慾找到了發洩方法——一種迂迴的方法，而且要打破這個阻力還得採用種種偽裝。症狀構成了新的替代性滿足，克己成為必要的條件。

我們可以用其他方式表明心理衝突的意義：外界的剝奪要想發展為病症，必須以內的剝奪補充。外在剝奪去除了實現快感的可能，內在剝奪想要排除其他可能性，正是內在剝奪成了衝突發生的中心因素。我寧願以這種形式說明心理衝突的意義，因為它包含了一種用意，即內在障礙在人類發展的初期原本是由現實的外部障礙引起的。

然而禁止性慾的力量或致病的另一組矛盾究竟來自哪裡呢？廣義地說，它們是一種非性的本能。我可以將其概括為「本能衝動」。移情精神官能症的精神分析未能開闢未來研究之路，但我們學會了透過其中的阻抗分析。自我衝動和性衝動之間發生了病態衝突。在一系列例子中，衝突似乎可以存在於單純的性慾之間。但這實際上是一回事，因為衝突涉及兩種性慾，一種總被當成自我，另一種的自我則可被剝奪，所以自我和性慾之間仍然有衝突。

精神分析學家一再聲稱心理事件是性衝動的結果，心理生活中出現了

第二十二講　發展與退行

性之外的衝動和興趣，憤怒的抗議便會出現，從性慾中便不會產生任何東西。好吧，很高興分享你們的反對意見。精神分析學家從未忘記非性慾衝動仍然存在。精神分析本身就建立在性本能和自我本能的嚴格區別之上，面對反對意見，我所堅持的並非精神官能症源自於性，而是精神官能症源自性與自我的衝突。精神分析學家完全沒有合理的動機來否認自我衝動的存在和重要性，即便他們研究了性衝動在疾病和生活中的影響。不同的是，性本能不是精神分析學家研究的第一要務，因為這些本能在移情精神官能症中最易研究，而且精神分析必須研究他人所忽略的事件。

我們也不能說精神分析學家完全不研究人格中所有的非性部分。自我與性的區別最為清晰體現了自我衝動也會經歷重要的發展，這一過程絕非完全獨立於原慾的發展，而且對於原慾的發展也不無影響。當然，比起對原慾發展的了解，我們對自我的演化還所知甚少，因為到目前為止，只有自戀型精神官能症對自我結構的研究有所啟發。費倫齊（Ferenczi）做了著名的實驗，從理論上建構了自我發展的幾個階段，此外我們已經得出了兩個固著點。我們絕不會認為一個人的原慾的興趣一開始便與自我的興趣相衝突。其實，自我在每個階段都努力與性組織的相同階段相互調和適應。原慾發展中各期的持續或許有一個預想的程序，但我們無法否認該程序受自我影響。我們還可以假定自我發展和原慾發展的各期之間有一種平行的關係。這種關係如被打破，則可能形成一種病理因素。尤其重要的是下面這個問題：原慾在發展中強烈執著於較早的階段，自我採取的態度本質是什麼呢？它可能支持這種固著並相應地留了下來，或者發展為幼稚現象。它或許不願意原慾有這種固著，結果是原慾若有一種固著，自我便經歷了壓抑。

我們透過這種方式推斷精神官能症的第三個致病因素是衝突傾向，自我和原慾的發展都取決於這個因素。我們對精神官能症病因的見解也擴大

第三章　精神官能症通論

了。首先是最普遍的因素自我剝奪；其次是原慾的固著，它迫使精神官能症進入特殊的途徑；最後是自我發展中的衝突傾向，它拒絕了此類性衝動。我們在解釋的過程中可以想像事情並不那麼複雜和令人困惑了。當然，我們也發現這方面的工作尚未完成。我們必須補充一個新因素來繼續目前的討論。

為了向你們展示衝突形成過程中自我發展的影響，也為了說明精神官能症的病因，我想引用一個例子，雖然這個例子是想像出來的，但完全有可能發生。我可以借用聶斯羅（Nestroy）滑稽劇的名字把這個例子叫做「樓上和樓下」（On the ground floor and in the first story）。看門人住在一樓，房子的主人——一位富有的菁英住在二樓。兩人都有孩子，假設房子的主人允許他的小女兒和看門人的女兒玩耍，也沒有監視他們。遊戲很容易就會往「淘氣」的方向發展了，她們玩起了具有性意味的遊戲——扮演「爸爸和媽媽」，相互窺視大小便或更衣的動作，然後刺激對方的生殖器。看門人的女兒，儘管只有五六歲，但已經偶然看過成人的性生活，也許她扮演了誘惑者的角色。這段經歷儘管短暫，但已足夠推動兩個孩子性衝動的發展。在這種孩子間的普通遊戲結束後的若干年裡，性衝動逐漸發展為手淫行為。她們的經歷雖然相同，結果卻不大一樣。看門人的女兒將繼續手淫，或許直到月經初潮，那時停止手淫還不會太困難。許多年以後，她也許會找到一個愛人，或許會生一個孩子。她或許會成為一名流行藝術家，最後變成了一個貴族。也許她的結局不那麼張揚，但至少她會平安過完一生，遠離精神官能症的困擾，年幼時的性活動對她沒有絲毫傷害。而另一個孩子受到的影響則大大不同，儘管她那時很小，卻隱隱約約覺得做了錯事。不久之後，也許在激烈的掙扎之後，她極力擺脫了手淫的快感，但內心總有失落之感。直到童年早期偶然知道性事之後，她又會產生不可遏制的手淫衝動，不過她不告訴別人，一直假裝自己很純潔。當她遇到心

愛的男性時，精神官能症會突然發作，使她失去婚姻和生活的樂趣。假如我們透過精神分析而了解了精神官能症的經過，就會發現出身良好、聰明、有較高理想的女孩完全壓抑了自己的性慾，但潛意識中性慾卻附著在年幼時和玩伴所做的邪惡之事上。

　　同一經驗，卻發展出了兩種不同的命運，原因在於其中一人的自我經歷了發展，另一人的自我則停滯不前。看門人的女兒後來將性交看成和小時候做的事情一樣自然而無害。屋主的女兒接受過良好的教育，於是接納了所受教育的標準。她的自我在受到這樣的刺激之後，形成了一種女人應純潔寡慾的理想，與性行為難以調和；智力的發展又使她輕視女性應盡的義務。這種較高的道德標準和本我的智力發展與性的需求產生了矛盾。

　　今天，關於自我的發展，我想要再多講一點，不僅是因為由此可以擴大我們的眼界，而且也可以證明我們在性本能和自我本能之間劃出的嚴格界限是合理的。在討論自我和原慾的若干發展中，我們必須強調一個之前沒有經常提到的地方。自我和原慾從根本上說都是一種遺傳，是人類在漫長時期中自上古時代開始的演化縮影。原慾展現了種系發展的起源。如果你們願意的話，請回憶一下，有些動物的生殖器與嘴密切相關，有些動物的生殖器與排泄器官相關，有些動物的生殖器則為運動器官的一部分。你們在 W·伯爾舍（W. Blsche）極具價值的書中可以找到很有趣的描述。假定占據主導地位的環境不變且繼續影響每個個體的人格，那麼我們可以得出人類性行為的種系發展並不顯著。我認為，原先可以引起行動的衝動，現在只能作為回憶的引子了。毫無疑問，每個個體的既定發展途徑也可因最近影響而受到干擾或改變。我們實際上了解迫使人類不斷發展的力量，即維持今天獨一無二的壓力的那股力量。這股力量正是現實施加的自我剝奪之力——或者冠之以宏大而實際的名字：必要性，即生存競爭。它像一位導師，雖然嚴苛，但在它的要求下，我們的才能成長。精神官能症像

第三章　精神官能症通論

是因嚴苛的導師而受到不良影響的孩子——但這種風險存在於所有教育當中。這個以生存競爭為演化動力的學說不需要對「內部的演化趨勢」懷有偏見，因為它的存在可被證明。

值得一提的是，性本能和自我留存的本能在遇到實際的必要性時，表現並不一致。自我留存的本能和一切隸屬於自我的本能都較易控制，且很早就學會了適應必要性，能夠根據現實的必要性來安排自身發展。這點很容易理解，因為它們無法用其他方式獲得對象；而沒有這些對象，個人便消失了。性本能更難馴服，因為它並不一定需要外部對象。性本能幾乎寄生在其他功能之上，透過自己的方式自動滿足性慾，它們一開始便從真實必要性的馴化影響下撤出。性本能以種種方式存在於大多數人的一生，它們表現出固執而不可接近的特點，這些特點可被統稱為非理性。年輕人的性需求達到頂峰時，所受的學校教育恰好結束；但精神分析的結果也許將影響他們，將教育的中心轉移到童年早期，始於開始吸奶的階段。小孩通常在四五歲時才發展得較為完整，只是後來才逐漸顯現其具備的天賦而已。

我們若要充分了解這兩組本能的差異，便不得不偏離主題，將那些視為經濟方面的因素考慮在內。因此我們進入了最重要但又不幸是最模糊的精神分析領域。我們自問在心理器官的工作中能否辨識出一個根本性的目的。我們可以立即回答，這個目的便是追求快感。似乎我們的全部心理活動都指向獲得快感的刺激，迴避痛苦的刺激，且自動在享樂原則（principle of pleasure）下執行。現在我們首先想知道引起快感和痛苦的條件是什麼，而這方面的知識正是我們所欠缺的。我們只能說快感刺激在某些方面涉及緩解、降低或消除當前心理器官受到的刺激量。從另一方面說，痛苦增加了刺激量。我們審視了人類可以獲得的最強烈的快感，即性行為伴隨的快感，發現了若干小的疑點。由於這種快感的過程注定與精神興奮或

能力的數量有關，所以我們將其稱為經濟因素。比起強調追求快感，我們似乎可以用一種不同的方式更為概括地描述心理器官的任務和動作。我們可以說心理器官是用來控制或發洩附加於本身之上的刺激量和能量的。性本能顯然從發展的開始到最後都秉承著追求快感的目的；它一直保持著這種功能，變化很小。但自我本能在必要性的影響下很快學會用其他原則代替享樂原則。避免痛苦幾乎變得和追求快感同樣重要；自我知道有時不得不捨棄直接的滿足，延緩滿足的享受，忍耐某些痛苦，甚至不得不放棄某種享樂原則。自我受了這種教育之後，便變成了「合理的」。自我不再受享樂原則控制，而以唯實原則為指導，雖然歸根到底還是追求快感，但快感因現實原因延遲和緩解了。

從享樂原則過渡到唯實原則是自我發展的最大進步。我們已經知道性本能不情不願地通過了這個階段，還知道人類性生活的滿足僅因為有了外界現實這種微弱的基礎，將會產生怎樣的結果。因為人類的自我像原慾一樣自有其演化史，所以你們不必對自我的退行感到驚訝。稍後，你們將了解自我退行到之前的發展階段在精神官能症中發揮了何種影響。

第二十三講　症狀之發展

在一般人眼中，症狀體現了疾病的本質，治癒疾病便是消除症狀。然而，醫生發現，將症狀和疾病區分開來非常重要，消除症狀並不一定意味著疾病被治癒了。當然，消除症狀之後留下的唯一可見現象便是形成新症狀的能力。所以，現在我們暫且接受一般人的觀點，視理解症狀等同於理解疾病。

當然，我們現在應對的是心理（或心因性）症狀以及心理疾病，它們

第三章　精神官能症通論

幾乎對生活有害，或至少無用。個體一般十分厭惡這些症狀和疾病，進而深感痛苦。它們的主要傷害在於其消耗的心理能量，以及克服症狀和疾病所耗費的精力。症狀會令患者付出巨大的代價，其可用的心理能量會被極大地削弱和損害，以至於無法應對生活中的重要任務。由於結果取決於所耗費能量的多少，你們將很快明白「生病」本質上是一種現實概念。但如果你們從理論角度看，不考慮那些數量關係，會發現我們其實都有病，或者說都有精神官能症，因為正常人身上也表現出了症狀發展的有利條件。

倒錯的發展與精神官能症再次分道揚鑣。如果退行未喚醒自我的阻抗，那麼精神官能症便不會發生，原慾會得到一些實際的滿足，即便滿足形式是非正常的。然而，自我不僅控制了意識，還統治著運動的神經支配和心理衝動的實現。如果自我不贊成這種退行，衝突便會發生。原慾被鎖住，不得不另尋發洩的出路，以順從享樂原則的要求。它必須避開自我。發展中形成的固著提供了逃避之所，自我曾以壓抑作用來對抗這些執著點。原慾退回並占據了這些被壓抑的位置，因此也擺脫了自我及自我法則的支配。與此同時，原慾也擺脫了之前在自我引導下受到的一切訓練。假如原慾有機會得到滿足，便易於控制。但現實是原慾在外部剝奪和內部剝奪的雙重壓力之下，變得難以駕馭，迷戀於從前更加快樂的時光。這便是原慾的特點，從根本上說是難以改變的。現在原慾所依附的觀點屬於前意識系統，因此也有此系統的特有歷程，尤其是壓縮作用和移置作用。這裡的情狀和夢的形成完全具有可比性。正如隱性夢境意義，幻想的滿足首先形成於前意識中，接著一定會經歷意識，然後經過審查和同意，進入顯性夢境，達成和解。所以前意識中代表原慾的觀點一定會與前意識的自我力量拉鋸。自我既然如此抗拒原慾，後者便不得不採用一種特殊的表現方式，好使兩方面的力量都能發洩。因此，症狀便會形成，作為潛意識裡原慾慾望的多重化滿足，也可以視作人為地將兩種完全矛盾的意義有選擇性

第二十三講　症狀之發展

地混合起來。我們單從最後一點就意識到了夢和症狀發展之間的一大差異，因為形成夢的唯一前意識目的是繼續睡覺，並消除意識中任何可能打擾睡眠的因素；可是它對於潛意識的慾望衝動絕不採取嚴厲的禁止態度。相反，因為人在睡眠時比較沒有危險，夢的目的更具包容性。單是睡眠狀態便足以保證慾望不能變成現實。

你們可以看出，原慾在遇到衝突時能夠逃脫，就是因為固著點的存在。原慾退回到固著點之上，便逃脫了壓抑作用，在保持著妥協的情況下，獲得了一種發洩或滿足。原慾以這種迂迴的方法，透過潛意識和過去的執著點，最終成功地獲得了某種滿足，儘管這種滿足極為有限，幾乎難以辨別。現在請允許我就最後的結果多說兩點。首先，我希望你們一方面能注意到原慾和潛意識之間的密切關聯，另一方面注意自我、意識和現實之間的關聯。不過，目前十分明顯的關聯並不意味著它們原本實為一體。希望你們能夠一直記得我所說的一切，接下來的內容將和歇斯底里的症狀發展有關。

原慾必須在哪裡找到固著點才能衝破壓力的影響呢？可以在嬰兒的性活動和性經驗裡，在被放棄的部分衝動裡，也可以在兒童期被拋棄的對象上。原慾再一次退回到這些地方。兒童期具有雙重意義：首先，兒童的先天性本能傾向在這一時期第一次出現；其次，與此同時，環境影響和偶然的經歷首次喚醒了兒童的其他本能。在我看來，這種雙重意義很有道理。我們很難去批判內心傾向顯露於外的論斷，但實際上根據分析的結果，我們不得不假設兒童期的單純偶然經歷能夠使原慾固著。這裡沒有任何理論上的問題。毫無疑問，天賦傾向是前代祖先經驗的遺產；它們也一定是習得的，如果沒有學習能力，我們也無法獲得所謂的遺傳。習得的特性本可遺傳給後代，我們可以想像它一到後代就消失了嗎？然而，比起祖輩經驗或成人時期的經驗，嬰兒期經驗的重要性不應該如此頻繁地被忽視。相

第三章　精神官能症通論

反,我們應該格外重視。嬰兒期的個體因為發育尚不完全,容易受到創傷,所以易產生重要後果。魯(Roux)等人對發展機制的研究告訴我們,用針插入一個正在分裂的胚胎細胞團,就可引發極大的混亂;但幼蟲或發育完全的動物受到相同的傷害時,則可能完全無恙。

我們之前已經指出,成人的原慾固著是精神官能症體質的構成因素,現在可再分為兩種因素,即天賦和童年早期習得的傾向。我知道學生都喜歡表格,所以將它們的關係列表如下:

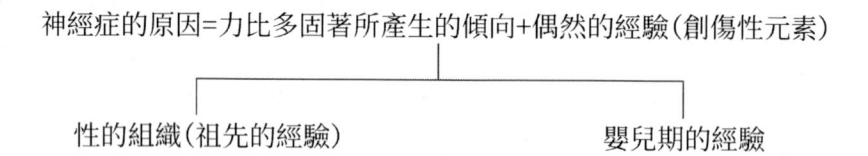

神經症的原因＝力比多固著所產生的傾向＋偶然的經驗(創傷性元素)
　　　　　　　　　　　　｜
　　性的組織(祖先的經驗)　　　　　　嬰兒期的經驗

遺傳的性組織由於對部分功能的側重點不同,有時只有一種,有時則混合為多種,所以表現出了許多不同的傾向。在嬰兒期經驗因素的影響下,性的組織中形成了「互補」,與之前所述的成人的傾向和偶然經驗的形成非常相似。我們可以在其中發現同樣的極端例子和類似關係。在此,問題變成了原慾最為顯著的退行,即那些退回性組織最早階段的原慾,是否一定受遺傳組織因素的制約。不過,在我們更廣泛研究不同形式的精神官能症之前,最好先不要回答這個問題。

精神官能症的分析研究顯示,精神官能症患者的原慾依附於他們幼年的性經驗之上。我們現在需要花一點時間來研究這個問題。由此看來,這些經驗對人類生活和健康都很重要。它們在治療上的重要性也毫不遜色。但即使我們沒有考慮到這一點,也不難知道這一層難免有可能被誤解,這種誤解會讓我們完全從精神官能症的情境中觀察生活。原慾被迫離開後來的位置後,才退回到嬰兒期的經驗裡,而嬰兒期經驗的重要性最終也削弱了。因此,我們可以得出相反的結論:原慾的經驗在發生當下並不重要,

第二十三講 症狀之發展

而在習得退行之後,才變得重要。你們應該還記得我們在講述伊底帕斯情結時,也討論過類似的問題。

要解決這個問題對我們來說一點也不困難。退行作用大大強化了嬰兒期經驗中的原慾,進而涉及致病因素。這一論斷毫無疑問是正確的,但我們絕不能以此為決定因素,其他因素也應該被考慮在內。

首先,透過觀察,我們發現嬰兒期的經驗對兒童期造成了特殊的影響。這一點毋庸置疑。此外,在兒童精神官能症中,移置因素必然大大減少乃至完全消失,因為兒童精神官能症是緊隨創傷性經驗之後形成的。正如兒童的夢提供了理解成人夢境的鑰匙一樣,對嬰兒期精神官能症的研究可以令我們避免許多對成人精神官能症的危險誤解。實際上,兒童患精神官能症的頻率比我們想像的要高得多。但疾病的症狀常被忽視,或被看作調皮搗蛋,保母等權威人士也常壓抑兒童的病徵。不過,回顧過去,我們卻能輕易分辨出兒童精神官能症的症狀。最常見的形態是焦慮型歇斯底里,我們可以從另外一個例子中得出含義。當精神官能症在之後的生活中發作時,透過分析我們通常可以發現它是嬰兒期疾病的延續,只不過變得模糊了而已。但是,正如此前病例所述,兒童期的精神官能症未被打斷,變成了一生的痛苦。就少數例子而言,我們固然可在精神官能症的狀況之下分析一名兒童,但更多時候我們不得不以成年得病的人來推想兒童可能患上的精神官能症,只是我們在推想時必須特別謹慎,才能避免出錯。

其次,我們必須承認,如果童年期沒有吸引原慾的東西,原慾普遍退回到童年期便無法解釋了。只有當我們假定某一特殊發展階段附著了一定分量的原慾時,這些階段的固著點才有意義。最後,我想提醒大家,嬰兒期及後來的經驗強度與病原上的重要性之間存在一種互補關係,與前面研究的互補類似。在一些例子中,全部病因都在於兒童期的性經驗,這些印象無疑有一種創傷性的效果,只需一般的性組織及不成熟的發展作為基

第三章　精神官能症通論

礎，便足以致病。還有一些例子，致病原因完全在於後來的衝突，分析之所以側重兒童期的印象完全是因為「退行」的結果，而兩者之間又有不同程度的混合。

這些關係對教育有所啟發。有人認為，如果很早就干預兒童的性發展，便能預防精神官能症。只要我們將注意力集中在嬰兒的性經驗上，必然會認為只要兒童的性發展被延緩，讓兒童不要有性經驗，便算是採取了一些盡可能的措施來預防疾病的發生。不過，我們已經知道引起精神官能症的條件更加複雜，總體來說單一因素無法單獨產生影響。兒童期的嚴格防範毫無價值，因為它無力阻止先天的結構因素。此外，這種疾病防治起來比教育家設想得要困難得多。防治會產生兩項新的危險因素，我們不可低估。也許控制得太嚴了，兒童到了青春期時反而無力抵抗強烈的性需求。因此，我們對兒童期內預防精神官能症的工作是否有利毫無把握。改變對事實的態度，然後研究問題，似乎才是預防精神官能症的一個更好的方法。

讓我們回到對症狀的討論上。症狀可以作為患者現實中缺乏的替代性滿足，原慾退行到早期，也就是退回到對象選擇和性組織的較早階段。我們已經知道，精神官能症患者常執著於過去的某段時間，我們現在知道過去那段時期正是原慾得到滿足並感到快樂的時期。他在生活中不斷尋找同樣的時期，直到發現，甚至會憑藉記憶或後來的暗示重新建構，以求回到吸奶的時光。症狀在一定程度上重複了嬰兒期的滿足方式，雖然這種方式由於矛盾而帶來的審查作用，不得不有所偽裝。結果症狀轉變成一種痛苦的感受，並融合了其他致病因素。隨症狀而來的滿足，患者不但不覺得快樂，反而深以為苦，唯恐避之不及。這種轉化起源於心理衝突，症狀起源於這種衝突的壓力之下。從前視為滿足的，現在卻只能引起個人的反感和厭惡。關於這種感受的轉變，我們都知道一個簡單而具有指導意義的例

子：孩子本來很喜歡吮吸母親的乳房，但幾年之後，卻常對乳汁表示厭惡，這種厭惡感常常難以克服。假如乳汁或其他替代性液體的表面形成了一層薄膜，這種厭惡竟可變為恐懼了。我們很難不認為這層薄膜可能讓孩子想起了曾經酷愛的母親的乳房；與此同時，斷奶的創傷經驗可能也產生了一定影響。

還有其他的一些因素讓我們無法理解為何症狀會作為滿足原慾的方式。我們平常認為可以獲得滿足的事情，沒有一件可見於症狀。它們通常不需要對象，因此放棄了與外界現實的接觸。我們知道這是放棄唯實原則，返回享樂原則的結果。但這也返回到了一種擴大化了的自體情慾，進而產生了最早期的滿足性衝動的方法。我們不改變外部世界，而是尋求自身的改變，換句話說用內部反應取代外部反應，內心調整而不採取行動。從種系發展的角度看，這表達了一種非常重要的退行。透過對症狀發展的分析研究，我們發現了一個新的元素。假如我們將退行和這個新因素合併討論，這一點就更加清楚了。此外，我們記得症狀形成過程中潛意識的歷程和夢的形成同理，其中也涉及壓縮作用和移置作用。與夢類似，症狀代表了一種滿足——一種幼稚的滿足。因為極端的壓縮，這種滿足可以化為一個單獨的感覺或神經興奮；抑或透過極端置換作用，滿足被限制在整個原慾情結的一個很小的元素上。因此，我們不容易在症狀中看出原慾的滿足，這就不足為怪了，雖然我們常常可以推想並證明其存在。

之前已經說過，我們必須熟悉一個新的因素，即便這個因素確實令人驚奇和困惑。透過對症狀的分析，我們得出了一些關於嬰兒期經驗的知識，原慾執著於嬰兒期的經驗，症狀也由此產生。可是，怪就怪在嬰兒期的經驗未必都是真實的。在大多數例子中，嬰兒期的經驗都不是真實的，有些恰恰與過去的事實相反。你們會認為，這一發現不是使得上述結果的整個分析都變得不可信了，就是說明患者的陳述有假，或者說明整個精神

第三章　精神官能症通論

官能症分析都不可靠。此外，還有一點令人極為困惑。如果分析透露的嬰兒期經驗都是真實的，那麼我們應該感到研究有了穩固的基礎；假如它們都是患者偽造或幻想出來的，那麼我們應該拋棄這種不真實的基礎，另尋確定的道路。然而事實是兩者都不是實際情況，因為我們在分析研究中發現，患者所回憶或重構的兒童期經驗有的是假的，而有的卻毫無疑問是真實的，就大多數的案例而言，分析所得的結果往往是真假參半的。所以症狀所代表的經驗有時千真萬確，我們相信它對於原慾的執著有著很大的影響；有時其所代表的只是患者的幻想，這對病原學的研究來說當然無關緊要。這裡要求得一個解決方法也不容易。類似的發現也許可以得出第一個線索，即個人普遍懷有散落的童年記憶。這些記憶同樣也可以偽造，或者至少是真偽相混的。看出其中的錯誤之處並不困難，我們至少可以知道這個意外失望的責任多少應歸結為分析之過，多少應歸結為患者之過。

　　稍作反思，我們很容易理解為何此事如此令人困惑。問題在於，我們沒有充分考慮現實，忽略了將事實與幻想區分開來。我們很容易會覺得，聽患者講幻想出來的故事簡直是在浪費時間。在我們的思考中，現實與幻想之間存在著巨大鴻溝，我們分別賦予了它們不同的價值。患者正常思考時，也採取相同的態度。當患者提出一些材料引導我們回到兒童期經驗塑造的慾望情境時，我們一開始當然會懷疑這些素材是事實的還是幻想的。之後，某些特質決定了素材的真假。而且我們還要設法使患者也知道這一層，這項工作很難完成。如果我們一開始就告訴患者，他所述的是用來掩蓋兒童期經驗的幻想，正如每一民族都把神話夾雜在遠古時期的歷史中一樣，那麼他對進一步探究問題的興趣便會銳減。他也會輕視「幻想」，希望發現現實。但如果直到分析完成後，我們才告訴患者他所說的可能不是童年實際發生的事情，又存在發生錯誤的危險，那麼患者就會譏笑我們受騙了。在很長一段時間裡，他都無法和自己的想法達成共識，無法相信幻

想和現實都可受到同等對待,而且在開始的時候,我們可以忽略關於兒童期經驗的回憶究竟是想像出來的還是真實發生的事情。不過,這是對心理產物唯一正確的態度,因為從某種意義上說,它們都是真實的。事實是患者可以自己創造出這些幻想,至於它們究竟是精神官能症的症狀還是真實的經歷,並不太重要。這些幻想代表與物質現實相反的心理現實。我們漸漸理解了在精神官能症領域裡,心理現實才是唯一的重要因素。

精神官能症在兒童期常發生的經驗事實從不缺乏幾點特殊的意義,因此我認為值得特別注意。我想舉下面幾個例子:(1)觀察父母性交;(2)被成人引誘;(3)對於被閹割的恐懼。你們如果以為這些事絕對不會出現在現實中,就大錯特錯了。成人親屬可以證實這點。例如,小男孩常玩弄自己的生殖器,卻不知道應該隱藏動作。父母或保母看到之後,便會威脅要割掉他的生殖器或罪惡的手。父母在被詢問時一般都會覺得恐嚇沒問題;許多人還清晰地記得這些威脅,如果這種事發生在童年晚期的話,便會記得更加清楚了。假如恐嚇的人是母親或其他女人,她便往往將執行懲罰的人說成是父親或醫生。法蘭克福有一位兒科醫生霍夫曼(Hoffmann),出版了有名的《蓬頭彼得》(*Struwwelpete*)。這本書之所以知名是因為它對兒童時期的性和其他情結都有很好的理解。在書中,你們會發現閹割被另一種較為柔和的懲罰替代,大人會威脅孩子,如果不改掉吮吸手指的毛病,就把他的大拇指割掉。從對精神官能症的分析來看,閹割的恐嚇很常見,然而事實上並非如此。我們可以理解,兒童因受成人的暗示,知道用自體情慾來滿足慾望是為社會所不許的,他從閹割的印象中了解了女性生殖器的樣子。此外,一個小孩子雖然不理解或者沒有記憶,但他很可能目睹過父母或其他成人性交,我們有理由相信他後來能懂得當時所得的印象,而且會產生反應。但如果他從未觀察過性交,而能詳述性交的動作,或者將性交描述為背入式而非面對面,那麼毫無疑問這種幻想來

第三章　精神官能症通論

自於對動物（狗）的觀察，而且其動機在於兒童在青春期內未曾被滿足的性好奇。他還會幻想自己在娘胎中父母性交的情景。我們對被引誘的幻想有著特殊的興趣，因為它們常不是幻想，而是真實發生的事情。不過，幸運的是，這種事遠沒有分析結果想像的那麼常見，且受年長的孩子或同齡兒童引誘的機會遠多於受成人引誘。對於小女孩而言，引誘者常常是她的父親，這種罪名的奇妙本質和動機便都不再存疑了。如果沒有實際上的引誘，兒童便用幻想出來的引誘來掩飾自慰行為。兒童在童年早期想像出一個慾望對象，以此為自慰的羞愧感開脫。所以，你們不要以為兒童受近親引誘的事情純屬虛構。大多數分析師在治療中都發現確有此事，不必存疑，只不過這些事件實際上本屬於童年較晚時期，現在被轉移到了較早的兒童期罷了。

我們無法不產生這樣的印象——要引發精神官能症，必須在兒童期有這樣的經驗，這似乎是一條鐵律。假如它們存在於現實中，那不是很好嗎？如果實際上不曾有這樣的經驗，那麼它們必定起源於暗示，且經由想像補充。結果反正是一樣的，在兒童期經驗中占重要地位的無論是幻想還是現實，我們都無法在結果中找到任何不同之處。現在我們再一次遇到了之前討論過的互補，而且是最奇怪的一種。這些幻想的必要性和素材究竟來自哪裡呢？毫無疑問，它們來源於衝動，但我們必須解釋為什麼幻想總是由相同的內容創造出來。現在，我想提出一個答案。這個答案由你們看來似乎太牽強附會了。我希望用原始幻想（primal phantasies）來稱呼這一幻想及其他的一些幻想。我認為原始幻想是種系所有的。在原始幻想中，個人超越了自己的生活，進入了古人的經歷之中，個體的經驗無法充分的發展。在我看來，分析中獲得的一切幻想，如兒童期的引誘、窺見父母性交而引起的性興奮、被閹割的恐懼，或者閹割本身，在人類史前時期都是事實，兒童只是透過想像填補了史前事實和個人事實之間的間隙。我一再

第二十三講　症狀之發展

懷疑精神官能症的心理學無論與哪一種學科相比，都更能提供人類發展的最初模型。

剛才討論的事情使我們有必要進一步探究想像這種心理活動的起源和意義。眾所皆知，雖然我們從未清楚了解想像在精神生活中的地位，但人們普遍知道它很重要。你們知道，人類自我在外界必要性影響的教育下逐漸學會尊重現實，追求唯實原則，於是便不得不暫時或永久性地放棄種種享樂原則的對象和目標，不僅是關於性的。但對人類來說，摒棄快樂總是非常困難，他不得不尋求補償。於是，他逐漸產生了一種心理活動，所有被放棄的快感來源和快感滿足方式都允許在其中繼續存在，它們脫離了現實的要求或所謂的「現實考驗」的活動，每種衝動都很快轉變為自身滿足的形式。這種想像出來的滿足當然可以部分達到目的，雖然明知道它不是真實的。在這種想像的活動中，人能夠享受早就宣布摒棄的自由而不受外界束縛。於是，他忽為求樂動物，忽為理性的人類。他現在從現實中勉強獲取的微少滿足並不夠。馮塔內（Fontane）曾說：「有所作為就會有連帶而來的產物。」創造幻想的精神領域與建立「物種保護計畫」和「棲地保育計畫」很像。畜牧業、交通運輸業和工業的威脅不久就會將地球弄得面目全非，自然保護區維持了自然的原始環境。如若不然，一切都會為必要性犧牲，這將令人十分遺憾。在保護區內，一切都可以按照原本的方式生長蔓延，即便是無用和有害的東西。幻想的心理現實便是唯實原則下的一片保護區。

我們已經知道，幻想最著名的產物是所謂的「白日夢」，它是野心、誇大和性愛慾望的滿足。實際越需要謙虛，幻想便越發驕傲誇大。不可否認，其本質是想像出的快樂，也就是一種不受現實約束的滿足。我們知道白日夢是夜間夢境的核心和模型。夜間夢境本質上是一場白日夢，被心理活動的夜間形式扭曲，夜晚賦予了本能衝動和自由，使得夜夢成為可能。

第三章　精神官能症通論

白日夢不一定屬於意識，也存在無意識的白日夢，對於這點我們早已熟知。這種潛意識的白日夢兼為夜夢和精神官能症的根源。

下面的解釋將會讓你們明白幻想對症狀發展的意義：我們已經說過，在克己的情況下，原慾退行，占據了原本被拋棄的位置，並以某種方式固著在那裡。我們既不應該撤回該陳述，也不應該糾正它。我們應該做的是插入一個丟失的連結。原慾是如何找到固著點的呢？好吧，其實原慾所丟棄的對象和傾向並不曾被完全拋棄。原慾或它們的副產物都仍舊停留在幻想中，並具有一定的強度。原慾只需要退回到想像中，便可以找到通往所有被壓抑的固著點的道路。這些幻想原為自我所寬容，它們與自我之間沒有衝突，無論對比多麼鮮明，自我也因此能夠發展，這本來依靠某種條件保持不變——這是一種量化的條件，因原慾返回幻想而受到干擾。透過這點補充，幻想的能量達到頂點，以致變得奮勇直前，力求變成現實。但幻想和自我總是由此發生衝突。無論幻想之前屬於意識還是潛意識，現在都被置於本我的壓抑之下，成為潛意識吸引力的受害者。原慾由潛意識的幻想而深入到潛意識內幻想的根源後，又退回到了原慾原來的固著點上。

原慾返回幻想是症狀發展道路上的過渡階段，我們應該為它取一個特殊的名字。榮格（C. G. Jung）創造了一個非常恰當的名字——「內傾」（introversion），但他卻不恰當地用其指稱了其他的東西。因此，我們堅持認為，原慾偏離了實際的滿足，轉而過分聚集於此前被視為無害的幻想上，這種歷程便被稱為內傾。內傾的人還不能算有精神官能症，他只是處於一種不穩定的狀況之下。如果他無法為蓄積的原慾找到其他的發洩口，並受到下一種移置作用的影響，便一定出現症狀。精神官能症滿足的虛幻性以及他對於想像和現實之間的疏忽，已經由原慾停留在內傾階段上決定了。

你們應該已經注意到了，我在上述討論中將一個新的元素引入了病因

的線索之中，即能量的數量。我們必須始終將這個因素考慮在內。對致病條件進行單純的定量分析是不夠的，換句話說，以動態概念定義這個心理歷程並不充分。我們需要從經濟的視角來看。我們要知道，兩種相反的力縱然早已具備實質性的條件，也不一定會產生衝突，除非兩者都達到了相當的強度。構成因素的致病原因取決於某部分本能較其他部分占據優勢。我們甚至可以說，所有人的傾向從質上來說都是相同的，僅在量上有所不同。數量對抵抗精神官能症來說非常重要。一個人能否患病，取決於這個人能夠保留多少無法發洩的原慾，以及多少原慾能從性的方面昇華而轉移到非性方面。從本質上來說，心理活動的最終目標可以被描述為追求快感，避免痛苦；而從經濟的角度來看，則表現為克服心理現存的刺激量，以避免那些引起痛苦的阻力。

這便是我希望告訴你們的有關精神官能症症狀發展的知識。但請不要忽略我對如下這點的強調：我所說的每一點都與歇斯底里症狀的發展有關。即便在存在諸多不同的強迫症中，其本質也是相同的。在歇斯底里中，自我反抗本能滿足的要求，這種反抗在強迫症中更為顯著，並且透過所謂的「反向形成」控制了臨床表現。我們可以在其他精神官能症中發現意義更為深遠的同類變種，但關於其症狀發展的研究尚未完成。

在今天的講座結束之前，我希望你們能將注意力轉移到大家對想像和現實都感興趣的一個方面上。想像也有可能返回現實，那便是藝術。藝術家也顯示出一種反求於內的傾向，他和精神官能症患者相去不遠，為強大的本能所迫。他想要獲得榮譽、權力、富裕、名利和女人的愛，但他缺少實現這些滿足的方式。因此，他像其他未獲得滿足的人一樣，從現實中抽離，將他的所有興趣、原慾轉移到了其幻想生活的願望建構之上，這所有的一切都能輕易地指向精神官能症。許多因素聯合起來可以阻止精神官能症發展；其實，藝術家也常因精神官能症而無法發展才華。顯然，藝術家

的稟賦具有強大的昇華能力，可以轉變決定衝突的壓抑。藝術家以這種方式找到了回到現實的道路，他不是唯一擁有想像生活的人。幻想的世界是人類共同允許的，無論哪一個有願未遂的人都可以藉助幻想求得安慰。但沒有藝術修養的人從想像中獲得的滿足十分有限。壓抑作用是殘酷無情的，所以他們只能透過成為意識的白日夢求得滿足。真正的藝術家則不然。首先，他知道如何加工白日夢，以使其失去個人色彩，能夠幫助其他人獲得滿足。其次，他也知道應該如何偽裝白日夢，不輕易透露其可恥的源頭。藝術家還擁有將特定素材塑造成想像中真實人物形象的奇妙能力，這樣他便能將強烈的快感附加在無意識幻想之上，至少可以暫時控制壓抑。如果這一切能夠完成，他就可以和他人共同享受潛意識的快樂，從而得到慰藉。透過想像，他也贏得了感激和欽佩，獲得了從前只能從幻想中得到的東西，比如榮譽、權力和女人的愛。

第二十四講　普通的精神失調

在上一講中，我們完成了一項艱鉅的任務。現在我想暫時離開主題，聽聽你們的意見。

我清楚知道你們並不滿意。你們以為精神分析引論會和我所講的大不相同；你們期待聽到生動的例子，而不是理論；你們會告訴我「樓上與樓下」的例子讓你們了解了精神官能症的起因，當然這個例子如果來自於真實的觀察而不是想像出來的故事就更好。或者，一開始我描述了兩種症狀（希望不是想像出來的），其分析與患者的生活有著密切的關係，你們開始理解症狀的意義並且希望我用相同的方式繼續講解。我卻向你們闡述了複雜的理論知識，不僅難以理解，而且不太完整，還經常新增內容。我講述

第二十四講 普通的精神失調

了你們從未聽過的概念，放棄了對動態概念做描述性研究，轉而尋找經濟的解釋。我使用了很多新術語來表達同一種意思，有時相互調換只是為了好聽而已。最後，我又舉了許多無關的概念：享樂原則、唯實原則、種系遺傳等；接著，我沒有提出確定的事實，而是任憑它們變得越來越模糊，直到被拋到了九霄雲外。

為什麼我不以你們熟悉的關於精神失調的事實作為精神官能症理論的引子呢？比如一些你們總是很感興趣的問題，像精神失調患者獨有的氣質、對外界影響不可理喻的反應、人類的性交、應激性和無能感呢？為什麼我不帶領你們一步步由淺入深，從日常生活中簡單的精神失調逐漸講到那些神祕而極端的表現呢？

我們不能說你們錯了。我尚不至於如此誇許自己的陳述能力，竟會認為所指出的每一處瑕疵都是我別有用心的表現。我本來可以換一種方式講解。我最初的用意也確實如此，但計畫總難以執行。素材本身常常突然介入若干事實，輕易改變了我們的計畫。熟悉的素材陳述起來也不能盡如作者之意。往往話已說過，事後我們又奇怪自己為什麼要這樣說。

也許你們這樣認為的其中一個原因是本書的書名《精神分析引論》已經不再適用於精神官能症的部分。過失研究和夢的研究才屬於精神分析引論，而精神官能症理論則是精神分析的主體部分。我認為在如此短暫的時間裡無法全面闡述精神官能症理論所包含的素材，只能簡要的敘述。我需要有關聯性地向你們陳述症狀的意義和解釋，其外部和內部條件，以及症狀形成的機制。這就是我所要做的工作，也就是現代精神分析所能提供的核心材料。我已經說了許多關於原慾及其發展和本我發展的內容，引論也讓你們具備了技術的基礎知識以及關於潛意識和壓抑（抗拒）的大部分知識。我不願隱瞞這個事實——我們得出的所有結果僅基於單一一組精神官能症，即所謂的移情精神官能症。儘管你們未學到詳盡的知識，我仍然

第三章　精神官能症通論

希望你們對精神分析法、精神分析問題和結果有較準確的了解。

假如你們希望我先描述精神官能症的行為極其痛苦的本質，以及如何患病、如何適應等，這些主題當然很有趣，也值得研究。此外，這些問題也不難處理。不過，以它們開頭並不明智。因為這其中隱藏著一些風險，比如無法發現潛意識，忽視原慾的重要意義等，而且一切事件都將根據患者的自我觀點來判斷。顯然，自我既不可靠，也不屬於不帶偏見的權威，是會否認和壓抑潛意識的力量。最受壓抑的就是被否定的性需求。從自我的角度看，我們自然永遠無法了解其深度和意義。我們一旦知道了壓抑作用的性質，就會提高警覺，不允許這個自我，即勝利者，成為爭鬥的裁判了。我們已經準備好提防自我的證詞，以免誤入歧途。如果我們相信自我的證據，那麼它好像自始至終都是一股活躍的力量，所有症狀的發生也好像是由它的願望和意志所造成的。我們知道大部分事件發生時，自我都處於被動的地位，這是它要設法掩飾的事實。當然，它並不會一直這樣做。在強迫症症狀中，它不得不承認遇到了一些難以抵抗的勢力。

一個人若不注意這些警告，認為自我的推諉搪塞便是事實，一切就都可順利進行了，而且他還可以避開精神分析所強調的潛意識、性慾和自我的被動性的種種阻抗。阿爾弗雷德·阿德勒（Alfred Adler）認為「精神失調」是精神官能症的原因而非結果，但卻無法解釋症狀形成的各個細節，也無法解析單一的夢境。

你們會問：我們可不可以既重視自我在精神失調和症狀形成中的影響，同時又不忽視精神分析所揭示的因素呢？我的回答是，說不定某個時候就會發生這樣的事情。但我們組織精神分析研究工作的方法並不適合從這項任務開始，我們可以預見這項任務一定有需要得到精神分析關注的時候。有一種精神官能症叫做自戀型精神官能症，其中自我和精神官能症的關係比起我們所做的任何其他研究都要密切得多。這些條件的分析研究將

幫助我們不帶偏見地判斷自我在精神官能症中的影響。

自我和精神官能症的這一層關係十分明顯，我們必須在一開始就考慮到。這層關係存在於所有病例中，在創傷後壓力症候群中最為清晰可見，而目前為止我們還未能明確其條件。你們一定要知道，在各種精神官能症的起因中，都有同樣的因素，而我們只強調了症狀形成過程中不斷轉換的活躍因素。劇團中每個演員都有自己的角色——英雄、惡棍、密友等，但每一個人都會選擇不同的角色以符合自己的風格。所以形成症狀的幻念絕不像在歇斯底里中那麼明顯。強迫症從本質上說受反向形成主導，即自我的「反攻」；在偏執狂中，幻想以夢內潤飾的機制為特點。

在創傷後壓力症候群中，特別是由戰爭的恐怖引起的創傷後壓力症候群中，自私的自我衝動給我留下了尤為深刻的印象，總力圖尋找保護和利益。其本身雖並不足以構成病因，但引發疾病之後，便依賴它們維持下去。它的動機在於保護自我遠離引發疾病的危險，但也不願意恢復健康，除非危險完全消除，抑或從正在發生的危險中獲得了補償。

自我對於其他一切精神官能症的起源和維持都有類似的興趣。我已經說過，症狀受自我的保護而存在，因為症狀有一面是可以從壓抑的自我趨勢中求得滿足。此外，症狀發展可以結束衝突，進而將阻抗降至最低，從而提供解決享樂原則的最便捷的方法。儘管在症狀形成的過程中，自我毫無疑問免去了精神上的痛苦。對某些精神官能症而言，就連醫生也不得不承認，用精神官能症來解決衝突，是一種最無害的方法，也是最容易被社會容忍的方法。有時醫生也會學習這點，請你們不要大驚失色。醫生不可能總是扮演保衛健康的勇敢鬥士。他明白世界不僅包含精神官能症的痛苦，還有許多不能克服的真實困難；他明白一個人出於需要，可以犧牲個人健康；他還知道一個人若有了這種病痛，往往可以避免許多其他的人遭受同樣的病痛。所以，如果我們說精神官能症患者藉助疾病逃避衝突，那

第三章　精神官能症通論

麼必須承認在一些情況下這種逃避是合情合理的。醫生知道，也只好默許了。

不過，在未來的討論中，我們不會討論這種特例。在一般情況下，自我既然求助於精神官能症，便在內心形成了「因病獲益」的心理。在某種情況之下，也可能延伸出一種具體的外部利益，在實際中也有價值。請你們將注意力轉移到最常發生的類似事件上。被丈夫虐待的妻子總以精神官能症為由逃避現實——只要她之前有此傾向便可以這樣做。假如這個女人過於懦弱或守舊，不敢到另一個男人的懷抱中尋找溫暖、或是不敢與丈夫分離，再假如她沒有獨立生活的能力，或不可能找到一個更好的丈夫，最後在性方面就會仍強烈依戀著這個殘暴的男人，那麼通常會發生這種情況：她的病成了與丈夫抗爭的武器，她可以用疾病來自保或報復。也許她不敢抱怨丈夫，卻會抱怨疾病的苦惱，醫生成了她的助手。本來異常粗暴的丈夫，現在不得不寬恕她，遂了她的心願，允許她離開家，從婚姻生活的壓迫中解脫。假如由病而得的這種外部的偶然利益非常可觀，且在現實生活中無可替代，那麼你們便可預見治療對精神官能症的影響一定微乎其微了。

你們會說，我所說的這些從疾病中獲利的情況，完全建立在此前被我親口否認的假說之上，即自我本身會創造出精神官能症。請稍等一下！也許這只意味著自我被動地罹患精神官能症，用任何方式都無法阻止發病。假使精神官能症有什麼可利用之處，那麼自我便盡可能利用。這只是問題有利的一面。自我只希望從精神官能症中獲益，但精神官能症怎麼可能只帶來益處呢？總而言之，自我罹患精神官能症後一定會有所損失。症狀為了緩解衝突而付出了太大的代價，它在感官上造成的痛苦也許和衝突帶來的掙扎一樣令人難受，甚至常常讓人更加不適。自我一邊想要擺脫症狀的痛苦，一邊又不願意放棄從疾病中得到的好處，這是不可能兩全的。由此

看來，自我不願意像最初設想的那樣一直活躍，我們需要謹記這點。

如果你們是醫生，也接觸過精神官能症患者，便可立即發現，最埋怨病痛的並不是那些最樂於接受診療的患者。相反，你們可以理解，從疾病中獲得的每項益處都會強化對壓抑的抗拒，從而提高治療的難度。疾病產生的症狀所帶來的益處還有一點。像疾病那樣的心理狀態，若持續的時間很久，便獲得了一種獨立的實體。它會表現出一種類似自我留存的傾向，在自身和精神生活的其他部分之間獲得一種「暫時安排」(modus vivendi)，甚至連根本相反的部分也不例外。在某個時機被證明既有利可圖又有實用價值時，疾病可以獲得一種第二機能 (secondary function)，以強化自身的存在。我們現在不從疾病而從日常生活中舉例。一名工人意外受傷成了身障人士，再也不能工作。不過不久之後，他獲得了一筆為數不多的意外險，而且還學會了乞討為生。他的新生活雖然低賤，但正因為舊生活被破壞了才得以維生。如果你們治好了他的殘疾，他將無以乞討。那麼，問題來了：他能重新去做之前的工作嗎？精神官能症如果也有這種附帶利益，我們便可使之和第一種利益相並列，並命名為由病獲得的第二種利益。

一般說來，我會警告你們不要低估因病得益的實際意義，也不要過於看重其理論意義。除了之前已經承認的特例之外，我常常想起《飛葉》雜誌中奧柏蘭德爾 (Oberlander) 所繪的插圖「動物的智慧」：一名阿拉伯人沿著一條陡峭而狹長的山路騎駱駝。在一個轉彎處，一隻獅子突然向他猛撲過來。他無路可逃，一邊是峭壁，一邊是深淵，只能坐以待斃了。但駱駝則不然，它載著主人跳到一旁的深淵，獅子只好乾瞪眼了。精神官能症能給患者的幫助也不過如此，這可能是由於以症狀來解決衝突畢竟只是一種自動的過程，無法滿足生活的需求。此時如果還能選擇，那麼較光榮的做法是去賭上命運一搏。

第三章　精神官能症通論

在移情精神官能症中，我們必須分析症狀，才能得出結論。不過，在所謂的實際精神官能症（ture neuroses）中，性生活的病理學意義仍有待觀察。二十年前，我曾問自己，在檢查精神官能症患者時，為什麼不考慮一切關於性活動的問題。為了研究此事，我逐漸引起了患者的不滿。不過在簡單調查之後，我發現沒有任何一個精神官能症患者、至少是實際精神官能症患者，有正常的性生活。當然，這一結論幾乎忽略了個體差異，「正常」一詞還沒有確定的意義，但直到今天這個理論還有其相當的價值。當時，我開始比較精神官能症的不正常性行為，現在如果有類似的素材，我也能進行同樣的觀察。我經常注意到人們會透過不完整的性快感得到滿足，比如手淫，這可能引發實際精神官能症。如果替換以其他較無害的性組織，這種精神官能症將很快轉變為另一種形式。我從患者狀況的變化可以猜測出其性生活模式的變化。此外，我學會了堅持自己的設想，直到患者不再推諉搪塞，不得不承認我的論斷。當然，患者接下來可能會另尋高明，找一個不那麼堅持詢問其性生活的醫生去諮詢了。

我也不得不指出，疾病的起源並不總能追溯到性生活上；性異常可能會導致一個人得病，但一個人得病也可能是因為損失財產或最近身體健康失調。自我和原慾之間的關係可以幫助我們更加深刻地理解這些變化，我們的洞見越深邃，得到的結果便越令人滿意。當一個人的自我喪失了和原慾的協調能力之後，他便可能患上精神官能症。自我力量越強，解決問題便越簡單。無論出於何種原因，自我只要削弱，原慾的需求便會顯著增強。自我和原慾之間還存著其他更為密切的關係，我們今天就不再深入討論了。對我們來說，在每個例子中，無論引起疾病的原因是什麼，精神官能症的症狀所賴以維持的能量都由原慾所提供，於是原慾的用途也隨之失調了。

不過，現在我希望你們將注意力轉移到實際精神官能症和心因性精神

第二十四講　普通的精神失調

官能症（原文為 psychoneurose，一種舊時的精神醫學術語，用來描述一組心理障礙，患者雖然有焦慮、強迫、恐懼、憂鬱等情緒困擾，但其現實感與基本認知功能通常仍保持正常）症狀的差異。移情精神官能症在前一種精神官能症占比很高。原慾是引發這兩種精神官能症的主要因素，它們是原慾的變態，用以代替快感的滿足。但實際精神官能症的症狀——腦中的壓力、痛苦的感受、器官的應激性、某種功能的削弱或抑制——在心理學上都毫無意義。它們不僅表現在身體上（如歇斯底里），而且它們本身都純粹是物質的歷程；它們的發生和我們所知道的複雜心理機制不會相互作用，體現了長久以來被認為屬於心因性精神官能症症狀的特徵。但它們究竟如何才能成為原慾的表現呢？原慾不也是內心活動的一種能力嗎？答案非常簡單。讓我們回憶一下就精神分析提出的第一個異議，異議表明精神分析涉及神經表現的純粹心理理論。由於心理學理論從未能解釋疾病，所以精神分析的前景十分黯淡。持異見者選擇忘記性功能既不完全是精神上的，也不完全是肉體上的。性功能既影響生理，也影響精神生活。我們在心因性精神官能症的心理歷程中發現了一種紊亂的表達，因此在發現實際上精神官能症是性功能紊亂在肉體上的直接結果時，應該不會感到驚訝。

臨床醫學為理解實際精神官能症，提出了一條頗具價值的建議（許多研究人員共同發現了這點）。在其症狀學的所有細節以及其影響所有組織系統和功能的力量中，實際精神官能症顯示與異質毒素的慢性中毒或突然排除（即醉酒或戒酒後的症狀）相類似。像我們所知的巴西多病（M. Basedowi，即甲狀腺性突眼病）這種中間狀態加強了兩種病態之間的關係。我們將巴西多病的病因歸結為毒素的影響，不過毒素並非來自體外，而是來自於體內的新陳代謝。我認為這一類比直接促使我們將精神官能症視為性的新陳代謝的紊亂。可能原因是性產生的毒素過多，患者無法處理，或是

第三章　精神官能症通論

心理狀態不容許他處理這些物質。這種關於性慾本質的假設早已受到多國語言的支持。人們將愛稱為一種「沉醉」；毒藥可以讓人為愛瘋狂，因此喪失了對外部世界的控制。至於其他詞彙，比如「性的新陳代謝」或「性的化學作用」底下還是一片空白。我們對它們一無所知，甚至無從斷定性的物質是否分為雌雄兩種，或僅有一種性的毒素，被視為原慾各種刺激的動因。我建立起來的精神分析的結構，實際上只是一種假想，我們未來一定會為它建構堅實的基礎。然而關於這個基礎，我們還一無所知。

精神分析之所以是一門科學，其特點在於所用的方法，而不在於所要研究的對象。

這些方法可用於研究文明史、宗教學、神話學及精神官能症學，且都不失其主要的特點。解釋精神領域的潛意識是精神分析的唯一目的。實際精神官能症的症狀或許直接起因於毒素的損害，所以它成為精神分析所要研究的問題。但精神分析無法提出任何解釋，必須將這項任務留給生物醫學研究。也許你們現在明白了我為何不以另一種方式使用素材。假如我要講精神官能症學引論，那當然要先講實際精神官能症的簡單形式，然後進一步敘述那些由原慾干擾引起的複雜疾病。那樣的話，在討論實際精神官能症的過程中，我本來應該整合我們從不同領域獲得的事實，同時呈現我們的看法；至於後者，便要將精神分析引入，使其作為了解這些病態的最重要的技術方法。不過，我想說明的是，比起傳授精神官能症的知識，《精神分析引論》將深深影響你們了解精神分析。由於實際精神官能症對精神分析研究毫無貢獻，所以我便不先講了。我相信我這是較為明智的選擇，精神分析具備廣泛的假說和深遠的意義，所以值得每個受過教育的人留意。

不過，你們期望我關注實際精神官能症也合理。由於其與心因性精神官能症關係密切，所以我們覺得有必要注意。我要告訴你們，我們區分出

第二十四講 普通的精神失調

了三種純粹的實際精神官能症形式：神經衰弱（neurasthenia）、焦慮性精神官能症（anxiety-neurosis）、憂鬱症（hypochondria）。即便這樣的分類也並非沒有矛盾。這些術語雖然被廣泛使用，但其內涵是模糊而不確定的。此外，醫學家認為在精神官能症混亂的世界中沒有任何分類。他們因此反對臨床上所有病症的分類，甚至否認實際精神官能症和心因性精神官能症的不同。我認為他們太過分了，居然不願意進步。我們所說的三種精神官能症形式有時純粹，但更常相互混合的，且兼有心因性精神官能症的色彩。所以我們不必因此忽視它們之間的區別。想一想礦物學中礦物和礦石的區別：礦物可以被獨立描述，其常以晶體形式存在，與周圍物質有著明顯的區別；礦石則包含多種礦物，需具備一定的條件才會混和。就精神官能症的理論而言，我們對於它們的發展歷程所知有限，不能與礦石的知識相比。臨床因素可類比為獨立的礦物，我們在辨認某種臨床因素時，當然可以沿著正確的方向進行。

實際精神官能症和心因性精神官能症症狀之間還有一種值得關注的關係，為我們後來對症狀的研究貢獻厥偉。實際精神官能症的症狀常為心因性精神官能症症狀的核心和發展的初期階段。我們在神經衰弱和移情精神官能症之間最容易觀察到這一關係，兩者被命名為轉化性歇斯底里（conversion hysteria），焦慮性精神官能症與焦慮性歇斯底里之間也易出現這種關係。但也可見於憂鬱症與我以後要討論的一種名為晚發性妄想精神病（paraphrenia）的精神官能症——包括早發性痴呆（dementia praecox）和偏執狂（paranoia）——之間。讓我們以歇斯底里的頭痛或背痛為例。分析表明，透過壓縮和移置，病痛成為許多原慾幻想或記憶的替代性滿足。但這種痛苦曾一度是真實的，是一種直接的性毒素，即原慾興奮的軀體表現。我們不希望透過任何方式假設歇斯底里的所有症狀都可以追溯到這一核心上，但實際情況常常如此，原慾興奮對身體帶來的所有印象（無論正常或

第三章　精神官能症通論

病態）對歇斯底里症狀的發展都有特別的意義。它們好像一粒粒沙土，被牡蠣包裹成為珍珠的母質。所有伴隨性行為的性興奮的暫時表現都可以成為造成心因性精神官能症症狀最適宜而便利的材料。

類似的歷程在診斷和治療上也引起了我們的興趣。有些人雖然有精神官能症傾向，但沒有發展為精神官能症，他們身體的異常變化常成為精神官能症的動因——常是發炎或損傷。這種迅速的發展使得實際症狀成為潛意識幻想的代表，這種幻想潛伏著，等待機會表達。醫生面對這種情況往往會採取不同的治療方法，他們要麼會在不管其有無精神官能症傾向的情況下設法減輕症狀，要麼忽視其生理病因，轉而處理因環境產生的精神官能症症狀。這兩種手段有時這種有效，有時那種有效，卻沒有任何一種方法對這種混合的病症是普遍有效的。

第二十五講　恐懼和焦慮

在上一講中，我們主要講了普通的精神失調。你們也許認為這是最不完整和最不令人滿意的一次講座。我明白，你們最驚訝的可能是沒有提及恐懼。大多數精神官能症患者都會抱怨說恐懼是痛苦的來源。恐懼實際上還可以變本加厲，成為最無聊的擔憂主因。但我不希望讓你們失望。相反，我希望至少不要敷衍了事，而是與你們細緻地討論這個問題。

恐懼本身毋須多言，每個人都經歷過恐懼。在我看來，我們似乎從未認真詢問過為何焦慮在恐懼之下會帶來更多痛苦，也許應該承認它們本應如此。我們經常把「精神失調」和「焦慮」混為一談，認為兩者的意義相同。這是不合理的，有些精神失調的人並不感到焦慮，焦慮的人則可能遭受許多其他症狀，而並無精神失調的傾向。

第二十五講　恐懼和焦慮

　　無論如何，恐懼毫無疑問是許多重要問題的匯合點，這個謎題的答案將對心理生活帶來極大啟發。我不能宣稱可以提出完整的解決方法，但你們當然可以期待精神分析學家以不同於醫學家的方式處理這個問題。醫學家似乎只對從解剖學角度分析恐懼的原因感興趣。他們認為腦髓的迷走神經受到刺激之後，患者會感到焦慮。腦髓的迷走神經確實是一個很好的研究對象。我清楚記得自己前幾年花了大量的精力和時間去研究它。但今天我不得不說，你們想從心理學上理解恐懼，最無關緊要的知識便是刺激所經過的神經通路了。

　　在不觸及精神失調的情況下，我們可以討論恐懼很久。我把這種恐懼稱為「真實的恐懼」（real fear），以區別於「神經性恐懼」（neurotic fear）。真實的恐懼可能更容易理解，也更為合理。我們認為它是對外部危險的一種反應，即對傷害的預見。這種恐懼與逃跑反射相結合，被視為自我本能的表達。因此，引起恐懼的對象和情景極大依賴於我們的知識和對外部世界的感知能力。我們很容易理解，為何原始人會害怕加農砲和日蝕，而掌握武器並可以預測天文現象的現代人則不會恐懼上述對象和情景。在其他情況下，先進的知識使人們能夠更早預見危險，所以更容易引發恐懼。例如原始人看到森林裡的一個大腳印會感到恐懼，因為他知道這意味著大型動物就在附近，而無相關知識的現代人則會不以為然；再如經驗豐富的水手可以從一小片雲彩中預測暴風雨即將到來，進而感到恐懼，而乘客卻毫不知情。

　　進一步考慮之後，我們必須對自己說，無論對真實恐懼的判斷是否合理、是否有目的性，都需要被徹底修正。在迫近的危險面前，唯一有針對性的行為是衡量個人能力是否能夠與危險一搏，應該採取逃避、防禦還是進攻的策略。恐懼實屬無益，沒有恐懼反而可能產生更好的效果。你們知道，如果過於恐懼，人便可能毫無還手之力，被嚇呆、甚至會逃避。一般

第三章　精神官能症通論

而言,面對危險的反應混合著恐懼和抵抗。受到驚嚇的動物會感到害怕,進而逃走。其實在這裡,有利於生存的因素是「逃避」而非「恐懼」。

我們因此傾向於斷定恐懼的發展從來都不具有針對性。也許進一步檢查後,我們將對恐懼的情狀有較深刻的了解。第一件事是要注意對危險的「準備」,那時知覺較為敏感,肌肉也較為緊張。毫無疑問,這種預期有利於生存。若沒有這種準備,則可能引發嚴重的後果。從一方面看,準備提供了行動的動力,首先是逃避,更高層次是防禦;從另一方面看,就是我們所謂的焦慮或恐懼之感了。恐懼之感的時間如果越短,只有一剎那的話,就只是一個訊號,那麼焦慮的準備狀態也越易過渡到行動狀態,從而也能越快行動。恐懼的「準備」似乎是具備目的性的一個層面,而焦慮的發展則為有害的成分。

我不想探討焦慮、恐懼或驚恐在各種語言中的含義是否一致。我認為焦慮與情境有關,與對象無關;恐懼則主要指向對象。從另一個層面來看,驚恐則表達了特殊的意義,說明危險突然降臨,沒有時間焦慮。因此,我們或許可以說焦慮使人們免除驚恐。

你們也許注意到了「焦慮」一詞在使用中的歧義和模糊性。一般而言,這個詞常用來指知覺危險時所引起的主觀狀態,這種狀態可以被稱為一種情緒。從動態意義上說,這種情緒是什麼呢?這當然十分複雜。首先,情緒包含某種運動的神經支配或發洩;其次,它還包含確定的感受,共分為兩種——已經完成的動作的知覺,以及直接引起的快感或痛苦,這種快感或痛苦奠定了感情的主要基調。然而,我絕不認為這種解釋已經說明了情緒的真實本質。我們已經對某些情緒有了更深刻的了解,而且知道它的核心連同整個複雜的結構都是以往某種特殊經驗的重演。這種經驗可能起源很早,非常普遍,屬於物種的古老歷史而非個人史中的所有物。說得更清楚一些,一種情緒狀態的構造和歇斯底里很相似,它們都是記憶

的沉澱物。我們可以把歇斯底里的發作比為個體新形成的一種情緒，歇斯底里的常態情緒可視為一種普遍的遺傳。

不要以為我剛才告訴你們的關於情緒的話屬於普通心理學。相反，這些概念生長於精神分析的沃土中，只是精神分析的產物。心理學關於情緒的理論，例如詹姆士－蘭格的情緒理論（James–Lange theory）──在我們精神分析學家看來完全無法理解，在此便不做討論了。當然，我們也不認為精神分析對情緒的解釋一定正確，因為這不過是精神分析基於這一模糊領域的初步嘗試。繼續講下去吧：我們相信自己知道這個焦慮性感情中重新發現的以往印象究竟是什麼。我們認為它是關於出生的經驗，結合了許多複雜的痛苦感受，是一種衝動的釋放、身體的感受。它成了生活中危險時的情感的原型，且可再現於恐怖或焦慮的狀態之中。循環干擾（內部的呼吸）帶來的強大刺激引發了恐懼，因此第一次的恐懼情境是具有毒性的。焦慮一詞的原意是狹小之地或狹路，所強調的是呼吸的緊張，而這種用力的呼吸是一種具體的情境，後來幾乎總是與一種情緒相伴相生。我們還應該了解，第一次的恐懼情境源自於與母體的分離，這一點也具有重要意義。當然，我們相信再現第一次恐懼情境的傾向經過無數代演化，已經深深地嵌入了人體，所以沒有一個人能免於恐懼情緒。即便是神話人物麥克達夫（Macduff）「不到足月就從他母親的腹中剖出」，也不足以成為例外。我們並不了解其他哺乳動物的恐懼原型，所以也不清楚能否感受到和人類類似的情緒。

你們也許有興趣知道我是如何想到出生是恐懼情緒的來源和原型的。猜測只占很小一部分原因，我的論斷得自人類直覺的啟發。多年以前，我們許多年輕醫生圍坐在餐桌前，一位婦產科醫院的助理在說一些關於助產士畢業考試的趣事。考官問，如果羊水中有新生兒的糞便意味著什麼？學生立即答道：「說明孩子害怕。」這位學生遭到嘲笑，沒有通過考試。但我

第三章　精神官能症通論

卻暗中同情她，並開始懷疑這個依賴直覺的可憐女子是不是揭示了一些重要的關係。

現在我們回過頭來看精神官能症的恐懼，其表現和狀態是什麼呢？這個問題有許多值得討論的地方。首先，我們發現焦慮有一種普遍的狀態，即一種「自由浮動」的恐懼，易附著在任何適當的觀點上，影響判斷，引起期待，並抓住任何一個機會讓自身被感知。我們將這種狀態稱為「恐懼期待」或「焦慮期待」。也許經歷過這種恐懼的人總能預測到最可怕的可能性，會將每一次偶然解讀為邪惡的預兆，將所有不確定性都連結到恐怖的意義上。許多人在其他方面雖然不能說有病，但也往往有這種懼怕禍患將至的傾向，我們可以稱之為過度焦慮或悲觀。焦慮狀態最引人注意的特點便是恐懼期待，我將其命名為「焦慮性精神官能症」並歸為實際精神官能症。

恐懼的第二種類型與我們前面所述的截然相反，它在心理學上限制較多，與特定的對象或狀態相關，具體表現為各種不同的恐懼症的焦慮。傑出的美國心理學家史丹利・霍爾（Stanley Hall）最近不辭勞苦地用一些堂皇的希臘語為一些恐懼症命名，聽起來就像埃及的十大瘟疫，只不過到目前為止數量遠多於十種。姑且聽聽這些可以作為恐懼症內容或對象的東西吧：黑暗、天空、空地、貓、蜘蛛、毛毛蟲、蛇、老鼠、雷電、尖銳物品、血、密閉空間、人群、獨居、過橋、陸上或海上旅行等。這些亂七八糟的對象，可以分為三種。正常人也會害怕其中一些對象或狀態，因為它們與危險有關，但恐懼症患者的恐懼程度令人難以理解。例如，我們大多數人在面對蛇時都會害怕。可能有人會說對蛇的恐懼症是人類所共有的。查爾斯・達爾文就曾描述過，即便他把蛇放在一塊厚厚的玻璃板之後，也忍不住感到恐懼。第二種對象和狀態與威脅仍有一定關聯，但我們在更常採取輕視而非重視的態度。許多恐怖情景都屬於這一種。我們知道坐火車

第二十五講　恐懼和焦慮

出行相較於待在家中遭遇災難的風險更高。例如，如果所乘的船隻沉沒，我們很可能溺水而亡。但我們往往不去想這些危險，在搭火車或乘船時就不會恐懼。我們無法否認，如果過橋時橋梁坍塌，我們便會墜入河中，但我們很少考慮這種危險。獨居也有自身的風險，在某些情況下我們也會避免獨居。雖然我們不願意獨居，但未必在任何情形下都不能忍受獨居。人群、密閉空間、雷電等等都是同理。我們對於這些恐懼症所不能理解的，與其說是它們的內容，不如說是它們的強度。伴隨恐懼症而來的恐懼是無法形容的。有時我們幾乎覺得恐懼症患者感到恐懼的事情並不值得害怕，雖然我們也同樣可以稱它們為可怕的事物。

還有第三種恐懼症，我們對它完全一無所知。比如一個強壯的成年人竟然害怕穿越城裡的某條街道或某個廣場，一個健康的女人竟然因為一隻貓擦身而過、或一隻老鼠在屋內竄過而大驚失色，幾乎要暈過去——我們如何才能看出這些人所擔憂的危險呢？這種動物恐懼症不只是比一般人更害怕而已。與之形成對比的是，許多人看見貓咪路過便不禁要去撫摸一下。上面這個女人如此害怕的老鼠，卻是某些人的愛寵。許多女子喜歡被愛人稱作「小鼠」，但真正見到這種小動物卻不免驚叫。一個人害怕穿越街道或廣場，就像小孩子。小孩子因成人的教育才知道這種情境的危險，但如果有人陪伴，患有空間恐懼症的人也能安然走過街道和廣場。

上面描述的兩種恐怖，即「自由浮動」的恐怖和依賴於對象的恐怖，是相互獨立的。這一種不是另一種進一步發展的結果，它們很少合而為一，即使混合起來，也非常偶然。最強烈的一般性焦慮也不一定會表現為恐懼症；終身患有幽閉恐懼症的人也不一定只會悲觀地焦慮。某些恐懼症，比如害怕穿過廣場或乘坐火車，是在後來的生活中罹患的；而另一種恐懼症，比如害怕黑暗、暴風和動物，是與生俱來的。前者為嚴重的病態，後者則為個人怪癖。我必須補充一句，所有這些病症都屬於焦慮性歇

第三章　精神官能症通論

斯底里，因此被認為與著名的轉化性歇斯底里有密切的關係。

第三種神經性恐怖令我們困惑不解，成為一個難解之謎。我們完全看不出恐懼和危險之間有什麼明顯的關係。焦慮見於歇斯底里中，伴隨歇斯底里的病症同時產生；或起源於不同的刺激條件之下，我們期待出現某種情緒表現，但絕未料到是焦慮性情感；又或是與任何條件無關，只是一種原因不明的焦慮症。不但我們不理解，患者自己也覺得莫名其妙。無論我們如何研究，都無法發現可能引起病症的威脅或原因。由這些自發的病症看來，我們所稱之為焦慮的複雜情況可以分為許多成分。整個病症可以用一個特別發展的症狀作為代表，比如戰慄、衰弱、心跳、呼吸困難等，而我們所說的恐懼等一般情緒反而完全消失或模糊了。但我們稱之為「焦慮的等同物」的狀態和焦慮本身有著相同的臨床及病原學關係。

那麼便產生了兩個問題：我們可以將危險不影響、或影響很小的神經性恐懼與面對危險的反應——實際性恐懼連結起來嗎？神經性恐懼的基礎是什麼呢？現在，我們想做出這樣的假設：凡有恐懼出現，則必定有害怕的東西。

臨床觀察為理解神經性恐懼提供了若干建議，我想和你們討論一下它的重要性。第一，我們不難看出，期望的恐懼或普通的焦慮與性生活的某個過程密切相關，即和某種類型的原慾密切相關。最簡單也最具有價值的例子體現在興奮受阻的人身上，即性興奮無法充分釋放，無法獲得滿足，例如男人訂婚之後、結婚之前的狀態；女人在因丈夫的性能力不足、或為了避孕而草草了事時，也會出現同樣的情況。在這些情況下，原慾興奮消失，產生焦慮，表現形式或為期待的恐怖，或為焦慮的相等產物。為了避孕而中斷性交等形成習慣性動作之後，會成為引起男性焦慮性精神官能症頻發的病因。女性更是如此，所以醫生診察這種病症，明智的做法是先檢查有無這種病因。無數事實證明，如果解決了性的問題，則焦慮性精神官

能症便會消失。

據我目前所知，性的克制和焦慮狀態之間的關係已被醫生承認，而他們一直未接觸過精神分析。但我可以想像，他們仍想曲解這種關係，認為這些人原本便有焦慮的傾向，因此在性事上也不免小心謹慎。在性事上被動的女性，也就是說順從丈夫的女性，卻顯示出了相反的證據。一個女人越容易激動，即越喜歡性交、也容易得到滿足，則她對男性的無能，或不盡興的交合（coitus interruptus）越有表現出焦慮的可能。在性方面不感興趣或性慾不強的女人身上，這種性問題不會產生類似後果。

如今許多醫生強烈建議節慾，可是原慾若沒有滿足的出路，在一方面十分強烈，一方面又無法昇華的情況下，節慾也可能成為焦慮發展的條件。結果是否致病則取決於定量因素。拋開疾病不談，只說性格形成這點，我們也很容易就能意識到節制性慾與焦慮和畏忌如影相隨，而勇敢和無畏反而與自由滿足性慾相關。不過，在不同文明下，這些關係會有所變化，對普通人而言，焦慮和節慾相伴相生。

原慾和恐懼在遺傳學上的關係十分複雜，我無法盡述與之相關的所有觀察。在人生的某個階段，比如青春期和更年期，原慾急遽變化，對神經性恐懼的發展產生巨大影響。這也屬於我們研究的範疇。在一些興奮狀態下，我們或許會觀察到焦慮與原慾的混合，以及原慾興奮終會為焦慮所替代。這些事實留下了雙重印象，首先是原慾偏離正常管道開始聚集；其次，這是一個身體歷程的問題。焦慮究竟如何源自原慾，我們尚不得而知。我們唯一清楚的是，性慾缺乏了，焦慮感便取而代之。

第二，我們從對心因性精神官能症，尤其是對歇斯底里的分析中，得出了第二條線索。我們已經聽說過，除了症狀，恐懼頻繁地伴隨著這種狀態出現，而沒有對象的焦慮也可長期存在或表現在發病之時。患者不能說出害怕的究竟是什麼，於是便透過潤飾作用，將其與手邊最易獲得的對象

第三章 精神官能症通論

連結，比如死亡、瘋狂或癱瘓。當我們分析引起焦慮或伴隨的症狀時，一般可以知曉省略或被恐懼替代了的正常心理歷程是什麼。讓我換一種說法：我們重構了潛意識過程，好像它沒有經歷壓抑，未經干擾地發展到意識層面一樣。這個歷程本身應當伴有一種特殊的情感，現在卻很奇怪，這個本應該伴隨心理歷程而進入意識的情感，無論哪一種都可為焦慮所替代。在歇斯底里的恐懼中，其潛意識或與特徵類似的衝動緊密相關，比如恐懼、羞愧和尷尬等，或與積極原慾相關，比如憤怒或狂暴等敵對和攻擊情緒。恐懼好比是一種通用貨幣，只要與之相關的觀點被壓抑，所有的情緒衝動都可用它來交換。第三，強迫症患者明顯具有免除焦慮的意圖。他們為我們提供了第三點的訊息。如果我們阻止他們執行強迫動作，比如洗手或儀式性動作，或者如果他們勇於放棄某種強迫動作，便會受到可怕的焦慮困擾，進而又屈服於強迫動作。我們由此懂得強迫動作隱藏在焦慮之下，而執行強迫動作只是為了避免焦慮。在強迫症中，原來要產生的焦慮乃為症狀發展所替代。歇斯底里也會產生類似的結果。壓抑作用的結果有時可產生一種單純的焦慮，有時可產生一種混有他種症狀的焦慮，有時也可產生一種沒有症狀的焦慮。所以抽象來說，症狀的形成只是為了避免焦慮的發展，如若不然，則無法擺脫焦慮。根據這個概念，焦慮似乎占據著精神官能症問題的舞臺中心。

根據對焦慮性精神官能症的觀察，我們得出結論：當原慾的用途偏離常態時，就能釋放焦慮。從對歇斯底里和強迫症的分析來看，我們還可以得出另外一個結論：心理方面的反抗也會造成類似的結果，從而引發精神緊張。這便是我們所了解的有關神經性恐懼起源的知識，但這聽起來仍然不夠清晰。可惜僅據我所知，我們已經無從更深入地進行研究了。我們所承擔的第二項任務更難實現——尋找神經性恐懼和實際恐懼之間的關係，也就是建立起被誤用的原慾和面對危險的反應之間的關係。你們或許

認為兩者相去甚遠,但目前我們還沒有標準可以將實際的恐懼和神經性恐懼區分開來。

從我們經常假定的自我和原慾之間的對比關係中,可以求得實際的恐懼和神經性恐懼之間的關聯。我們知道焦慮的發展是自我對危險的反應,即逃避的訊號。從這一點,我們得出自我在神經性恐懼中試圖逃脫原慾的需求;它對待體內危險也像對待外部危險一樣。我們的期待得到了印證——恐懼出現時,一定有讓人感到害怕的東西。但這個比喻還不止於此,正如站定腳跟,採取恰當的步驟進行防禦,才能逃脫外部危險一樣,神經性焦慮的發展使症狀得以形成,從而讓焦慮有了穩定的基礎。

現在,阻礙我們理解的困難在其他方面。恐懼代表自我對原慾的逃避,應該來自於原慾本身。這一點有些模糊,它警告我們不要忘了一個人的原慾從根本上來說在於其自身而非外部力量。我們不知道其中釋放了哪種心理能量,也不知道其源於哪種心理系統。我無法保證可以解決這個問題,但我們仍然有兩條路可走。我們遵循這兩條路的線索,採用直接觀察或分析研究的方式進行判斷。我們將恐懼的源頭聚焦在兒童期,然後再敘述附著於恐懼症的神經性焦慮的起源。

恐懼在兒童心理學中是一種很普遍的現象,我們很難區分兒童的恐懼屬於神經性恐懼還是實際的恐懼。的確,兒童的表現使讓人懷疑區分這兩者究竟有什麼意義。從一方面說,我們毫不驚訝兒童對所有陌生的人、環境和物體都感到恐懼。兒童的無知和弱小很容易解釋這點。我們認為兒童的恐懼在相當程度上是實際的,如果這種恐懼事實上是一種遺傳,那也是有目的性的。因此,兒童只是在重複史前原始人和現代原始人的行為,這些人因為無知、無助而恐懼任何新事物,但現在這些事物大多為人們所熟悉,所以便不會再引起恐懼。如果兒童恐懼症至少可以部分歸因於人類發展的遠古時期,那麼我們的期待便得到了驗證。

第三章　精神官能症通論

另一方面，我們同樣不應忽視以下這一點：並非所有兒童都會對同一對象感到害怕。事實證明，那些對所有可能的對象和環境都尤為膽怯的兒童長大後往往容易患上精神官能症。相較於精神官能症，恐懼首先出現的症狀是焦慮。我們由此得出結論，兒童（稍後是成人）之所以害怕原慾的力量是因為他們面對一切都感到焦慮。我們可以將焦慮起源於原慾的說法放在一邊。透過對實際恐懼條件的研究，我們很自然能得出了這樣一個結論——對自我弱點和無助的意識，即阿德勒所說的自卑感，是導致精神官能症產生的深層原因，如果它從兒童期一直延續到成年的話。

這一論斷聽起來很簡單，也足以令人信服，我們需要予以注意。老實說，結果可能動搖我們研究精神失調的基礎。自卑感的延續、焦慮的先決條件及症狀的後續發展並非偶然，它們的基礎十分牢固，但在特殊情況下竟出現健康的結果，那便不得不需要解釋了。仔細觀察兒童的恐懼之後，我們可以得出什麼呢？小孩子最怕的是陌生人，只有出現陌生人的時候，他們才會覺得驚恐。但兒童並非是因為覺得陌生人懷有惡意才感到害怕，而是因為將自己的弱點和對方的強項比較之後，認為陌生人威脅到了自己的生存、安全和自由。兒童滿腹疑慮，害怕這種充滿世界的攻擊衝動，這實在是一種很簡陋的學說。其實，兒童害怕陌生人是因為他們期待見到親愛而熟悉的面孔——母親。見到陌生人之後，失望和渴望轉變為了恐懼。其無處安放的原慾就以驚駭的形式發洩出來了。這個情況是兒童期發生的典型例子，不能被視作偶然的特例，其本質重現了出生時與母體第一次分離時感到的恐懼。

兒童所恐懼的第一個情景是黑暗和孤獨，前者常常伴隨一生，而保母和母親不在身邊常能引起兒童的恐懼。我曾聽說一個孩子因為怕黑來到隔壁房間呼喚保母：「阿姨，和我說說話吧，我好害怕。」「說話有什麼用？你又看不見我。」孩子回答：「你跟我說話，周圍就亮了。」黑暗中的渴望

轉化為了恐懼。我們不認為神經性恐懼只是實際恐懼的次級特殊形式，從小孩子身上觀察到的現象與實際恐懼類似，同時也與神經性恐懼有相似之處，共同特點在於它們都起源於未使用的原慾。兒童似乎對現實並沒有太多真實的恐懼，在我們後來可能感到恐怖的情境中，比如登高、走過水面上狹窄的小橋、搭火車或輪船等，兒童都不會覺得害怕。而且，兒童越無知，往往越無畏。如果能遺傳更多這種自我本能，當然是最理想的，監督孩子不把自己暴露在種種危險之中的壓力便減輕了。在實際生活中，兒童起初總是高估自己的能力，表現得無所畏懼，這是因為他們不知道有危險。他會跑到水邊，爬上窗臺，玩火或鋒利的器具。簡單來說，他們會做一切可能傷害到自己的事情，監護人為此十分緊張。教育喚醒了真正的恐懼，因為我們可能不會允許他自己從經驗中學到什麼是危險的。

如果有的孩子很容易因教育而害怕，而且對於未受警告的事也能預知危險，那麼我便可以推測他們體內的原慾需求一定多於其他孩子，否則他們一定是在幼年時得到了過多的原慾滿足。無怪乎成年後患有精神官能症的人大多就是這些孩子。我們知道，精神官能症很容易在無法長時間忍受大量被壓抑的原慾的情況下產生。可見這與體質有關，我們從未否認過。我們反對的只是忽略所有其他需求，僅從體質出發，而這些因素不屬於觀察和分析的結果，且無足輕重。

讓我們總結一下對兒童期焦慮的觀察結果：嬰兒期恐懼與實際的恐懼極少有相關，但卻與成人的神經性恐懼關係密切。神經性恐懼起源於未發洩的原慾；兒童一旦失去所愛的對象，便會用其他外在事物或情境替代。

現在，你們可能會很高興聽到我說，恐懼症的研究到此為止了。兒童的焦慮如此，恐懼症也如此。如果原慾無法被發洩，便會持續轉化為實際的恐懼，於是把外界一種無足輕重的危險作為原慾需求的表達。這種巧合不奇怪，因為嬰兒期恐懼症不僅是一種原型，也是成年後恐懼症的直接先

第三章　精神官能症通論

決條件和序幕。嬰兒期恐懼症可以被歸在焦慮型歇斯底里中。兒童期的恐怖具有一種延續性，每種歇斯底里的恐怖都可以追溯至兒童期的恐怖。有時因其內容不同，名字也不盡相同。兩者之間的不同在於各自的機制，成年後原慾以渴望的形式暫時無處發洩，但並不足以引起恐怖向原慾的轉化。成人早就習慣了原慾的中斷狀態，或者將原慾另作他用。但兒童尚無法區分意識和潛意識，當原慾成為經歷壓抑的心理衝動的一部分時，類似的情形便復發了。因為這個人已經退回到兒童期的恐怖，於是他的原慾便很容易變成焦慮。

你們應該還記得我針對壓抑的許多論述，但我們那時一直認為觀點被壓抑屬於一種宿命，因為這點很容易理解，也容易呈現。我們總是忽略了一點，即隨著被壓抑觀點而來的情緒。我們現在才意識到無論常態下表現出的情緒有什麼樣的性質，都注定會轉化為恐懼。就目前來看，情緒的轉化是壓抑歷程的重要一環。這一點不易討論，因為我們無法像假定潛意識觀念存在那樣假定潛意識情緒也存在。一個觀念無論屬於潛意識還是意識，都只有這一點不同，而其他方面是相同的。我們可以思考一下，伴隨潛意識觀點的是什麼。但情緒一旦釋放，我們便判斷它必定不同於觀念。不對心理歷程的解說進行更深入的考察和反思，我們便無法提出與潛意識感情相當的究竟為何物，因而也不能在這裡討論。但我們仍可保留已經獲得的印象，即焦慮的發展與潛意識有著密切的關係。

我認為被壓抑的原慾的直接宿命是轉化為焦慮，而非以焦慮的形式釋放。再補充一句，這不是原慾的最終命運。在精神官能症中，還有一種歷程，其目的也是阻止焦慮的發展，達到目的方法不止一種。例如，我們可以在恐懼症中清楚分辨出神經歷程的兩個階段。首先，原慾經歷了壓抑，進而轉化為焦慮，而焦慮則針對外界危險的接觸。在第二個階段中，種種防備的堡壘被建造起來，以避免與外界的危險接觸。壓抑相當於自我逃離

被視為危險的原慾。恐懼症好像是一座城堡，可怕的原慾好像外來的危險。恐懼症防禦系統的弱點在於城堡雖可防禦外來危險，但難免遭受來自於內部的攻擊，把原慾帶來的危險投射於外部環境是永遠無法成功的。因此，其他精神官能症採用了不同的防禦系統防止危險發展。這是精神官能症心理學研究中十分有趣的一部分。可惜的是討論這個問題未免離題太遠，而且要有全面、特殊的知識作為基礎。我現在只能多說一點。我已經對你們說過，自我在壓抑之上建造了一座反攻的堡壘，壓抑要想持續存在，必須保全這座堡壘。為了阻止壓抑之後的焦慮發展，反攻的任務採用種種防禦的形式得以執行。

反過來說恐懼症，我想你們現在已經了解到了只解釋恐懼症的內容，只了解或這或那的物體或情形可被用作恐懼症的對象是多麼不足。恐懼症的內容和顯性夢境的重要性相當，它們只是一個謎面。我們得承認，在一定的約束條件下，恐懼症的一些內容因為物種遺傳的關係，特別適合被當作恐怖的對象，這是史丹利‧霍爾曾經說過的。與之相關的是，這些恐怖的對象除了與危險有象徵性關係之外，與危險本身並沒有關係。

因此，我們確信焦慮問題在精神官能症的心理學研究中占據著中心位置。焦慮的發展與原慾的命運及潛意識系統如此緊密交織在一起，給我們留下了深刻的印象。我們的假說僅剩下一處不連貫的地方：「真實的焦慮」必須被視為自我留存這種本能的表達。

第二十六講　原慾和自戀

我們已多次提過（最近又剛提到一次）自我本能和性本能之間的差異。一開始壓抑告訴我們這兩者完全是相互對立的，在拉鋸過程中性本能

第三章　精神官能症通論

明顯被迫透過其他退行的方法獲得滿足，以補償其損失。我們逐漸意識到，比起自我，性本能與恐懼這種情緒狀態的關係更為密切。這一結果看似只在一個方面不太完整，但實際上是最重要的。進一步的證據顯示，最基本的兩大自我留存的本能——餓和渴，從來都不會轉化為焦慮，而是未得到滿足的原慾會轉化為恐懼。正如我們所知，後者是最為知名、最常被觀察到的現象。

我們將自我與性本能分開，這種方法沒有什麼可詬病之處，我想沒有人會質疑它的合理性。對一個人來說很特殊的活動——性慾的存在，也證明了這一點。唯一的問題在於，這種區別有何意義，我們是否應該嚴肅認真地看待這種區分？答案取決於我們觀察的結果。比如，考慮到心理和身體的表徵，性本能和與之對立的其他本能有多麼不同？這些不同的結果具有什麼樣的重要意義？當然，關於這兩種本能的特點，我們沒有動機非要堅持說兩者之間有某種無形的差異。它們都只不過是用以指稱個體某種能量來源的名詞罷了。我們若要討論它們基本上究竟同為一種還是分屬兩種，則絕不能僅以這些概念為基礎，而必須以生物學的事實為根據。就目前來說，我們對此所知甚少，即便知道得更多，對分析工作也毫無助益。

不過顯然，如果根據榮格提出的下面的這個例子，強調所有本能原本就具有統一性，並將它們表現出的所有能量都稱為「原慾」，我們或許能夠獲得一些幫助。因為無論我們用什麼方法都不能將性本能從心理生活中抹除，所以不得不將原慾分為性和非性兩種。原慾這一名詞仍然應該被保留，像過去一樣指稱性生活的本能。

所以，我認為性本能和自我留存的本能究竟是否應該加以區分的問題，對於精神分析來說一點也不重要，精神分析也沒有能力去處理這個問題。當然，從生物學的角度看，我們有許多理由認為把兩者區分開來非常重要。極度快感往往伴隨著危險的代價，這種危險可能威脅個體生命，甚

第二十六講　原慾和自戀

至死亡。也許有一種獨特的新陳代謝過程與所有其他的過程不同，要求個體的生命仍需保留一部分遺傳給後代，以達到這種目的。從生物學的角度看，有些人認為自己非常重要，並將性視為滿足快感的一種方式，他們也許只是物種延續的一部分而已，與生殖細胞（germ-plasm）相比，只是彈指的存在。

不過，從精神官能症的精神分析解釋來看，我們不必做如此深遠的討論。我們將性本能和自我本能分開觀察，得到了能理解移情精神官能症的鑰匙。我們追溯到根本性的情境中，其中性本能和自我留存的本能相互衝突，或者用生物學的術語來說（雖然不是很準確），自我以本身作為獨立生物的資格與其本身的另一種資格，即作為物種延續的一分子，是相互對抗的。只有人類才會有這種衝突。因此，整體而言，人類之所以比其他動物高等，也許就在於他有可能罹患精神官能症。人類的原慾過度發展，加之精神生活非常豐富、複雜，似乎為衝突創造了先決條件。顯然，人類能比其他動物取得更大進步也應該歸功於這些條件。罹患精神官能症的可能似乎只是人類文化發展的對應面，但這些只不過促使了我們離開了目前的課題而已。

到目前為止，我們可以根據表現將衝動分為自我衝動和性衝動兩種。我們在移情精神官能症中可以輕易做到這點。凡是自我對於自身的性慾對象能力的加注，我們稱之為「原慾」；而來自自我留存本能的其他加注，我們稱之為「興趣」。我們可以透過觀察原慾的聚集、轉化和最終命運來了解心理能量的運作。移情精神官能症提供了最佳的素材。自我由多種結構構成，其建構和機能仍然是我們所不了解的，我們逐漸覺得只有分析其他神經性紊亂，才能揭開自我的面紗。

我們將很快把這些精神分析概念拓展至其他條件之下。早在1908年，K·亞伯拉罕（K. Abraham）便斷言，早發性痴呆（被認為是思覺失調

第三章　精神官能症通論

的一種）以未投入外物的原慾為主要特徵[14]。但也產生了問題：在痴呆症中，未投入在對象上的原慾發生了什麼變化？亞伯拉罕毫不遲疑地提出了答案：「原慾又回到了自我，且這種退行是早發性痴呆中誇大妄想的根源。」「情人眼裡出西施」準確地說明了這種誇大的妄想。因此，透過與愛之正常歷程比較，我們首次理解了早發性痴呆。

亞伯拉罕的第一個解釋仍有被精神分析採納，並且奠定了我們對早發性痴呆態度的基礎。原慾依附於某物，並極力從這些對象上獲得快感。我們逐漸了解了原慾也可能放棄這些對象，轉而以自我取而代之。這些觀點逐漸發展得更加周密。我們借用P・內克（P. Neacke）定義的反常行為之一——自戀，來命名原慾的替代。它指的是成年個體對自己的身體傾注了大量愛意，而這些愛意通常應該投入到外在的性對象上。

我們稍加反思，便知道原慾確實可能固著於自己的身體而非外部對象上，那麼這個現象必定不完全是例外或無意義的。自戀很可能是普遍而原始的現象，後來才發展出了對客體的愛，但自戀並不一定會就此消失。從「客體原慾」（object-libido）演化的歷史中，我們知道許多性本能會開始選擇自動的性快感。性生活之所以退行，而不能學會順從唯實原則，便是以此自體情慾能力為基礎。因此，自體情慾便成了在自戀階段代替原慾的性活動。

總之，我們可以用動物學上的一個類比來說明自我原慾和客體原慾之間的關係。我們知道，最簡單的生物就是一團未分化的原生物質，彼此之間只有十分微小的差異。它們伸出被稱為「偽足」的突出物，其中流動著細胞質。但它們也可能收回觸角，回到原始的形態。現在，我們把此過程比作原慾向對象輻射，而大量中心原慾仍然聚焦在自我之上。我們假設，

---

[14] 參見《歇斯底里與早發性痴呆精神性慾的差異》（*The Psycho-sexual Differences between Hysteria and Dementia PraecoX*）。

第二十六講　原慾和自戀

在正常狀態下，自我原慾可以被轉化為客體原慾，但客體原慾也可以毫不費力地回到自我原慾。

利用這一說明，我們可以解釋許多心理過程，或者用原慾理論更加清楚地描述它。我們認為戀愛心理、生病和睡眠狀態都屬於正常的生活。我們假定，睡眠是從外部世界撤出，集中於睡眠願望的狀態。我們發現夢所表達的夜間心理活動是為睡眠的慾望服務的，同時又完全受自我動機控制。我們繼續從原慾理論的視角來說，睡眠狀態下，客體、原慾和自我的關注都完全退回到自我之中。這難道還不能促進我們對睡眠帶來的恢復和一般的疲勞有新認知嗎？我們每夜入睡，就像回到美好的子宮內的生活，也構成了完整的心理學圖景。人在睡覺時，原慾分配的原型或原始自戀的現象都可以重現。那時，原慾和自我的利益仍然是一個整體，在自足的自我中變得不可分割。

這裡必須指出我們觀察到的兩點問題：

第一，自戀和利己主義的概念有什麼區別？我認為自戀是以原慾為利己主義的補充。而我們談到利己主義，指的就是僅著眼於個人的利益。兩者在實際生活中，可以表現為不相關的動機。一個人可以是絕對的利己主義者，但他仍可以將大量原慾投入到客體上，只要原慾的滿足服務於自我的需求。那時，他的利己主義便會保護自我，使他不因對客體的慾望而損傷。一個人可以是利己主義者，同時又強烈自戀，也就是說他對客體的需求很小。需求可能是直接的性滿足，甚至也可能是更高層次的慾望，但都源自需求。比如，我們習慣對立地看待愛與性。在各個方面來說，利己主義是明顯而恆定的，自戀則是經常變化的元素。利己主義的反面是利他主義，利他主義可不是指將原慾投注於客體之上。不同之處在於，利他主義不含有性滿足的欲求。但假如愛意非常強大，利他主義和原慾的對象可能會重合。大概來說，性對象可以吸收一部分自我的自戀，這一般被稱為對

客體的「性過分估計」。假如除此之外再加以利他主義，將愛人的利己主義引向客體，那麼性的客體就成了全能的產物，然後完全吞沒了自我。

如果在這些枯燥的科學幻想之後，引用一段詩，從經濟的角度來說明自戀和戀愛的區別，那一定會讓各位鬆一口氣。以下引自歌德的《西東詩集》（*West stlicher Divan*）：

> 楚麗卡：征服者、奴隸和人民；
> 都異口同聲地承認；
> 自我的存在乃是，
> 人類真正的幸福。
> 假如不失去自己的真我，
> 生命便會不斷煥發魅力；
> 假如你駐足不前，
> 一切將在被動的指間流逝。
> 哈坦：我腦中的其他思維，
> 從未有今日這般狂喜，
> 我在楚麗卡的身上，
> 看見了人類幸福的總和。
> 假使她有意於我，
> 我願犧牲一切。
> 假使她離我而去，
> 我的自我也將立即消逝。
> 哈坦的一切也都成為過去——
> 假如她不久後會愛上某個幸福的愛人，

我只好在想像中，

和她合為一體。

第二，可作為夢理論的補充。我們無法解釋夢的起源，除非我假定被壓抑的潛意識已對自我宣告獨立。自我為了求得睡眠，雖然已經撤回了自身在客體上釋放的能量，但這種觀念仍不受睡眠慾望的支配。直到那時，我們才能理解潛意識如何利用夜間審查機制的中斷和移除，利用白天記憶的碎片，營造出一個被禁止的慾望之夢。從另一方面來說，這種剩餘的素材和被壓抑的潛意識素材本來已有一種關聯，由此可產生一種阻抗，受睡眠慾望控制，並反對這種撤回。我們還希望用夢的形成的概念來補充這個動力因素的特徵。

生病、痛苦的憤怒、發炎引發了一種條件，其結果顯然是讓原慾從其對象上轉移。撤出的原慾又重新依附於自我，並占據了身體患病的部分。我們甚至可以大膽假設，在這樣的條件下，原慾從對象上撤回甚至比自我的興趣從外部世界撤回更加令人驚異。這似乎為我們開拓了理解憂鬱症的道路。在此病中，有些表面上看不出問題的器官卻想要得到自我的關注。

我應該忍住不要繼續沿著這條線索講下去，也不應該再基於客體原慾向自我轉化這一假設一直討論。這是因為我很想回答兩點反對意見，我知道你們對這兩點很感興趣。第一，你們希望聽我解釋為何堅持主張在睡眠、疾病和相似情境中，原慾和興趣、性本能和自我本能之間有區別。其實，要解釋這些現象，我們只需要假定每個人都有一種自由流動的力投射到客體之上，或凝聚於自我之中。這樣既可以達到這方面的目的，也可以達到那方面的目的。第二，我怎會如此大膽地將脫離對象的原慾視為致病條件的來源？這是因為客體原慾向自我原慾轉化，或者更普遍地說，向自我能量的轉化，屬於每日每夜常有的常態心理歷程。

我的回答是，你們的第一點反對意見聽起來好像還可以。關於睡眠、

第三章　精神官能症通論

疾病、戀愛狀態的討論本身可能從未得出自我原慾、客體原慾，或原慾與興趣之間的區別。對產生移情精神官能症衝突的研究，讓我們不得不注意到原慾和興趣，即性本能和自我儲存的本能之間的差別。然而在這一點上，你們卻忘記了我們起初的研究。我們假設客體原慾可以轉變為自我原慾，換句話說，我們一定認為自我原慾是解決自戀精神官能症，比如早發性痴呆等謎題的唯一方法，或者可以說明歇斯底里和強迫症之間的相似與不同之處。然後，我們才在其他方面用不可否認的理論來解釋疾病、睡眠及戀愛。這些理論在各個方面都能夠應用，看究竟在哪一方面可以行得通。唯一沒有直接駁斥我們經驗的論斷是原慾無論轉向對象還是自我，都仍是原慾，而永遠不會變為自我的興趣；自我的興趣也必定不會變為原慾。但這一假設仍只表示性本能和自我本能的區別，這個區別我們之前已經加以批判和研究過了。這一假設從方法論上看仍然有用，等到真正證實它沒有價值之後，我們再拋棄它。

你們的第二點反駁也有一定的合理性，但提出的問題卻指向了錯誤的方向。客體原慾退回到自我之中並不單純只會致病，每當我們睡覺時，這種歷程都會重現，醒來後才會解除。比如微小的原生動物收回觸角，稍後在合適的時候又會再次伸出。但是假如有一種確定的、很有力的歷程，強迫著原慾由客體上撤回，那結果便大不相同了。原慾變得自戀，無法回到原先的對象上。原慾的流動性受到了阻礙，當然會變病態。自戀的原慾累積到某種程度之後，似乎就變得難以忍受了。我們可以想像，自我發現有必要為了不患病而釋放累積的原慾，可能這正是它投射到客體之上的原因。如果我們計劃進一步研究，我會向你們展示原慾脫離對象，並且受到阻礙無法返回的歷程。這一過程和壓抑緊密相關，不得不被認為是其對應物。但最主要的是，你們可以發現熟悉的基礎，就目前而言，這些歷程實際上與壓抑的過程一模一樣。衝突相同，相互衝突的力量也是相等的。而

第二十六講 原慾和自戀

其結果之所以不同於歇斯底里,那也只是因為患者的氣質不同。這些患者身上的原慾發展易受攻擊之處,在於另一個階段,而引發症狀的執著點也有不同的位置,也許位於原慾初期的自戀階段,早發性痴呆最後便返回這一階段。值得注意的是,在自戀精神官能症中,我們假設原慾固著點退回的階段要遠遠早於歇斯底里或強迫症。但你們已經聽到,我們從移情精神官能症研究中獲得的知識已經足夠幫助我們研究自戀精神官能症,但後者實際上有更大的困難。兩者之間有諸多相似之處,從本質上說屬於同一觀察領域。但是,你們很容易想像到,如果一個人不具備從移情精神官能症中獲得的知識,便不可能解釋上述屬於精神病學的現象。

此外,早發性痴呆的症狀則十分不同,其發作不只像自戀那樣是由於原慾被迫離開客體而積聚於自我之中。它還有其他表象,可追溯至原慾要再次返回於客體而力求恢復的結果,並試圖補償和治癒。實際上,它的症狀更為引人注目,也更具吸引力;它絲毫沒有展現出與歇斯底里的相似之處,與強迫症可能也只有一些相似點,但在每一處又各有不同。在早發性痴呆中,原慾力圖返回對象之上,也就是說,恢復到對象的意圖上,似乎也真正獲得了一些東西。但這些東西僅僅是對象的影子——我的意思是說,只是屬於對象的文字表象而已。現在還不是討論這個問題的時候,但我相信原慾衝動的這種退回使我們看清了究竟是什麼決定了意識和潛意識表現之間的差異。

現在我要進入另一個領域,我們有望在這一領域進一步推動精神分析。我們現在可以利用自我原慾的概念,所以自戀精神官能症變得可觸及了。我們的任務是要找到這些條件的動態解釋,同時理解自我,拓展我們對精神生活的知識。我們想探索自己的心理,不應該基於自我知覺的素材上,而一定要像分析原慾心理學那樣基於對自我紊亂和分解的分析。當這些任務完成之後,也許我們應該拋棄之前從移情精神官能症中獲得的關於

第三章　精神官能症通論

原慾命運的知識。這個問題尚有許多值得一講的地方。我們在移情精神官能症中採用的研究方法很難被用來研究自戀精神官能症。很快，你們將這是知道為什麼。自戀精神官能症的研究才剛剛開始，便遇到了巨大的阻礙。你們知道，在移情精神官能症的研究中，我們也遇到了阻抗，但最後都成功擊碎了。自戀精神官能症的研究無法避免這種阻抗，我們最多也只能以管窺天。我們必須換一種技術，但是否能找到一種合適的替代性技術還是一個問題。老實說，並不缺乏關於患者的素材，雖然不足以解決我們的疑問，但數量卻相當可觀。我們現在只能以移情精神官能症症狀為例來解釋患者的話。兩者之間的相似之處足以保證我們有良好的開端。這項技術會被使用多久，那就只能將來再看了。

還有其他的困難阻礙了我們的研究。只有學習過移情精神官能症分析研究知識的觀察者，才能解決自戀性精神官能症和思覺失調等問題。但精神病學家從未學習過精神分析知識，精神分析學家接觸的精神病例又太少了。我們必須培養一批具有精神分析學基礎知識的精神病學家。美國已經開始這樣做了，許多業界傑出的精神病學家開始向學生傳授精神分析知識，許多醫院和精神病院的主任醫師也不遺餘力地用精神分析理論來指導如何觀察患者。我們也探索到了自戀背後的一些祕密，因此，現在我要告訴你們一些對此病的見解。

根據現行精神病學的分類，偏執狂這種慢性精神錯亂有一種很不確定的地位。毫無疑問，它與早發性痴呆有密切關係。我曾經大膽提出將偏執狂和早發性痴呆合併稱為晚發性痴呆（paraphrenia）。偏執狂根據內容可分為：誇大妄想、被害妄想、被愛妄想和嫉妒妄想。我們不能指望精神病學能說明這些現象。試舉一個有些過失但並非完全無效的例子來說吧，精神病學家也曾希望互相解釋這些症狀。比如，患者最先認為自己受到了迫害，於是推斷出自己一定特別重要，進而發展出了被愛妄想。而在我們的

第二十六講　原慾和自戀

分析中，被愛妄想是自我誇大的結果。這種誇大的幻想乃是由於原慾從客體上撤回，從而導致了自我膨脹。這是第二期的自戀，是早期幼稚形式的回覆。我們在被害妄想中注意到了一些事情，進而得出了一條確定的線索。第一，在大部分情況下，迫害人和被迫害人的性別相同。我們可以對此提出無害的解釋，但經過仔細的案例研究，在正常狀況下最親密的同性顯然會變為病態狀況下的被害人。親密的人常根據親疏順序被其他人替代，比如把父親換為老師或上級。由這些經驗來看，我們認為個體要抵禦一種過分強大的同性戀衝動，才將被害妄想作為護身符。因愛生恨，進而威脅又愛又恨的人的生命，體現了原慾衝動變為焦慮的轉化過程，這都是壓抑作用常有的結果。試舉一個我最近觀察到的例子說明。

　　一位年輕的醫生因為恐嚇一位大學教授的兒子必須離開老家。此人本來是他的好友，現在他卻認為這個朋友有奇異的魔力和邪惡的企圖。他認為自己近年來的家庭不幸、工作和私人生活的困境都是由於這個人作祟。這還不夠，他認為這位邪惡的朋友以及他的教授父親是戰爭的罪魁禍首，認為是他們將俄國人引入歐洲大陸。他們用盡各種辦法想除掉他，這位被害偏執狂患者認為若他們不死，天下就不會太平。但從前他與這位朋友感情甚篤，所以當他終於有機會近距離親手射殺對方時，竟因手軟而舉不起槍。在我對患者的簡短問診中，我發現他們兩者的友誼可以追溯到學生時代。他們至少越界了一次——兩人曾有過一夜情。就患者的年齡和個人魅力而言，當時應該有女人喜歡他，但他從未親近過女性。他曾和一位美麗富有的女子訂婚，但她因為感受不到未婚夫的愛而悔婚了。多年之後，正當他終於能滿足一個女人的時候，他就忽然生病了。當這個女人充滿愛意地擁抱他時，他突然感到一種奇怪的痛苦，就像被利劍切開頭顱似的。他訴說那時的感覺——就像腦袋被切開了一樣。由於他的朋友是一位病理解剖學家，所以他逐漸認為是這個朋友派女人來誘惑他。從此以後，他

第三章　精神官能症通論

便開始認為自己被這位朋友加害了。

但如果迫害者是異性，抵抗同性戀原慾的解釋顯然就說不通了，那麼我們該如何解釋呢？我偶然調查了一個例子，表面上雖說與此矛盾，實際上卻能證明：一名年輕女子認為自己被一個男子跟蹤，這個男子曾和她發生過兩次性關係。實際上，她的恨意最初是針對一名婦人，這個婦人或可被視為其母親的替代者。直到第二次會面之後，她才將瘋狂的想法從婦人轉移到了這名男子身上。在這個例子中，迫害者最初也是同性。這名女子在對律師和醫生的陳述中，並未提及妄想的第一個階段，從而導致我們的妄想理論在表面上出現了矛盾。

對於自戀的人來說，同性戀選擇遠比異性戀更加自然。同性戀的熱情一旦受拒，便特別容易成為自戀。直到目前，我都沒有機會好好講講愛情生活的根本條件，現在也沒有時間補充了。我只想指出一點，在原慾發展到自戀階段時，對象的選擇可以分為兩種不同的類型。第一種為自戀型，以類似於自我的對象代替自我本身；第二種為依賴型，選擇其他能夠滿足生活需要的人為對象。原慾強烈執著於對象選擇的自戀型，也是有顯著同性戀傾向者的一種特徵。

請回憶一下，在本學期的第一場講座中，我講述了一名有嫉妒妄想的女患者。這學期的課程快要結束了，你們當然很高興能聽一聽精神分析對妄想的解釋。但我要說的可能沒有你們想像的那麼多。妄想不受邏輯論證或實際經驗的影響，和強迫觀念一樣，都可用它與潛意識素材的關係解釋。這些素材一方面受妄想或強迫觀念阻礙，另一方面又透過它們表現出來。兩者之間的差異基於這兩種狀態各自的定位和動態關係。

此外，憂鬱症和偏執狂一樣呈現出不同的臨床表現。我們也可大致窺見這種疾病的內部結構。我們意識到憂鬱症患者的自我譴責是最冷酷無情的，實際上這是施加於其他對象上，即他們失去的性對象，或者因犯了一

第二十六講　原慾和自戀

些過失而喪失價值的性對象。從中，我們可以斷定憂鬱症從對象轉移走了原慾。對象透過我們所說的「自戀性認同」(narcissistic identification) 的方式把客體移植到自我之中。在這裡我只能給你們一種描述性概念，而無法用形勢和動力的關係說明。自我現在受到了與被拋棄的客體同等的對待，同時遭受了本該客體承受的一切侵犯和報復。我們了解患者的痛苦就好比把對客體的愛恨都投射到自我上一樣，便可以更容易理解憂鬱症的自殺傾向了。憂鬱症及其他自戀狀態都呈現出一種引人注目的情緒特點，布羅伊爾將其命名為我常說的矛盾情感 (ambivalence)。這個名詞的意義是指對於同一個人有兩種相反的情感（即愛和恨）。可惜的是，我們在演講中不能深入討論這種矛盾情緒。

除了「自戀性認同」之外，在歇斯底里中，還有一種「以他人自比」的情況，是我們早就已經熟悉的了。我希望能夠明確區分兩者，但實際上不可能。憂鬱症呈現週期性或循環性，下面我要說的事情你們肯定會感興趣。在適當的條件下，確實有可能在發病的間隙中透過分析療法阻止病情復發。我自己便成功過兩次。我們知道在憂鬱症和狂躁症中，都有一種特殊的解決衝突的方法，這種方法在先決條件上和其他精神官能症一致。你可以想像到精神分析在這一領域尚有用武之地。

我還要告訴你們，自戀精神官能症的分析有助於我們了解自我及其由種種獨立元素所構成的組織。我們在這個方面已經做過了初步探討。從對被監視的瘋狂妄想的分析中，我們得出了這樣的結論：自我之中真的有一種力量在不斷地注視、批判和比較自我和另一對立的部分。因此，我們認為患者告知我們的真相沒有得到足夠的重視；患者認為他的所有行動都被監視和注視，所有思考都被記錄下來，準備開始批判。他的錯誤僅僅在於他認為這個令人痛苦了力量並非自己所有，而是來自外部。他覺得自我中存在一種主宰因素，將其實際的自我和活動與一種他在發展過程中創造出

第三章　精神官能症通論

的「自我理想」（ideal ego）比較。我們還認為自我理想的創造是為了自我滿足與原始幼稚自戀相關的快感，但這種滿足隨著年齡漸長，已經屢受壓抑而最終犧牲了。透過自省，我們認識到這就是所謂的自我審查或良心。同一因素在夜間審查夢、創造壓抑，不允許釋放夢的衝動。這種力量若從被監視的妄想中被分離，我們就能知道它起源於父母師長及社會環境的影響，並在自比這些模範人物的過程中產生。

透過採用精神分析法來分析自戀，我們得出了一些結論。可惜結論數量太少，許多還未能使我們有明白的概念，因為只有當新素材經過多年研究之後才有望取得成績。我們將取得的成績歸功於採用了自我原慾或自戀原慾的概念，藉助這一概念我們將移情精神官能症中確認的觀察拓展到了自戀精神官能症中。但現在你們會問，我們有沒有可能將自戀條件的所有干擾因素，以及原慾理論的思覺失調放在次要地位，以便在每個例子中將心理生活的原慾因素視為引起疾病的原因，從而完全考慮自我留存本能的失常呢？女士們，先生們，在我看來，這個問題似乎還不是很緊急，同時做決定的時機還不成熟，我們可以耐心地等待科學進步後提出答案。我相信到時候一定可以證明，致病影響是原慾衝動所特有的，原慾理論也可以在實際精神官能症或最嚴重的精神病方面獲得信任。因為我們知道原慾的特徵就是不服從現實和必要性的支配。但我認為最可能的情況是，自我本能也有連帶關係，原慾有了致病的興奮，於是被迫出現了功能紊亂。此外，縱然我們承認自我本能在嚴重的精神病中是主要受害者，我也不認為研究方向會因此失效。這都等將來再說吧。

為了釐清最後一個模糊之處，讓我們再回過頭來討論恐懼。我們曾說過恐懼和原慾的關係基本已經很明確了，但不宜和下面這個假定相互調和，即面對危險，真正的恐懼應該體現出自我留存的本能。不過，這點幾乎沒有疑問。但假使恐懼的情感不起源於自我本能，而起源於自我原慾，

我們將如何應對呢？恐懼的狀態在所有情況下都是無目的的，恐懼越深，無目的性就越明顯。恐懼常干擾行動，不管是逃避或自衛的行動，都是導向自我留存這個目的。如果我們把實際恐懼的情緒元素歸結到自我原慾，將伴隨的行動歸結到自我留存本能上，那麼一切在理論上都可以迎刃而解了。此外，你們不會繼續主張逃避是因為恐懼。相反，我們首先覺得害怕，意識到了危險，然後因為相同的動機而逃避。經歷過危險而倖存的人說他們當時根本不害怕，只是採取了一些行動而已。例如他們用武器對付野獸，這確實也是當時情境下最有利的辦法。

第二十七講　關於移情

　　我們的討論已經接近尾聲了，你們也許還懷著某些期望，我也不應該讓你們的期望落空。我想你們也許覺得我討論了精神分析所有複雜的難題之後，絕不至於在結束時對治療隻字不提，畢竟治療才是精神分析的重點。我不可能省略這個部分，因為它與治療中觀察到的現象有關。我還要告訴你們一個新的事實，假如沒有關於這個新事實的知識，我們絕對無法得出更深刻的理解。

　　我知道你們並不期待我告訴你們治療的實用分析技術。你們只想了解精神分析療法及其成就的大致情況。當然，你們有這項權利。不過，實際上我不應該直接告訴你們，而應該堅持讓你們自己去發現。

　　請你們想一想吧！你們已經掌握了一切必備的知識，從引發疾病的條件到患者內心發揮影響的條件，哪還有時間去關心治療的效果呢？首先，我們要考慮遺傳傾向。我們不常提到遺傳，因為其他學科已經很常強調了，我們也沒有更多的話可說。但別誤以為我們低估了遺傳。正因為我們

是治療師，才更了解它的意義。我們無論如何也不能改變遺傳傾向，這是一個既定事實，也是一個障礙。其次是童年早期經驗的影響，我們在分析中一貫強調這點。童年經歷屬於過去，我們對它無可奈何。再次是人生經歷的一切不幸，即現實幸福的被剝奪，由此引起的生活中一切愛之成分的缺失，比如窮困、家庭不睦、婚姻選擇的不幸、不良的社會關係、過度的道德譴責等。這些方面當然為有效治療提供了立足點，但我們必須仿效維也納傳奇中約瑟夫王（Emperor Joseph）的做法。當權者只有仁慈地干預，才能使所有人臣服，從而克服一切困難。但我們是何等普通的人，也能在治療中採用這種仁慈的方法嗎？我們如此可憐，在社會中無權無勢，只能被迫行醫為生，當然不能像其他醫生那樣為貧苦無告的人治病，甚至無法免除付不起錢的患者的醫療費，因為我們的治療要花費許多時間和勞力。但也許有人仍堅持認為之前提到的諸多因素之一仍有可能見效。假如社會施加的道德約束會剝奪患者的快樂，那麼治療可能會為患者帶來勇氣，甚至可能成為藥方本身，鼓勵患者越過障礙，以犧牲理想為代價去換取滿足和健康。這種理想雖為眾人所推崇，但也經常被某些人棄之不顧。性開放可以使人恢復健康。不過，此種分析療法將會使人沾染上道德汙點，不符合我們公認的道德規範。個體的利益對社會來說是一種損失。

　　女士們、先生們，究竟是誰讓你們留下了這種錯誤的印象？如果僅從描述的條件來看，我們無法想像賦予性自由，能夠在分析療法中有效。患者內心的原慾衝動和性壓抑之間，以及感官傾向和禁慾傾向之間有激烈的衝突。即便其中一種傾向勝過另一種傾向也不能免除。我們可以看到，在精神官能症中，禁慾傾向占據了上風。結果導致被壓抑的性慾變成症狀，藉此獲得喘息之地。另一方面，如果性慾獲得勝利，症狀將會替代被置於一旁的性壓抑。兩種決策都無法平息內心衝突，因為一方總得不到滿足。至於矛盾不是很激烈，醫生的干預可以解決問題的例子很少，這些例

第二十七講　關於移情

子實際上也不需要分析治療。如果醫生的治療非常有效，那麼該患者不需要醫生也能直接找到解決方案。你們知道，當一位總是非常克制的青年決心嘗試違法的性交時，或者當一位得不到性滿足的女性從其他男人身上獲得慰藉時，他們都不會等到獲得醫生的允許才行動，更不用說分析師的了。

在上述情形的分析中，我們普遍會忽略一項至關重要的因素，即我們千萬不要混淆精神官能症的致病衝突與心理衝動的常態拉鋸，因為這兩種衝動存在於同一心理領域之中。精神官能症的矛盾是多種力量的衝突，其中一方進入了前意識和意識範疇，另一方則停留在潛意識當中。這就是為什麼矛盾可能不會有任何結果。衝突雙方見面之難有如一方在南極，一方在北極。只有雙方處於同一基礎之上，矛盾才能得到解決。我認為這便是精神分析的主要任務。

除此之外，如果你們認為分析法能指引人生道路，那便大錯特錯。相反，我們盡可能拒絕擔任人生導師。最重要的是，我們希望患者獨自做決定。帶著這種意圖，我們要求患者等到治療結束之後再選擇職業、結婚或離婚等重要決定。這也許是你們想像不到的吧。我們只對非常年輕或完全無助的人才會放寬這種限制。對他們來說，我們必須同時肩負起醫生和教育家的兩種職責。我們深知自己責任重大，於是不得不慎重行事。

我能堅定地告訴你們，精神分析療法絕不是勸說精神官能症患者去爭取性自由。

但你們也不要因為這一點而認為我們提倡維護傳統道德，這兩者都不是我們的目的。我們不是改革者，只是觀察者，但我們無法不以批判的眼光去觀察。我們不可能擁護傳統的性道德，或讚許社會實際上對性生活問題的處置方法。我們可以透過數學方法向社會證明，道德規範所要求的犧牲常常超過它本身的價值。所謂的道德行為既不免於虛偽，又難免於呆

第三章　精神官能症通論

板。我們對患者也不避諱這些批判，並幫助他們變得習慣於不帶偏見地考慮性問題。在治療完成之後，患者變得獨立，能在性自由和無條件的禁慾之間選取適中的解決方案。那麼無論結果如何，我們都不必受到良心的譴責了。我們告訴自己：無論何人，只要他能夠面對真實的自我，便可以永久地免於不道德的危險，即便他的道德規範與社會道德規範有所不同。此外，請不要高估禁慾問題對精神官能症的影響。只有少數因剝奪作用及原慾積蓄而致的疾病才可透過性交獲得治療的效果。

因此，你們也不能說精神分析法就是鼓勵患者縱慾生活。你們必須有其他的解釋。我認為在我駁斥你們假設的同時，另一種評價將能夠帶你們走回正軌。我們之所以有成效，或許是由於用某種意識的東西代替了某種潛意識的東西，將潛意識的思想改造成了意識的思考。非常正確，正是如此。我們將潛意識投射到意識中，以此擺脫壓抑；我們消除了症狀形成的條件，將致病因素轉化為了正常的衝突，後者遲早要被解決。這便是我們能對患者心理產生的唯一改變，改變的程度決定了我們可以帶來何種利益。假如消除了壓抑或類似於壓抑的心理歷程，那麼我們的治療便算完成了。

我們可以用許多公式來表達努力的目的——將潛意識轉化為意識、消除壓抑，填補遺忘的空缺等——它們指的都是同一件事情。這句話也許無法令你們滿意。在你們的想像中，一個精神官能症患者在接受了艱苦的精神分析治療之後，可以因為一些奇異的事情被治癒，似乎完全變了一個人。現在，我可以告訴你們，整個結果完全是因為患者的潛意識內容轉移，而意識內容稍微增多。好吧，你們也許低估了內心改變的意義。被治癒的精神官能症患者真的變成了另一個人。當然，從本質上說，他還是以前那個人。也就是說，他只不過成了最好狀態下的自己。這就不是一件無足輕重的事嗎？當你們了解我們的一切成就，就能知道我們用最大的努力

第二十七講　關於移情

以引起這種心理中貌似微小的改變，那便更可以相信心理領域這種差異的重要性了。

現在，我想稍稍離開主題，大家想知道所謂的「原因治療」的意義嗎？一種治療方法若不以疾病的表現作為出發點，而尋求根除疾病的原因，便成了「原因治療」。我們的精神分析療法屬於原因治療嗎？答案並不簡單，然而我們由此卻可深信這類問題不切實際。到目前為止，由於分析療法的直接目的不是消除症狀，所以它與「原因治療」大致類似。不過在其他方面，兩者則大不相同。因為我們早就透過壓抑作用而把原因追溯到了本能的傾向，及其結構中的相當強度和它們發展過程中的失常。現在假設我們可以用某種化學方法來改造心理機制，強化或弱化當前的原慾，抑制一種衝動，以強化另一種衝動，這本質上便是一種原因治療，我們的分析也就成為偵查原因時不可或缺的第一步準備工作了。你們知道現在還無法以此影響原慾，我們的心理療法則干預了另一方面——不僅僅針對那些我們已經發現的現象，而且超越了症狀，我們只有在十分特殊的條件下才可以接觸到這一方面。

要怎樣做才能用意識替代患者的潛意識呢？我們曾一度以為這十分簡單，只需要重構潛意識，然後告訴患者即可。但現在我們已經知道這會犯下目光短淺的錯誤，實際上他的潛意識與他自己知道自己的潛意識並不同。我們將所知道的內容告訴患者，並不能替代患者內心的潛意識，只是與潛意識共同存在，實際上沒什麼改變。因此，我們必須先消除這種壓抑，才能以意識思考代替潛意識思考。但這種壓抑如何才能被消除呢？我們的任務進入了第二個階段。首先是尋找壓抑，接著消除壓抑得以維持的阻抗。

我們如何消除阻抗呢？以同樣的方式——重構之後再告訴患者。阻抗起源於壓抑，或起於更早的壓抑，它們都是為了抵抗不適意的衝動。所

第三章　精神官能症通論

以我們現在所做的正是開頭的工作：加以解讀、重構、與患者交流——但此時做這些工作是正確的。抵抗或阻抗不屬於潛意識，而屬於自我，自我必須和我們合作。如果阻抗不屬於意識，這點便是正確的。我們知道困難源自「潛意識」一詞的模糊性，「潛意識」既可指一種現象，也可指一種系統。雖然這聽起來好像模糊難解，但這終究只是重複前面的話，難道不是嗎？我們已經準備了很久，期望透過解釋讓自我認識潛意識，從而消滅阻抗，摧毀反攻的堡壘。但我們有哪些衝動能完成工作呢？首先，患者希望康復，進而會調解自我，配合我們的治療。其次是患者智力的協助，我們透過提供解釋以支持他。毫無疑問，在我們講清楚對患者的期待之後，他便可以辨識出阻抗，在潛意識中獲得與這個阻抗相當的觀念。假如我告訴你們：「抬頭，你會看見天上有一顆氣球。」你們會覺得這比我只讓你們抬頭看有沒有什麼東西更具體。就像學生第一次使用顯微鏡時，老師必須告訴他要注意觀察什麼，否則顯微鏡下雖然有物可見，他也什麼都看不出來。

現在我們來講講事實吧！在各式各樣的精神官能症中，比如歇斯底里、焦慮症和強迫症，我們的假說都是正確的。我們透過發現壓抑，揭示阻抗，解釋被壓抑的觀念，真正解決了問題，即成功地克服了抗拒，消除了壓抑，並且將潛意識轉變為了意識。我們在這樣做的過程中，明白了每一次戰勝阻抗的時候，患者的心裡都有一場激烈的戰爭——一種常態的心理拉鋸，發生於希望維持「反攻堡壘」和打消阻抗的兩種動機之間。前者是原來建立起壓抑的舊動機，後者則為最近引起的新動機。它有望能解決矛盾。我們已經成功引發了之前被抑制的舊衝突，讓當時已經決定的事情又處於懸而未決的狀態。首先，我們向患者說明，解決衝突的前一種方法會引發疾病，而新方法有益於康復；其次，告訴患者自衝突第一次被排斥之後，環境已經急遽改變。那時的自我脆弱幼稚，深懼原慾的危險。現

第二十七講　關於移情

在的自我已經變得強大而經驗豐富，同時還有醫生的幫助。因此，我們有理由希望將再度引發的矛盾導向一個比壓抑更完滿的結果。我們之前討論過的，在歇斯底里、恐懼和強迫症上的成功都可以證明這一點。

不過，治療過程對其他類型的疾病永遠沒有用，即便這些疾病的病因是相似的。就這些疾病而言，其自我和原慾之間產生了一種矛盾，從而造成了壓抑。我們在這樣的例子中也會遇到患者生活中出現的壓抑情況。我們採用相同的治療過程，準備好兌現同樣的諾言並提供同一種幫助。我們再一次向患者展現了我們期待發現的關聯，而且現在和壓抑形成之間的間隔也有利於促成矛盾實現較好的結局。然而在這樣的情形之下，我們仍舊無法克服阻抗，或者消除壓抑。這些不幸患上偏執狂、憂鬱症和早發性痴呆的患者仍然不受精神分析治療的影響，原因何在呢？肯定不是因為他們智力低下。當然，我們希望患者的智力能達到一定水準。但譬如能演繹一系列複雜事實的偏執狂患者，難道智力不及他人嗎？我們也不能說患者缺乏其他動力。與偏執狂對比鮮明的是憂鬱症患者，他們清楚地意識到自己生病了，也承受了巨大的痛苦，但並不因此而較易受影響。我們遇到了一個難解的事實，所以不免懷疑自己是否真的懂得治療其他精神官能症的方法了。

進一步討論了歇斯底里和強迫症之後，我們很快遇到了第二個出人意料的事實。治療一段時間之後，我們會注意到患者對我們的態度變得非常古怪。我們原以為已經將一切可能有用的推動力都考慮進去，患者和分析師之間的關係也已經變得十分合理而清晰，就像數學計算一樣可靠，但仍有一些力量讓我們意識到某些因素好像還是被忽略了。這點意料之外的因素具有很強的可變性。我應該先描述一些頻繁發生且容易理解的表現。

患者本來只應當注意解決自己的衝突，現在卻突然對醫生本人特別感興趣。所有與醫生有關的事情變得異常重要，甚至超過他自己的事情和疾

第三章　精神官能症通論

病的治療。他和醫生的關係也變得非常和善，開始特別順從醫生的意思，找一切機會表示感激，性格上還表現出了出人意料的改善和美德。醫生也因此對患者懷有好感，慶幸能給這樣和善的人治病。如果醫生有機會和患者家屬交談，也會因為聽到患者對他的尊重而感到高興。患者在家也一刻不停地誇獎醫生，不斷讚揚醫生的美德。「他很欽佩你、全心信任你，你說的話就像真理一樣。」患者家屬會這樣說。這時也許有明眼人會評價道：「他唯一的話題就是你，你是聊天的中心。」

我們當然希望醫生夠謙虛，認為患者之所以這樣讚賞他的性格，是因為他提供了聞所未聞的知識，拓展了患者的眼界，幫助他恢復健康。在這種情況下，分析往往會進展得非常順利。患者能夠理解醫生的每個建議，專注於治療要求他解決的問題，努力回想曾在腦海中浮現的想法。醫生對解釋的準確性和深度倍感驚訝，滿意地注意到患者多麼願意接受本來深為健康人所排斥的心理學知識。一般我們承認，這種狀況是一種客觀上的進步，患者和醫生的關係也會同時變得更加和諧。

但天有不測風雲，暴風雨總有來臨的一天，治療一定會出現問題。患者說自己再也想不出更多東西了。我們的印象是，他不對治療感興趣了，這時你如果命令他不要對想到的事做任何批判，他也置之不理。他表現得好像不是在治病，將之前與醫生達成的一致全部拋諸腦後。他顯然深陷於某種感情，但卻不願透露。這種情況不利於治療的效果，使我們之間出現了一種強大的阻抗。事情的經過是怎樣的呢？

假如我們有機會再一次澄清事實，便會承認這種干擾的原因在於患者轉移到醫生身上的強烈感情。當然，醫生的行為以及治療關係都不能成為這種感情產生的理由。這種感情的表現及目標隨兩人之前的情形而有所不同。當一方是年輕女子，另一方是年輕男子時，這種感情給人的印象是正常的。一名女子經常單獨與男子見面，討論私密之事，而這個男子又占據

第二十七講　關於移情

領導者的位置，那麼她對他的愛慕，當然是自然而然的事情。在這種情況下，我們可能會忽視一點——一個患有精神官能症的女子，她的愛難免有變態之處。醫生與患者的私人關係越與假設的情況不同，我們便越難理解他們之間的感情。我們可以理解一個婚姻不幸的年輕女性愛上單身男醫生，她已經準備好和丈夫離婚，然後嫁給醫生；如果傳統觀念的阻力太大，她甚至願意當醫生的祕密情人。在精神分析領域之外，類似的情況也會發生。不過，在這種情形之下，少女和婦人常做出這種驚人的自供，可見她們對治療的問題持有一種特殊的態度。她們知道，除了愛情之外，沒有什麼能夠治好她們的疾病。她們從一開始就期望醫患關係可以幫助她們獲得實際生活中缺乏的安慰。只是因為有這種希望，她們才克服了困難，說出了自己的想法。我們可以補充一句：「所以才讓我們了解了這麼多難以置信的事情。」但這種自供確實讓我們感到驚奇不已，它讓我們的計畫全部落空。我們是不是忽略了假設中最重要的因素之一呢？

事實確實如此，我們的經驗越多，便越無法否認這一新元素，這個元素改變了整個知識體系，也讓科學蒙羞。一開始，我們還能認為分析療法只不過遇到了意外的干擾。但這種感情關係在新病例中反覆出現，而且往往出現在最不適宜或最可笑的情境之下，如年老的女人和白鬍子醫生之間，而實際上根本沒有所謂的引誘可言。我們必須拋棄意外干擾的想法，正視這一現象，因為它和疾病有著密切的關係。這個我們不得不承認的新事實名叫移情作用（transference）。它指的是患者把感情轉移到了醫生身上，因為我們不認為治療情況能夠解釋這種感情的起源。我們更懷疑這種感情起源於另一方面，即先形成於患者的內心，然後藉助分析治療的機會轉移到了醫生身上。移情可表示為一種強烈的求愛，也可採取一種較為緩和的方式。年輕女子本來渴望成為長者的情人，但作為替代，她可能轉而希望成為他的養女。原慾的慾望稍加改變而變成另一種理想的柏拉圖式的

第三章　精神官能症通論

感情。有些婦女知道如何昇華自己的感情，使其有存在的理由；另一些則展現出原本粗陋且幾乎不可能的形式。但從根本上說，這些感情都是一樣的，不能否定它們擁有同一個起源。

在問我們如何解釋這個新事實之前，我必須先完整敘述相關情況。事情發生在男性患者身上時，又有變成怎樣呢？男患者和男醫生之間至少沒有異性相吸的麻煩，但他們的經歷和女患者沒什麼不同。男患者也同樣傾慕男醫生，誇大他的美德，順從他的指示，嫉妒一切與他親近的人。移情的昇華形式更容易出現在男性患者身上，直接的性愛則為少數，就好像患者的同性戀傾向都可以表現為其他形式。醫生在男性患者身上更常觀察到移情的另一種表現形式，第一眼看上去好似與我們之前的描述相悖。這被稱為一種反抗或消極的移情作用。

首先，我們必須了解，移情在治療一開始便發生在患者身上，一時是推動治療進展最強大的動力。只要其有利於治療，我們便感覺不到，也無法注意到。反之，一旦移情成為阻力，我們便不得不注意它了。接著，我們會發現兩種相互矛盾的情況改變了治療關係。首先是愛慕傾向的發展，以顯露出性慾的意味，所以不得不引起內心對自身的反抗；其次是柔情轉化成了敵意。敵意往往比柔情來得晚，或接踵而來。假如兩者同時發生，那便可作為情感矛盾的絕佳例子，這種情感矛盾支配著人與人之間所有最親密的關係。所以，敵意也和愛意一樣，都表達了一種依戀，正如反抗和服從雖然相反，但其實都依賴於他人的存在。患者對於分析師的敵意，當然也可以稱為移情，因為治療創造的情境不足以引起這種感情。我們有必要解釋清楚這種消極的移情作用，以免我們將其與積極的移情作用混淆。

我們必須要藉助精神分析技術來探究移情的起源、引發的困難、克服方式及我們可從中得到什麼，且僅在這裡討論上述問題。毫無疑問，患者因受移情作用的影響而有求於我們，無禮拒絕甚至加以怒斥當然不妥。我

們向患者證明，他的感情並非來自於當下的情境，也與醫生本人無關，只不過是重複了以往的某種經歷而已，以此幫助他克服移情。我們透過這種方式迫使患者將重演轉化為回憶。那時，無論是積極的移情，還是消極的移情，都由治療的最大威脅變為了最有效的工具，幫助我們打開患者上鎖的心理生活。

但我還想說說一些事情，免得你們對這種意料不到的現象過於驚訝。你們要記得我們所分析的患者的病情還不算是終結或者說凝固，而是像生物的發展。開始治療並不會停止發展。不過，患者一旦接受治療之後，整個疾病似乎立即集中於一個方面：患者和醫生的關係。因此，移情可以被比作一棵樹的木質和樹皮之間的新生層，新組織由此生成，樹幹同時增粗壯大。移情作用一旦發展到這個程度，患者的回憶便會退居其次。那時，我們可以說不再關注患者之前的病情，一種新產生的移情精神官能症代替了前者。對於舊症的新版，我們可以追溯到它的開始、發展和變化。我們非常了解新的病症，因為醫生本人便是它的中心、它的對象。患者的所有症狀喪失了開始的意義，轉而有了新的意義，而這是由它與移情的關係決定的。不然，也只有那些可以適應的症狀才能繼續存在。假如我們能夠治癒這種新得的精神官能症，便等於消除了我們開始處理的疾病，也就是說找到了治療問題的解決方法。患者藉助於醫生的關係擺脫了被壓抑的本能傾向的影響。隨後，在沒有醫生的影響之後，他也能保持健康。

在歇斯底里、焦慮症和強迫症中，移情具有重要意義，居於治療的中心位置。因此，這些精神官能症都可以歸類為「移情精神官能症」。無論何人，如果在分析治療中遇到移情現象，便不會再懷疑那些在症狀中求得發洩的被壓抑的衝動的性質了，其帶有原慾的特點也是不證自明的。我們可以這樣說，在研究了移情現象之後，我們才更確信症狀的意義乃是原慾替代的滿足。

第三章　精神官能症通論

　　現在，我們有充分的理由修正之前對治療過程下的動態概念，使其與我們的新發現統合。如果患者透過我們分析發現的阻抗來與常態衝突搏鬥，他需要一種強大的動力，對他產生我們期望的影響，從而恢復健康。如若不然，他可能會決定重複之前的問題，被允許進入意識的因素會再次滑落到壓抑狀態。衝突中的決定性因素並不在於患者的理解，因為他難以理解，而在於他與醫生的關係。因此，患者的移情帶有一種積極的訊號。患者承認醫生的權威，深信他的研究和觀點。沒有這種移情，或者如果移情作用是消極的，那麼他便不會聽從醫生的指示。只有當一個人的原慾投射在客體上時，他的理解才有用。所以我們有理由相信，對於有自戀傾向的人來說，即便有最優良的分析技術，患者受到的影響也極為有限。

　　正常人也有能力將投身於客體的原慾轉移到人的身上。我們之前已經提到了關於精神官能症的移情傾向，現在其共同特點不過變本加厲了而已。如果我們從未利用這個如此重要而普遍的特質，那不是太奇怪了嗎？但其實早已有人注意到了這種特質。伯恩海姆以其敏銳的思考，基於所有人都或多或少會受暗示影響這一點開創了催眠法。易受暗示性在他看來不過是一種移情傾向，但他過於縮小了其所指的範圍，將消極的移情作用排除在外。但伯恩海姆從未對暗示及其起源下定義，在他看來，易受暗示性從根本上說是一個事實，至於它的起源，他並未透露什麼。他並沒有認識到易受暗示性依賴於性和原慾的活動。從另一方面看，我們不得不承認將催眠法排除在精神官能症治療技術之外，只是想在移情作用中發現暗示的性質。

　　但現在我要暫停一下，讓你們有思考的空間。我知道你們此時想抗議，如果我不讓你們發言，你們勢必不願意再聽我繼續講下去。「所以到了最後，你終於也承認自己像催眠師那樣利用暗示的幫助了。我們一直都是這樣認為。但你為什麼選擇迂迴曲折地去探討過去的經驗，揭示潛意

第二十七講　關於移情

識，解讀和重釋偽裝，花了這麼多時間和金錢，結果卻還不是說暗示才能奏效嗎？為什麼不像那些誠實的催眠師直接用暗示來治療症狀呢？此外，如果你說利用自己的方法可以得出許到心理學發現，而直接採用暗示則不能，又如何來證明這些發現是可信的呢？它們不也是暗示或無意暗示的產物嗎？你難道不能讓患者接受你的願望和建議嗎？」

你們的反駁非常有趣，我不得不答覆。但現在由於時間的原因，等到下次我們再做討論。你們要知道，我會對你們的問題負責。今天，我們必須結束最初的話題。我曾承諾會藉助移情作用來解釋為什麼治療方法對自戀型精神官能症沒有用。

我可以用幾句話來解釋，你們會看到這個謎題是多麼容易被解開。觀察表明，患自戀型精神官能症的人沒有移情能力，或者不足以維持移情作用。他們不以敵意拒絕醫生，而是報之以無所謂的態度。這就是醫生難以對自戀型精神官能症患者產生影響的原因了。他們只是冷淡地對待醫生。因此，對其他患者發揮作用的治療機制在這類患者身上沒有用，比如致病衝突的恢復和對壓抑阻抗的克服等。他們總是故步自封，經常企圖自行治療疾病，但卻引起了病態的結果。我們對此愛莫能助。

基於對患者的臨床治療，我們認為原慾必須拋棄關注客體，客體的原慾必須轉化為自我的原慾。我們根據這個特點將其與第一種精神官能症（歇斯底里、焦慮症和強迫症）分開，他們受治療的行為也證明了這一假設。他們並未表現出精神官能症的症狀，因此，我們的努力無效，無法治癒他們。

第三章　精神官能症通論

第二十八講　關於分析療法

你們一定知道今天講座的主題是什麼。你們會問，既然我們承認了分析療法的影響主要取決於移情，那為什麼不利用精神分析療法中的直接暗示呢？這又引出了下面這個疑點：我們既然承認暗示占據如此重要的地位，那還能保證精神分析的發現具有客觀性嗎？我答應你們，一定會提出一個全面的答案。

直接暗示指的是直接針對症狀表現的暗示。在此過程中，你們不關心動機，只要求患者如何表達壓抑症狀。所以，你們是否對患者實施催眠是無關緊要的。伯恩海姆以一貫的敏銳眼光，指出暗示是催眠術的本質，催眠術本身就是暗示的結果，是暗示造成的狀態。伯恩海姆尤其喜歡對清醒狀態下的人提出暗示，得到的結果和在催眠狀態下的暗示相同。

我現在應該先講經驗的證據，還是先探討理論呢？

還是從經驗講起吧。西元1889年，我前往南錫拜訪伯恩海姆，成為他的學生，將他的著作翻譯成了德文。我多年一直以暗示治療，一開始只藉助於「禁止的暗示」，後來與布羅伊爾的調查患者生活的方法結合使用。所以，我可以根據經驗評價催眠或暗示療法。根據古人對於醫學的了解，理想的治療方法必須迅速、可靠且不能讓患者不快。我們發現催眠療法至少符合其中兩項。催眠療法實施起來非常迅速，遠超分析療法，速度快得簡直難以置信；同時也不會給患者帶來煩惱或不適。從長遠角度看，醫生會覺得催眠療法相當枯燥單調，因為每個病例基本都是一樣的；它能遏止各種症狀，但不能了解症狀的意義和重要性。這種二流工作不是科學，甚至有江湖術士之嫌。但為了患者利益，也可以忽略不計。不過，催眠術難以滿足第三項要求，它在有些病例中可以生效，另一些則不能；有時成效顯著，有些則收效甚微，理由難以解釋。比技術的多變性更糟糕的

是，催眠術的治療效果還難以維持。治療結束不久之後，我們可能聽說患者舊病復發，或者患上了新的病。我們可以再次使用催眠術治療。與此同時，我們也經常聽到有經驗的人士警告，重複使用催眠術可能會使患者失去自立能力，習慣於依賴催眠療法，就像麻藥上癮一樣。反過來說，催眠療法施行之後，有時也能達成醫生的期望，用最少的勞力達成長久而完整的效果。但取得理想結果的條件尚不清楚。有一次，我用短時間的催眠療法治好了一名患者，可患者又突然無故對我憤怒不已，以至於舊病復發。我與她和解後，治好了她的病，可她又對我恨之入骨。還有一次，我曾多次使用催眠療法治癒的一名精神官能症患者，在治療時突然伸出手臂環抱我的脖頸。無論你們是否願意，既然出了這種事情，我們就必須探究暗示權威本質的來源。

經驗就講到此。它說明我們可以放棄直接暗示，然後代之以其他方法。

現在請讓我們考慮一些其他內容。催眠療法對患者和醫生來說很輕鬆，這種療法與大多數醫生一致承認的精神官能症觀點十分貼合。醫生會對精神官能症患者說：「你沒什麼問題，只是精神失調而已，我用幾分鐘、幾句話就能解決你的痛苦。」但這與我們的動態概念相違背。我們怎麼可能毫不費力，不經過任何適當的準備就直接治好一種重症呢？經驗告訴我們，這種操作無法成功治癒精神官能症。我知道這個論點並非無懈可擊，但其中也有可取之處。

根據從精神分析中獲得的知識，我們可以將催眠法和精神分析的暗示之間做如下區分：催眠療法力圖掩蓋並消除精神生活中的某些東西；分析療法則試圖暴露隱事，再將其消除。前者好似化妝，後者則像手術。前者利用暗示，以求阻止症狀顯露，這樣做強化了壓抑，且並未改變導致症狀發展的過程；後者在引發症狀的矛盾中尋求病源所在，利用暗示改變衝突。催眠療法讓患者處於無活動和無改變的狀態中，因此無力抵禦任何新

第三章　精神官能症通論

的疾病；分析療法將一個困難的責任置於醫生及患者肩上，患者內心的抗拒必須被消除。克服這些阻抗之後，患者的精神生活便被永久改變，而且能夠抵禦舊病復發。克服阻抗就是分析療法的主要成就，然而，患者必須自己努力，醫生則用暗示來協助患者達成目標。暗示的本質是一種教育。因此，我們可以說分析療法是一種再教育（after-ducation）。

希望我已經說清楚精神分析療法中的暗示與催眠療法中的暗示有何不同了。根據你們已經掌握的暗示和移情的關係，我想你們能夠理解引起我們注意的催眠療法是多麼反覆無常；從另一方面來說，你們將發現為何分析療法的暗示值得信賴。在催眠法中，我們依賴於患者的移情能力，但我們無法對這一能力施加任何影響。移情的對象可能是消極的，最普通的是兩極性的；患者也許會進行特殊的調整，保護自己不受暗示的傷害，但我們無法從中得到任何有用的資訊。在精神分析療法中，我們直接著眼於移情作用，使它能自由發揮而成為治療的援助。因此，我們可以充分利用暗示的力量。我們還可以控制它，患者本身不能隨心所欲地支配暗示的感受，我們可以控制對患者的影響，從而引導暗示。

現在，你們可能會說，無論我們把分析中的主要動力稱為移情還是暗示，醫生對患者的影響還是難免讓人懷疑其客觀性。這點對治療有益，卻有害調查。這是反對精神分析的人提及最多的話，這些話儘管沒有道理，但我們也不能置之不理。假如它具備一定的合理性，那精神分析不過是暗示療法的一種頗為有效的變式，而其關於患者生活的影響、心理波動和潛意識便都不重要了。這是反對者持有的觀點，他們認為我們是先由自己設想出性經驗，然後將這些經驗的意義（如果不是經驗本身的話）「注入」患者的心靈之內。我們利用經驗的證據來反駁這種攻擊，要比訴諸理論容易得多。任何從事過精神分析的人都深知用此法來暗示患者是不可能的。當然，讓患者成為某種理論的信徒，然後讓他也相信醫生的錯誤並不困難。

在這一點上，患者像其他任何人一樣變得好似一名學生，但我們只能影響他的理智，不能影響他的病症。只有當我們告訴他，他內心的期望能與現實相符的時候，患者才能克服阻抗。在分析療法的過程中，醫生推想的誤差會逐漸變小，更正確的觀點會取而代之。藉助一種慎重的技術，可以防止暗示結果的暫時性；但如果出現了這種暫時性的結果，也毫無危害，因為我們從不滿足於早期的成功。直到所有模糊之處被一一釐清，之前引起壓抑的所有被遺忘的情節都被發現，我們才認為分析完成。假如時機沒有成熟之前先有了結果，我們就要將這些結果視為分析的障礙而非進步，同時揭露產生這些結果的移情作用，不斷否認已經取得的療效。從根本上說，這是分析療法與單純的暗示技術最顯著的區別之一，它使分析所得的療效異於暗示的療效。在其他的每種暗示療法中，移情作用本身都被細心地留存，其影響也不容置疑；而在分析療法中，移情成了被治療的對象，無論以何種形式出現，都會受到批判。在分析療法最後，移情本身必須消失。因此，無論療效是積極的，還是消極的，都是建立在克服內心阻抗之上，而非暗示之上。患者在暗示的幫助下改變了內心。

　　假設在治療過程中，我們持續攻擊可能變為消極移情（敵意）的阻抗，獨立暗示的作用可能會被抵消。還有一個事實，我們也需要注意。分析有許多結果，雖然被疑為起於暗示，但可以透過其他可靠素材加以證明。我們作為病例的權威見證者，知道痴呆症和偏執狂患者絕不可能受暗示。無論患者告訴我們他們意識中怎樣的符號翻譯和幻想，都與我們對移情精神官能症潛意識的研究結果完美相符。這也為我們經常遭到質疑的解釋增加了客觀正確性。我想你們如果在這些因素上信賴分析療法，一定不至於會走太偏。

　　現在，我們將治療機制囊括在原慾理論的公式中，以此完成我們的論述。精神官能症患者既無法享樂，也無法工作。首先，這是由於他的原慾

第三章　精神官能症通論

未指向任何真實的客體；其次，他不得不消耗大量留存的能量來壓抑原慾，便沒有餘力來表現自己。如果他的自我和原慾之間不再有衝突，那麼他便會康復。因此，治療任務包括將原慾從當前的束縛中解放出來，使其擺脫先前的迷戀物，這些迷戀物是自我所接觸不到的，而再次服務於自我。精神官能症患者的原慾究竟在哪裡呢？我們很容易就能找到，他的原慾依附於症狀之上，而症狀則給它以唯一可獲得的替代性滿足。我們必須成為症狀的主人，並且消滅症狀。當然，這正是患者要求我們做的。為了消滅症狀，我們必須追溯它的起源，查明以前發生的矛盾，然後藉助過去沒用過的推動力導向新的解決方案。我們只有追憶導致壓抑的經驗，才能成功修正壓抑的歷程。治療部分取決於患者與醫生的關係，即我們所說的移情作用。藉助移情，早年的矛盾重新發作，患者盡力做出與以前相同的行為，於是我們才能使他召集所有可用的心理能量，做出不同的決定。移情則成了所有競爭力量會合的決鬥場。

原慾的全部力量，以及與之相反抗的力量，無不集中在患者與醫生的關繫上。因此，症狀的原慾必須被剝奪，於是患者表現出了人為建構的移情錯亂，用來替代之前的紊亂；現在，患者的原慾只固著在唯一的對象——醫生身上，取代了之前多種多樣不真實的客體。然而，醫生這個對象也是幻想出來的。由這個對象而引起的新衝突，便藉助醫生暗示的幫助上升到了最高級的心理層面，成了一種常態的精神矛盾。自我透過避免新的壓抑，而結束了與原慾之間的疏離，患者內心便又恢復了統一。原慾再一次擺脫了醫生這個暫時的對象，但無法恢復到之前的對象之上，現在便為自我所用了。我們在治療任務中克服的力量，從一方面說，是自我對原慾傾向的厭惡，這一方面表現為壓抑傾向；另一方面是原慾的堅持性，它不願意離開之前所依賴的對象。

治療過程可以分為兩個階段：第一，所有原慾從症狀轉移到移情之

上,並聚集在那裡;第二,進攻移情而恢復原慾的自由。為了使新的衝突朝更好的方向發展,決定性的改變在於消除壓抑,因此這次原慾就不能透過進入潛意識之中來逃避自我了。在醫生暗示的影響下,自我完成了這一改變。在將潛意識轉化為意識的闡釋過程中,自我以犧牲潛意識為代價取得了發展;它學會在某種程度上諒解原慾,允許原慾獲得一定的滿足。自我既然能使少量的原慾發生昇華作用,則對原慾要求的畏懼也逐漸減弱了。治療的經過越接近這一理論描述,精神分析療法成功的可能性便越大。原慾缺乏靈活性成為一大限制,這會阻止其離開客體;患者固執的自戀不允許客體移情。治癒過程的動力學或許可以更清楚略述如下:我們既以移情作用吸引了一部分原慾到自己身上,便是收集了脫離自我控制的原慾的全部力量了。

至於因治療引發的原慾分配,並不能使我們直接推想患病時的原慾傾向。假如我們使病人把對待父親的感情轉移到醫生身上,然後再消除這種「父親移情」(father-transference),最終成功治癒了患者,我們也不能以此認為他之所以患病是由於他對父親有一種潛意識中的原慾依戀。父親移情只是我們能夠克服原慾的戰場,患者的原慾從其他位置向這裡集中。戰場不一定是敵人最重要的堡壘。即使敵人想保衛首都,也不必要在城門作戰。我們只有再次消滅移情,才能開始推想出患病時原慾的分配情況。

從原慾的角度,我們最後可以再說說夢。精神官能症患者的夢,以及他們的過失及自由聯想,都可以使我們得到症狀的意義,進而發現原慾傾向。從慾望滿足的形式中,夢向我們展示了何種慾望衝動受到了壓抑,而原慾在離開了自我以後,又依附於哪種客體。所以夢的解析在精神分析治療中占據重要地位,也是我們在許多病例中長期堅持的重要工作手段。我們已經了解,睡眠狀態本身便可使壓抑作用略微鬆懈。因為壓抑的減弱,被壓抑的衝動在夢中要比症狀在白天有更清晰的表達。所以,夢的研究是

第三章　精神官能症通論

探究被壓抑的潛意識中的原慾最簡單的方法，而被壓抑的潛意識則是從自我中脫離出來的。

精神官能症患者的夢和正常人的夢本質上差不多，你們甚至可以說兩者並無二致。我們沒有理由不把對精神官能症患者的夢的解釋應用在正常人身上。因此，我們不得不說，精神官能症患者和正常人的差別僅在白天，並不延續至夢的生活中。我們認為有必要將精神官能症症狀與夢的關聯應用到正常人身上。我們必須承認健康的人在精神生活中也具有那些形成夢或症狀的因素。因此，我們不得不斷定正常人也使用壓抑，而且也要花費一定的精力來控制衝動；他們的潛意識隱藏了仍富有能量的被壓抑的衝動，而且其中的原慾也有一部分不受自我的支配。所以健康的人實際上也是精神官能症患者，而夢是症狀唯一的表現。不過，如果我們深入研究正常人白天的生活，也可發現與這一表現相牴觸的事實，因為這個看似健康的生命也有許多瑣碎而不重要的症狀。

精神健康和精神官能症之間確實有差別，兩者的差異是由個人享樂能力和成就感決定的。兩者因自由支配的能力和因於壓抑的能力之間的比例而不同，是定量的而非定性的。我不得不提醒各位，這一概念是精神官能症可被治癒的理論基礎，儘管精神官能症建立在體質的傾向之上。

因此，我們可由健康人的夢和精神官能症患者的夢的一致性推知健康的屬性。至於夢本身，我們必須進一步指出，不能撇開它與精神官能症症狀的關係單獨討論。我們不認為夢的重要性可以被定義為將思考翻譯為古老的表現形式，也就是說，我們必須假定它解釋了原慾的傾向，以及實際活動的慾望對象。

我們的講座即將結束。也許你們會有點失望，在這一章中，我只探討了精神分析療法的理論部分，而沒有提到任何治癒的案例，也沒有說明它取得的成就。但我必須這樣做。我省略了第一點是因為我的目的本不在於

第二十八講　關於分析療法

講述精神分析實踐的實際訓練；省略第二點也有許多理由。在講座開始的時候，我便再三申明，我們在有利的條件下取得的成果不亞於其他方面的醫學療法中最輝煌的成就。我要補充的是，採取其他方式無法取得這些成果。在此之外，如果我還要多說些什麼，就不免有老王賣瓜的嫌疑了，你們也許會以為我要打壓反對意見。我們精神分析學家不斷受到醫學界的威脅，甚至在公開的會議上也是如此。他們宣稱，受害的大眾一定要睜大雙眼，從分析失敗和傷害的統計學數據中斷定這種治療方法無效。但是，拋開其中的偏見和惡意不談，其中收集的素材就不足以中肯評判分析療法的價值。正如你們所知，分析療法是一門年輕的學科，開創這項技術花費了很長一段時間，只有在實踐和經驗的影響下，這些技術才能進步。由於傳授這種療法有諸多困難，所以比起其他專家，精神分析學家只能自己學習。

早年的許多精神分析治療都失敗過，因為那時的分析家會治療不適宜採用分析療法的病例，現在我們根據症狀的分類將某些疾病排除在外了。但這些分類只能從經驗中獲得。一開始我們並不知道偏執狂和早發性痴呆到了某個階段後便無法透過分析療法治癒；我們當然有理由嘗試使用分析療法治療各種病症。此外，早年許多治療案例的失敗並不是由於醫生的過錯，也不是因為選擇了不適宜的對象，而是由於外部情形的不利。到目前為止，我們只談了患者的內心阻抗，這種阻抗不可避免，但卻是可以被克服的。患者的狀態和環境也會產生針對精神分析的外部阻抗，它們雖然沒有理論意義，卻具有重要的實際意義。精神分析療法可以被比喻為外科手術，只有在有利的條件下實施才能成功。你們知道外科醫生在手術前會做種種準備：合適的房間、良好的照明、助手、迴避患者親友等。你們覺得如果外科手術在所有家屬面前進行，他們對手術指手畫腳，見到醫生切了一刀便大吼大叫，那手術的成功機率還有多大呢？在精神分析中，親友的

第三章　精神官能症通論

干預會造成很大的危險，我們不知道如何應對。對於患者內心的阻抗，我們認為必須應對，但又該如何保護自己不受外部阻抗的干擾呢？任何理由都無法說服患者的親友，我們無力勸他們別插手干涉，也不能屈服於患者的親友，因為這會失去患者的信任，患者有權利要求我們站在他那邊。此外，凡是知道家庭分歧內幕的人，就不會像分析家那樣，在發現患者的某些至親並不希望患者痊癒，反而希望他保持原狀時那麼驚訝了。事實往往是這樣，精神官能症與家庭成員之間的衝突密切相關，健康的家庭成員面對個人利益和患者康復的選擇時不難做出抉擇。丈夫懷疑康復後的妻子會揭露他的罪行，難怪會排斥這種治療；丈夫的阻抗加在患病的妻子的阻抗之上，難怪我們的努力毫無成效，總是被打斷，這當然不能怪罪於我們自己。在現在的條件下，我們只是承擔了這項不可能完成的任務。

我不想羅列太多例子，現在只舉一個例子。出於職業的謹慎，我之前一直隱忍不發：許多年前，我為一名少女做過分析治療。她不敢走到戶外很久了，也不敢獨居在家。這名少女猶豫地承認，這是因為她偶然撞見母親和一個富人朋友舉止曖昧。但她很笨拙，也可以說很巧妙地[15]用分析時討論的內容暗示了她的母親。她對母親的態度改變了，堅持說除了母親之外，沒有人能解除她獨居在家的恐懼；母親要外出時，她便堅決阻止。這位母親之前也患過精神官能症，到水療中心休養之後，已康復多年。或者說更具體一點，她在水療中心遇到了這個男人、與他建立了一段親密的關係，因為這個男人能在各個方面滿足她的需求。這位母親因女兒強烈的要求而起了疑心，突然意識到女兒的恐懼意味著什麼。女兒必須讓自己生病，才能囚禁她、剝奪她的自由，她便沒有時間和情人幽會了。之後，這名母親立即終止了這一不利於自己的治療，以女兒患有精神官能症為由把她被送往了水療中心，多年以來人們一直把她當作「精神分析的可憐受害

---

[15] 前後並非轉折關係，「巧妙」應譯為一個與「笨拙」不相矛盾的詞彙。

第二十八講　關於分析療法

者」。因為此病例的不良結果，我也為人所詆毀。我之所以閉口不言，是因為受職業道德的約束。多年之後，我的一位同事訪問了那間水療中心，他告訴我那名患有公共場所恐懼症的少女還被關在那裡，而她的母親和富人朋友的關係已經成了全鎮公開的祕密，連她的父親也默許了。然而對女兒的治療卻已經成為這個的「祕密」的犧牲品。

在大戰爆發的幾年前，許多來自世界各地的病患前來向我求診，這讓我覺得別人對我家鄉的毀譽也無關緊要了。我制定了一個規則：不為未達到法定年齡、不能獨立處理自己事務的人看診治。精神分析學家未必都要遵守這一規定。從我對患者親友的警告中，你們可能會覺得，為了使精神分析順利進行，應該將患者與其家庭隔離，也許只有單獨住在療養院裡的患者才適合接受治療。對於這一點，恕我不能苟同。如果患者不是在疲憊不堪的狀態下，那麼在相同的環境中，應對平常生活所施加於他的要求更有利於治療。患者的親友也不應該干預這種有利條件，最重要的是，他們不應該妄加詆毀醫生的努力。但怎樣才能反抗這種非我們力量可及的影響呢？你們也很了解，社會環境和家庭文化對治療的預期有多麼大影響。

上面的論述為精神分析療法效果的前景蒙上了陰影，儘管我們可以將大多數失敗的原因歸結為外部因素的干擾。擁護分析的人建議我們從統計學角度彙編治療成功的案例。但我絕不會這樣做，因為如果收集的例子與失敗的案例不相稱，統計的數據便毫無價值可言。實際上，我們治療的各種精神官能症案例完全無法在同一基礎上比較，因為它們之間有根本性的差異。此外，可供統計的時間太短，不足以證明療效是否持久；對於一些病例，我們甚至不可能記錄。這些病例中的患者不希望自己的疾病和治療被記錄下來，即便康復之後也不願意告訴別人。不過，精神分析最大的阻礙在於人們對治療問題的非理性態度，他們難以接受合理論證的影響。治療方法的創新要麼受到狂熱的追捧，就像科赫（Koch）首次利用結核菌素

第三章　精神官能症通論

治療結核病一樣；要麼便不受信任，比如詹納（Jenner）用牛痘疫苗防治天花，甚至到了今天仍有不少反對者。人們對精神分析學家的偏見非常明顯。當我們治癒了一起疑難病症之後，常會聽到人們說：「沒有證據表明是你治好的，患者經過了這麼久也會自行痊癒。」但是，一名患者已經經歷了四輪狂躁症和憂鬱症的交替發作，在憂鬱症的短暫停息期間到我這裡尋求治療。三週之後，這名患者發現自己又遭遇了新一輪病痛的折磨。患者的全部家屬以及所請來諮詢的所有醫學權威人士都認為新一輪的狂躁症必定是分析治療害的。我們無力反駁這種偏見。就像在大戰中，相互交戰的勢力之間也會有種種偏見。我們應該做得最明智的事情便是暫時忍耐，等到偏見消失的那天到來。也許有一天，這些人會用十分不同的態度看待同一事物。至於他們之前為什麼會有那種想法，也就變成了一個祕密。

也許對精神分析的偏見現在已經有所緩和了。精神分析學說繼續傳播，採用分析療法的醫生也越來越多，這些都可以引以為證。在我還是一名年輕醫生的時候，使用催眠法行醫、藉助暗示治療還會引起眾怒，其強烈程度和現在所謂的「頭腦清醒」的人對精神分析的態度不相上下。然而，催眠法作為一種治療媒介，未能盡如我們所願。我們精神分析學家或許可以自稱為它的合法繼承人，也不會忘記它對我們的鼓勵和理論上的啟發。對精神分析的責難基本上限於分析不當或分析突然停止時患者矛盾的暫時加劇。你們已經聽完了我們關於治療的論述，可以自行判斷精神分析法是否會造成永久性的傷害。精神分析法的誤用有多種可能的形式。在無良醫生的手中，移情作用成了一種危險的工具。但專業的治療方法也總有被誤用的時候。刀刃不鋒利的話，醫生還能拿它來治病嗎？

女士們、先生們，我的講座到此結束。我得說這場演講的漏洞太多了，這並不是禮節上的客套。首先，我很抱歉常常未能回覆之前承諾過稍後再講的問題，因為後來我發現上下文不適合，我便繼續先前的話題了。

第二十八講　關於分析療法

其次，我有責任提醒各位，分析研究尚未終結，而是還在發展，所以我的簡要敘述也不全面。所以我常常提出證據但又不講結論。但我的目的不是要讓你們成為專家，我只是想讓你們有所了解和啟發而已。

精神分析引論，佛洛伊德的心理學公開課：

理解自我與潛意識的第一課，重新思考你「不小心」的每一步

作　　　者：	[奧]西格蒙德·佛洛伊德（Sigmund Freud）
翻　　　譯：	史林
責任編輯：	高惠娟
發行人：	黃振庭
出　版　者：	樂律文化事業有限公司
發　行　者：	崧博出版事業有限公司
E-mail：	sonbookservice@gmail.com
粉　絲　頁：	https://www.facebook.com/sonbookss/
網　　　址：	https://sonbook.net/
地　　　址：	台北市中正區重慶南路一段 61 號 8 樓 8F., No.61, Sec. 1, Chongqing S. Rd., Zhongzheng Dist., Taipei City 100, Taiwan
電　　　話：	(02)2370-3310
傳　　　真：	(02)2388-1990
律師顧問：	廣華律師事務所 張珮琦律師
定　　　價：	420 元
發行日期：	2025 年 07 月第一版

◎本書以 POD 印製

國家圖書館出版品預行編目資料

精神分析引論，佛洛伊德的心理學公開課：理解自我與潛意識的第一課，重新思考你「不小心」的每一步 / [奧]西格蒙德·佛洛伊德 (Sigmund Freud) 著，史林 譯 . -- 第一版 . -- 臺北市：樂律文化事業有限公司，2025.07
面；　公分
POD 版
譯自：Introductory lectures on psycho-analysis
ISBN 978-626-7699-44-7(平裝)
1.CST: 精神分析學
175.7　　　　　114008146

電子書購買

爽讀 APP　　　臉書